本书出版得到
辽宁省教育厅高等学校基本科研项目(WQN201701)
辽宁省社会科学规划基金项目(L17BGL012)
辽宁省科协科技创新智库项目(lnkx2017C11)
沈阳师范大学中国特色社会主义理论体系研究中心立项课题
资金资助

公共管理创新丛书

土地利用变化与生态效应管理

赵小汎◎著

中国社会科学出版社

图书在版编目（CIP）数据

土地利用变化与生态效应管理/赵小汎著 . —北京：中国社会
科学出版社，2017.5
（公共管理创新丛书）
ISBN 978 - 7 - 5203 - 0261 - 6

Ⅰ. ①土…　Ⅱ. ①赵…　Ⅲ. ①土地利用—生态效应—研究
Ⅳ. ①F311

中国版本图书馆 CIP 数据核字（2017）第 094576 号

出 版 人	赵剑英
责任编辑	卢小生
责任校对	周晓东
责任印制	王　超

出　　　版	中国社会科学出版社
社　　　址	北京鼓楼西大街甲 158 号
邮　　　编	100720
网　　　址	http：//www.csspw.cn
发 行 部	010 - 84083685
门 市 部	010 - 84029450
经　　　销	新华书店及其他书店

印　　　刷	北京明恒达印务有限公司
装　　　订	廊坊市广阳区广增装订厂
版　　　次	2017 年 5 月第 1 版
印　　　次	2017 年 5 月第 1 次印刷

开　　　本	710×1000　1/16
印　　　张	17.25
插　　　页	2
字　　　数	283 千字
定　　　价	76.00 元

凡购买中国社会科学出版社图书，如有质量问题请与本社营销中心联系调换
电话：010 - 84083683

前　言

　　土地利用每天都在发生变化，既有微观、中观和宏观的变化，也有内在质量上的变化，更有外在形态上利用类型的转变。土地利用变化就是这样，无论你是否关注，它都在发生和发展着。

　　土地利用变化作为客观存在物，且不断发生、发展和更替，对应的土地利用变化研究，固然也应该与时俱进、推陈出新，提出新理论、新方法，并开展新案例研究，以解读土地利用变化新现象、解释土地利用变化新规律、解决土地利用变化新问题。

　　为了归纳和总结20余年来在土地利用领域所做的一些努力，一直有想法出版一部研究"土地利用变化"的著作。笔者将土地利用变化研究概括为土地利用变化过程研究、土地利用变化驱动力与驱动机制研究、土地利用变化趋势预测研究和土地利用变化生态效应研究四个方面。并先后提出变化过程可深化为"静态""动态"格局研究；变化驱动力与驱动机制研究可拓展为驱动的"单向""双向"机制；变化趋势预测研究可侧重于比较不同预测方法，验证结果；生态效应研究可测算土地利用变化引起的生态服务价值损益。这些思想和方法先后发表了一系列论文，也体现在笔者主持的一系列科研课题中。

　　本书将土地利用变化研究新理论、新方法蕴含于土地利用变化案例研究。第一章从土地利用变化过程、驱动力和驱动机制和趋势预测三个方面阐述土地利用变化机制。其中，土地利用变化过程研究从土地利用变化幅度、速度、程度、空间转移特征、空间动态度和流向分析六个维度展示土地利用变化过程；从内在与外在、自然与人为、定性与定量多维视角分析土地利用变化驱动机制；趋势预测研究分别运用马尔柯夫（Markov）模型和格雷（Gray）模型预测，并比较预测结果，以检验预测可行性和科学性。

　　第二章在土地利用变化过程分析基础上改进"脱钩"模型，分析农用地变化与第一产业GDP、建设用地变化与非农GDP、未利用地变化与总 GDP 之间"脱钩"关系。

第三章在土地利用变化、经济发展轨迹分析基础上，创造性地采用 SWOT – CLPV 方法研究土地利用与经济发展的互动关系，将土地利用变化驱动力和驱动机制研究从单向驱动拓展为双向互促驱动。第二、第三章集中探讨土地利用变化的驱动力和驱动机制。

第四章针对辽西北沙区提出土地生态利用模式；第五章采用熵权法计算土地利用绩效并据此提出土地生态管理对策；第六章运用生态服务价值探讨土地利用变化生态效应；第七章采用数据包络分析法核算土地利用生态效益，并提出土地利用与生态环境协调管理对策。这四章着重研究土地生态利用、土地利用生态环境效应及相应的生态管理模式与对策。土地生态管理实现土地持续利用与生态良性发展，是土地利用变化研究的终极目标。

土地利用变化研究是地理学、生态学、土地资源管理等学科研究热点和重点。国家当前大力倡导生态文明建设，土地利用与生态建设密切相关，土地利用变化与生态效应管理研究必将受到高度重视和广泛认可。本书素材选自笔者主持的几个项目，包括两项辽宁省社会科学规划基金和四项辽宁省社会经济发展课题，以及研究生阶段完成的研究论文。本书凝练了笔者过去多年在土地利用研究方面的一些思考，将成果结集出版，以期抛砖引玉。

本书出版得到沈阳师范大学大力支持，先后获得沈阳师范大学优秀科技人才、沈阳师范大学学术文库专著资助以及沈阳师范大学校内科研课题资助。同时，得到沈阳师范大学管理学院以及公共管理学科经费支持，使本书出版得以顺利完成。感谢沈阳师范大学管理学院索柏民书记，为本书出版牵线搭桥。感谢中国社会科学出版社卢小生主任为本书出版付出的努力。书稿前后历经三年时间整理和修改，其间得到我的研究生的大力支持，他们帮助做了一些文字工作。最后，感谢我家人的努力和付出，使我一直能腾出时间从事一些自己爱好的教研工作，尤其二儿子出生，家里负担和压力更大，但仍然默默支持我，感谢你们。

目　录

第一章　基于遥感和地球信息系统区域
土地利用变化机制研究

第一节　绪　论

20 世纪 80 年代以来，大量的全球性环境问题不断涌现，对人类的生存和发展构成了巨大的威胁，成为社会发展关注的焦点。人类活动在引起全球环境变化的众多因素当中具有重要作用，但它的影响机理十分复杂，土地利用变化机制则能较好地反映这一影响。土地利用变化的研究随着全球环境变化研究的逐渐深入而不断发展，它与全球环境变化之间相互影响、相互作用。土地利用变化既是全球环境变化的结果和重要组成部分，又是全球环境变化的主要原因，从而影响人类社会的可持续发展，这已成为科学界的共识。1995 年，联合提出了"土地利用和土地覆被变化"（Land Use/land Cover Change，LUCC），即土地利用变化研究计划，使土地利用变化研究成为目前全球变化研究的前沿和热点课题。

一　土地利用变化研究的主要内容

土地利用是指人类根据土地资源的特性、功能和一定的经济目的，对土地的使用、改造和保护，是人类通过与土地结合获取物质产品和服务的经济活动过程，如耕地。随着社会进步和技术改造的发展，人类对土地的利用范围越来越广，程度越来越深。土地利用是一个动态的过程，土地利用的变化对自然和社会经济方面产生了不可忽视的影响，导致土地覆被发生变化。土地覆被是指自然营造物和人工建筑物所覆盖的地表诸要素的综合体，包括地表植被、土壤、冰川、湖泊、沼泽湿地及各种建筑物（如道路等）。土地利用和土地覆被可看作一个事物的两个方面，土地覆被偏重于土地的自然属性，土地利用则侧重于土地的社会经济属性。土地利用变化是指土地利用类型、结构及质量在时间和空间上的变化，而土地覆被变化包括生物多样性、现实和潜在的生产力、土壤质量以及径流和沉积速度中的种种变化。由于土地利用变化是土地覆被变化最重要的影响因素，土地覆被的变化反作用于土地利用变化，且土地利用变化对环境的影响主要是通过改变土地覆被状况产生的，因此，国际上一般将土地利用变化和土地覆被变化联系在一起，合称为土地利用变化。

LUCC 计划确定以下三个研究重点：

（1）土地利用变化机制研究。通过区域性案例比较研究，分析影响土地使用者或管理者改变土地利用和管理方式的自然与社会经济方面的主要驱动因子，建立区域性的土地利用与土地覆被变化的经验模型。

（2）土地覆被变化机制研究。主要通过遥感分析，了解在过去20年内土地覆被的时空变化过程，并将其与驱动因子联系起来，建立解释土地覆被时空变化和推断未来20年土地覆被变化的经验性诊断。

（3）区域和全球模型研究。建立宏观尺度的土地利用与土地覆被变化的动态模型，根据驱动因子变化来推断土地覆被未来的变化趋势，为制定相应的对策和全球环境变化研究服务。

LUCC 计划确定四个研究目标：一是更好地认识全球土地利用和土地覆被的驱动力；二是调查、描述土地利用和土地覆被动力学中的时空可变性；三是确定各种土地利用和可持续间的关系；四是认识 LUCC、生物地球化学和气候之间的相互关系。

LUCC 计划提出研究的五个关键性领域：一是土地利用变化过程与动力机制研究；二是土地利用和土地覆被类型与区域问题研究；三是土地利用变化的可持续性研究；四是区域和全球性空间统计模型研究；五是遥感技术在土地利用和土地覆被变化研究中的应用。

在上述三个研究重点、四个研究目标、五个关键性领域中，土地利用变化机制对解释土地覆被时空变化和建立土地利用变化预测模型起到了关键作用，是全球变化研究的焦点。同时，土地覆被变化是由土地利用引起的，而土地利用又受到人类驱动力的影响。因此，土地利用变化及其人类驱动力研究必须建立在研究土地的物理变化与它的社会驱动力之间相互关系的基础上，即必须在"人类驱动力—土地利用与土地覆被变化—全球环境变化—环境反馈"的系统动力学框架下进行土地利用和土地覆被变化研究。

二 土地利用变化机制研究的内容

土地利用变化研究包括的内容很多，如土地利用变化对区域生态环境影响研究、土地利用变化与区域或全球可持续发展相互关系研究等。其中，土地利用变化机制是土地利用变化研究的一项重要内容，从变化机制角度看，主要是研究土地利用变化过程，即如何变（What）、土地利用变化的原因，即为什么变（Why），以及应用模型预测土地利用未来如何变（How）。探讨土地利用变化的特征及其驱动机制是 LUCC 研究的焦点，至今国内外在土地利用变化机制方面进行了大量的研究工作，在理论基础和研究方法方面取得了许多有益的成果。

（一）土地利用时空动态变化

应用遥感（RS）和地理信息系统（GIS）技术，获取不同时点的相关土地覆被分布情况，分析区域土地利用和土地覆被的空间动态变化。主要分析土地利用类型数量和空间格局变化、变化较大的土地利用类型和变化的热点地区，并区分变化的区域类型。对土地利用变化的特点及时空分布规律进行分析，是深入研究其变化机制及驱动因子的必要条件和前提。主要内容包括以下三个方面：

1. 国土资源环境动态数据库的构建与研究

根据调查建立详细的国土资源环境数据平台，并定期进行数据更新，可以很好地反映土地利用的时空演变情况，对国土时空特征演变进行快速监测，从总体上把握土地利用时空特征的演变和分布情况，为深入研究土地利用时空演变规律，为政府的宏观决策提供依据。

到目前为止，我国已利用卫星图片完成全国和分省土地总面积的统计；基于遥感和地理信息系统技术，国家环保局于 2000 年完成了"西部遥感调查"项目；中国科学院地理研究所刘纪远先生主持开展"国家资源环境遥感宏观调查与动态研究"，并建立了中国资源环境数据库。

2. 对土地利用时空变化监测技术研究

随着近年来对土地利用变化研究的深入，应用遥感与 GIS 技术对不同时期土地利用类型的时空变化进行监测变得越来越重要。目前，国内外主要采用的土地利用变化监测方法有多时相反射光谱比较监测法和监督分类监测法两类。前者的主要监测方法有差值法、比值法、植被指数法、主成分分析法、变化向量法等，多用于单一类型的监测，如林火洪水监测等。后者如分类后比较法，由于受到分类误差的影响，最终结果可能夸大了变化的程度。目前，国内外学者正致力于监测新技术的探索和研究。潘耀忠等提出了一种新的土地利用变化监测方法——变异特征检测法，它利用多光谱 TM 和全色 SPOT 数据信息融合技术，大大提高了土地利用变化监测的精度。

3. 对区域土地利用时空变化研究

陈百明先生提出，可以选择具有足够代表性的不同类型，在每个类型内选取 1—2 个区域优先开展研究工作。可供选择的类型有：①北方农牧交错类型；②南方农林交错类型；③南方农渔交错类型；④人类活动影响较小的青藏高原类型；⑤人类活动影响强烈的长江中下游平原类型；⑥人工建立的西北绿洲类型；⑦侵蚀严重的黄土高原类型；⑧基本未受人类活动影响的自然保护区类型；⑨大中城市类型。国内在区域土地利用时空变化方面进行了大量的研究工作，研究结果表明：国内在20 世纪土地利用强度和速度都有比较明显的增加；各种土地利用变化类型在不同区域的空间存在明显差异，即使是同一种土地利用变化类型在不同地区的空间分布状况也不同；通过数学模型对土地利用变化进行定量分析。

（二）土地利用变化的驱动力分析

导致土地利用方式和目的发生变化的驱动力主要存在于自然和社会两个系统。在自然系统中，气候、土壤、水分等被认为是主要驱动力类型；在社会系统中，通常将驱动力分为人口变化、贫富状况、技术进步、经济增长、政治经济结构和价值观念六类。其研究内容包括目前的土地利用格局的时空分布特征，其历史的、社会经济和环境的决定因子有哪些？经济、人口、目前的政策及环境变化因素在土地使用者改变用地类型中各起什么作用？它们在不同地区如何综合地发生作用？如何定量地评估这些作用？以不同时点上的土地覆被数据为基础数据，建立区域环境要素空间数据库，收集相应时点上的气候要素和社会经济统计数据。根据这些数据，运用统计分析模型，从自然、社会、经济等方面分析区域土地利用变化的主要因子及其作用强度。

目前，有关土地利用变化的过程及其动力机制的研究主要是通过大量的案例分析及其比较，探讨土地利用变化的动力学机制；通过对不同类型地区与不同区域尺度上土地利用变化建模，分析土地利用和土地覆被变化过程或阶段性特征。有关土地利用变化与各种驱动因子之间关系的研究，多采用相关分析方法。当前，城市化被认为是我国土地利用变化的最主要作用机制之一，不少学者开展了城市土地利用和土地覆被变化机制以及城乡作用机制研究，以求获得对动力因子和驱动过程的完整及全面的认识，这对揭示土地利用和土地覆被变化的动力机制有着极其重要的作用。

（三）区域模型

土地利用变化动力机制研究的另一个途径是对某一区域的动力因子建立相关模型，在定量分析的基础上，通过历史及现实的土地利用与各种社会、经济、技术及自然环境等影响因子之间的相互作用及其变化关系，探索土地利用时空演变的基本规律和驱动机制，进而对未来土地利用的变化进行预测。LUCC 模型是深入了解土地利用变化复杂性的重要手段，其作用和目的可以概括为对土地利用变化情况进行描述、解释、预测。描述是指土地利用变化历史及现状的反映与评价；解释是阐明土地利用格局及其与社会和自然驱动力之间的因果联系；预测是根据土地利用变化规律及对自然和社会条件所做的假设，推断未来的土地利用状况。为此，LUCC 模型包括土地利用变化过程研究中的描述模型、土地利用变化原因研究中的解释模型和土地利用变化预测研究中的预测模型。

三 国内外 LUCC 机制研究动态

在土地利用变化机制研究中，通过分析土地利用变化过程探讨驱动力一直占据着主导地位。LUCC 驱动力一般分为自然驱动力和社会经济驱动力。其中，自然驱动力相对较为稳定，发挥着累积性效应，社会经济驱动力（也称人类驱动力）则相对较活跃。所以，目前的研究更多地集中在对土地利用变化人类驱动力的探讨。而土地利用变化机制研究多以建立模型为手段。在许多研究领域，人们从不同的角度出发，构建了大量的模型，对土地利用/土地覆被变化的研究起到了积极的作用。如 LUCC（过程）研究中的描述模型——土地利用变化指数模型、LUCC（原因）研究中的解释模型——土地利用变化系统模型、LUCC

（预测）研究中的预测模型。其作用主要体现在三个方面：一是对土地利用变化历史及现状的描述；二是对土地利用的变化过程及其驱动力等进行科学解释；三是预测未来一段时间内土地利用变化的趋势。

（一）国外研究动态

1. 关于 LUCC 驱动力问题

早在 1931 年韦伯（Webb）在对美国大平原地区农业社会的研究中就认为，当地土地利用类型是当地干旱程度决定的。随着全球环境变化和土地利用变化研究的深入，国外学者致力于土地利用变化的社会经济驱动力方面探讨得较多。概括起来，土地利用变化的驱动力有：①土地利用的决策失误；②外界自然环境（温度、降雨、地形等）的变化，如降雨量的急剧减少，使农田、绿洲变成沙漠；③社会经济的变化，如城市化和工业化发展引起农业用地向城市用地转变；④人类价值观的转变。卡斯珀森（Kasperson）指出，在环境典型带中，土地利用动态变化中，人类方面的驱动力因素主要有人口、技术水平、富裕程度、政治经济结构、信任与态度。厄里克（Ehrlich）指出，人口、富裕程度和技术是研究人类驱动力的主要方面。人文领域计划（IHDP）指出，影响土地利用的驱动因素可以分为直接因素和间接因素。间接因素包括人口变化、技术发展、经济增长、政治与经济政策、富裕程度和价值取向六个方面，它们通过直接因素作用于土地利用；后者包括对土地产品的需求、对土地的投入、城市化程度、土地利用的集约程度、土地权属、土地利用政策以及对土地资源保护的态度。特纳（Turner）指出，人类驱动力应包括人口、收入、技术、政治经济状况和文化。

在以上多种驱动力因素中，首先对人口以定量的方式并合理地进行了研究，其他因素由于难以量化，缺少准确的描述。而且，人口作为土地利用变化的人类驱动力的重要角色是无可争辩的，现代人口的变化与土地利用之间有较好的相关性。

因此，当进行土地利用和土地覆被变化机制研究时，选取人类驱动力因子至少应包括人口、经济发展状况和技术三个主要方面。

2. LUCC 模型

从土地利用变化的含义及研究内容出发，构建土地利用变化模型既是深入了解土地利用变化成因、过程、预测未来发展变化趋势及环境影响的重要途径，也是土地利用变化研究的主要方法。

马尔萨斯在 1798 年建立的人口增长与土地生产力关系的模型就体现出这种趋势。20 世纪 70 年代初，罗马俱乐部推出的世界模型标志着建立 LUCC 模型进入了一个新时代。至今，国外学者在建立 LUCC 模型研究中的解释模型——系统模型方面建树颇丰，开发的土地利用变化模型大致可分为经验性诊断模型和概念性机理模型两种。前者如 Kitamura 和 Kagatsume 开发的 LU/GEC－I 模型，大量运用了典型相关分析、KSIM 和 Logistic 等分析工具。在概念性机理模型方面，一类是以经济学理论为基础，如 Konagaya 提出的杜能—李嘉图模型（GTR）就是建立在地租理论基础上的。GTR 模型对传统的杜能模型进行了扩展，在模型中运用了两种解释变量：一种变量反映了土地利用的区位差异，称为杜能成分；另一种变量反映了土地质量，称为李嘉图变量。国际应用系统分析研究所（IIASA）建立的农业土地利用变化模型则以经济学中的一般均衡原理为基础，从基本竞争模型出发，将某一区域的土地利用格局看作是每个土地经营者个体决策的结果。模型包括人口及其在城乡间的迁移动态、社会—经济因素、资本积累和市场条件。决策者基于土地自然条件为其提供的几种用途选择和体制因素对用途的限制，根据各种用途的投入产出函数，挑选获利最大的用途。土地利用变化可能源于各种用途的变化，也可能源于各种用途比较效益的变化。另一类是以系统理论为基础，如里布萨姆（Riebsame）等在对美国大平原农业土地利用的研究中，从土地利用系统角度建立了一个综合自然因素和人类因素的农业土地利用变化概念模型。模型包括人类环境中的驱动力、自然环境中的驱动力、土地利用决策过程和生态过程四个部分。在自然因素中考虑了气候、土壤和生物地球化学循环等传统因子，在人类因素中考虑了政策、经济、技术和社会文化等范围广泛的社会驱动力。模型同时指出，自然因素与人类因素之间存在直接和间接的相互作用关系。

除这两大类模型之外，目前出现的引入社会驱动力的 LUCC 模型还有：著名的厄里克公式（I＝PAT）；亚当斯（Adams）等建立的就全球变化对美国农业的长期影响进行生物经济评价的空间平衡模型；美国林业和农业领域的森林与农业领域最优化模型（FASOM）；比较清楚地描述土地利用变化的 IMAGE2.0（Integraed Model to Assess the Greenhouse Effect）模型和具有较大影响的 Century 生态模型。总的来说，在这些模型中，反馈关系多是单向的，即主要考虑社会经济条件对自然状况的影响，而很少考虑自然条件变化对社会经济的影响，而且由于这些模型建立的出发点和所需要解决的问题各不相同，因而难以满足对全球变化中土地利用变化研究的需要。

（二）国内研究动态

1. 关于 LUCC 驱动力问题

我国有关土地利用和土地覆被的研究由来已久，最初的研究主要集中于分类、分区以及开发、管理等方面，在 20 世纪 80 年代出版了《1∶100 万中国土地利用图集》，1992 年出版了《中国土地利用》。自 20 世纪 90 年代中后期以来，配合国际 IGBP/HDP 科学研究计划，我国土地利用和土地覆被变化研究也普遍开展起来。关于土地利用变化研究中的驱动机制，我国一些学者主要通过案例对土地利用变化的驱动力进行探讨。研究方法一般是根据遥感资料和历年统计数据，结合采用地理信息系统和统计分析，通过建立模型，分析案例区域土地利用变化过程及其驱动机制。如张明、龙花楼运用典型相关分析分别对榆林地区、长江沿线样带土地利用的驱动因子进行了分析。谢高地、王秀兰分别从不同角度对土地利用驱动因子中的人口因素进行了分析，其中，王秀兰在对内蒙古土地利用变化的研究中指出，该地区土地利用速率与人口密度之间具有正相关关系，人口增长速度越快，土地利用变化越快，并初步探讨了人口与土地利用变化相互作用模型的构建。许月卿对河北省耕地数量动态变化的驱动因子进行了分析，指出农业结构调整、非农建设、灾害毁损、开荒等因素是引起耕地变化的直接驱动因子，而技术进步、经济利益和农业政策等因素是引起耕地变化的间接驱动因子。宇振荣以河北省曲周县为例，探讨了集约化农区种植业土地利用变化的驱动力。杨恍、史纪安运用主成分分析法和多元回归分析法，分别讨论了前郭县和榆林地区土地利用变化的社会经济驱动机制。

来源于不同社会经济背景、不同生态环境背景和不同规模尺度的研究，加深了人们对土地利用变化驱动力的认识和理解。但总体来看，目前对驱动力的研究仍处于初级阶段，大多数研究只是关注某种或某几种驱动力对土地利用变化的影响，还忽略了各驱动力之间的相互作用以及土地利用变化对驱动力的反馈作用。

2. LUCC 模型

在 LUCC（过程）研究中的描述模型——土地利用变化指数模型方

面，我国学者探索较多。土地利用变化机制模型主要体现在土地利用类型数量变化（分单一土地利用类型动态度模型和综合土地利用动态度模型）、土地利用程度变化（分土地利用程度综合指数模型和土地利用程度变化参数模型）及土地利用变化的区域差异（土地利用类型相对变化率）和土地利用空间变化指数（土地资源重心模型、土地利用变化空间动态度模型）等方面；土地覆被变化机制可从斑块尺度（斑块的面积、周长、形状指数、分形分维数、斑块平均面积等）、类型尺度（斑块面积标准差、破碎度指数、多样性指数和均匀度指数模型）和景观尺度（优势度指数和聚集度指数模型）等角度建立模型考察。根据研究的侧重点，选用其中的部分乃至全部模型进行分析，这些模型目前已被广泛应用于国内土地利用变化研究中。阎建忠、刘盛和、朱会义分别尝试对已有的指数模型提出改进和完善。

在 LUCC（原因）研究中的解释模型——土地利用变化系统模型（经验性诊断模型和概念性机理模型）方面我国学者建树不大，主要靠引入国外学者的模型成果，较成功的仅有中国农业科学院与荷兰瓦赫宁根大学共同开发的中国土地利用变化模型（CLUE－CH），在不同的规模尺度方面，通过相关和回归分析，找出影响土地利用变化的主要驱动因子，并在此基础上预测未来土地利用的变化情景，以及史培军开发的深圳市土地利用变化模型，也是通过相关分析将各种类型土地利用变化与影响因子建立起联系，并在模型中运用了蒙特卡洛技术，但在解释土地利用变化驱动机制时回归等数理模型应用较多。

在 LUCC（预测）研究中，预测模型有马尔柯夫模型、灰色模型 GM（1，1）、系统动力学模型、细胞自动机模型等。

四　RS 和 GIS 在 LUCC 机制研究中的应用

RS 和 GIS 是支撑现代地理学的两大空间技术工具，近年来，它们的结合应用引起了人们的普遍关注和研究。同时，随着它们在应用领域由定性到定量、由静态到动态、由现状描述到预测预报的不断深入和提高，它们的综合也逐渐由低级阶段向高级阶段发展。遥感是通过某种传感器装置，在不直接接触研究对象的情况下测量、分析并判定目标性质的一门科学和技术。遥感技术在获取地面物体信息中具有宏观性、实时性、动态性等特点，是土地利用调查和监测的有效手段。GIS 是以地理空间数据为基础，在计算机软硬件的支持下，对空间相关数据进行采集、存储、管理、分析、模拟和显示，并采用地理模型分析方法，适时提供多种空间和动态的地理信息，为地理研究和地理决策服务建立起来的集计算机技术系统。

RS 和 GIS 是两个相互独立发展起来的技术领域，但它们之间存在密切关系：一方面，RS 为 GIS 提供多时期、多波段信息源使系统中的信息具有现势性；另一方面，GIS 为 RS 提供数据管理的地理模型分析功能，为 GIS 信息的提取和地学动态分析提供工具；同时，GIS 中的辅助数据提高了遥感信息的分类精度和制图精度。总之，RS 是 GIS 的主要数据源和数据更新手段，同时 GIS 的应用和发展又进一步支持遥感信息的综合开发与利用。

土地利用与土地覆被变化机制研究要揭示变化的原因及变化趋势，首先要能够动态地反映变化过程的信息及其处理方法，RS 和 GIS 技术便成为土地利用与土地覆被变化研究技术体系中的主要组成部分。RS 利用其宏观、高分辨率、多波段、多时相为 LUCC 机制研究提供了丰富的动态信息源，GIS 的空间分析和模型分析能力及其强大的数据处理能力则为 LUCC 机制研究数据的分析和处理提供了有力的支持。

（一）RS 在 LUCC 机制研究中的应用

因为遥感具有探测范围大、获取资料的速度快、周期短、受地面限制条件少、获取的信息量大等特点，已成为监测土地利用土地覆被变化十分有用的工具。从遥感的分类可以得到土地利用的类型，通过对比多时相的遥感图像的分类结果，可以动态地获取土地利用变化的信息。由于技术上的原因和经济利益的考虑，地方部门上报的统计数据往往有偏低的现象。从人造地球卫星或航测飞机上获取遥感数据的主要用途之一就是变化探测，因为它能在短期内进行重复成像并提供一致的图像质量。事实上，科学技术发展到现在也只有空间对地观测技术才能提供全球性、重复性、连续性的地球表面数据库。遥感平台提供的影像要通过影像解译工具将卫星数据解译，转成 GIS 系统能识别和进行分析的数据源。

在土地利用变化机制研究中，遥感技术主要应用于以下两方面的工作：

（1）土地利用及其变化的遥感分类。

（2）土地利用与土地覆被变化的动态监测，其中，包括对影响土地利用变化的各类自然、社会与经济条件变化和土地利用变化本身的监测。

在遥感技术应用过程中，遥感技术必须与社会经济数据相结合。遥感专业人员通过 GIS 手段将其与自然或人文景观特征相结合进行分析，而从事地理研究的社会科学工作者则善于进行行为、政策方面的研究，通过建模分析人类行为或决策与土地利用变化的相互影响和作用。这两方面的专业人员相互结合则会形成特殊的优势，这已是目前土地利用变化机制研究的趋势。

LUCC 研究计划中提出进行多空间尺度的土地利用变化研究，将低空间分辨率和高空间分辨率的卫星遥感影像信息相结合进行全球尺度与区域尺度的研究，在全球范围进行 1—2 千米分辨率土地覆被变化制图，对区域的精确研究则采用陆地卫星数据等高空间分辨率资料进行。其中，低分辨率的大尺度观测数据（如 AVHRR 1 千米数据），得到土地覆被类型信息和一些土地覆被变化信息；高分辨率卫星遥感数据，获得土地覆被变化、变化的空间几何特征和变化的时间序列数据。近年来，基于卫星遥感的 LUCC 信息获取方面的研究进展，表现在以下三个方面：

（1）对传统的土地覆被分类系统的改进。利用遥感数据进行土地分类大多采用自上而下的等级分类系统，即在分类前预先划定若干等级的土地覆被类型和亚类型，然后将影响像元划入某一类型。这种预先制定的分类系统往往是针对某种应用需要而制定的，因此很难将其转换以适应不同应用目的的要求。针对这一局限性，洛夫兰（Loveland）等提出了"灵活的土地覆被数据库"的概念。利用卫星在生长季内获得的多时相数据依据地表覆被的动态过程将图像像元划分为不同的土地覆被单元——季节性土地覆被单元。季节性土地覆被单元构成灵活土地覆被数据库的基本成分，辅之以一系列有关光谱、地形、生态区、气候等属性特征，成为分类系统中最底部的一层。这一新的土地覆被分类策略在美国及全球 1 千米土地覆被数据库的研制中得以应用，并取得了成果。

（2）土地遥感分类方法的进展。目前，利用数据统计浏览方法结合人工解译仍然是在大尺度内进行遥感分类的主导方法。近年来，不少研究讨论土地遥感分类的新方法主要代表包括人工智能神经元网络分类、分类树方法、多元数据的专家系统和计算机识别法等。其中，分类树及神经元网络方法正应用于 EOS – MODIS 土地覆被数据库的开发试验，并取得了一些经验。

（3）"社会化像元" 和 "像元化社会" 观念的提出：LUCC 计划研究的目标要求使遥感在更一般意义上更加紧密地和与土地利用变化有关的社会、政治、经济问题和相关理论联系在一起，即 "社会化像元" 和 "像元化社会"。前者强调在遥感图像面向应用科学和朝着应用发展之前充分考虑社会科学界的观念，具体包括最小化像元和从像元中生成模型两方面。后者对每一个像元模拟出具有一个从一种土地利用到另一种土地利用类型变化的概率。

（二）GIS 在 LUCC 机制研究中的应用

利用计算机来处理数据，提取信息是信息系统的基本功能，GIS 处理的主要是与空间位置和空间关系有关的数据。以空间数据表示的地物不仅具有空间信息，而且具有很多的非空间属性。在 GIS 系统中，空间数据都具有空间特征和空间关系，无法在关系数据库模型中表达，因此将属性数据存储在关系数据库中，而空间数据保持原有文件格式不变，然后通过建立关联联系两者，这就是 GIS 系统对空间数据和属性数据的处理能力。GIS 处理的空间数据可以是矢量图文件，也可以是栅格文件或者是图像，至于属性数据实现的模式是关系数据库。在 ArcView GIS 中，把拓扑、几何特性、属性等存储在特征属性表中，这为空间分析、模型分析提供了可能。

空间分析是指分析、模拟、预测和调控空间过程的一系列理论及技术，其分析结果依赖事件的空间数据分布。GIS 软件的图形叠加、缓冲区分析、图形变换以及其他分析功能，为开展各种地理信息的综合分析提供了十分有效的工具。由于土地利用变化包括数量、质量及空间变化，且影响的自然、社会因子繁多，错综复杂，只有借助空间分析方法，才能有效地研究土地利用变化过程、原因和趋势。

GIS 的空间分析在 LUCC 机制研究中的应用主要使用 GIS 中的空间叠置分析、缓冲区分析、地学信息图谱方法以及地理模型分析方法。

（1）空间叠置分析是将同一地区不同时段的土地利用矢量图在 GIS 软件支持下进行空间信息对比，建立土地利用变化转移矩阵，统计计算各类土地利用变化的数量，揭示土地利用变化的空间转移特征。它是

LUCC 研究中最普遍、应用频次最高的一种。从国外到国内，应用实例不胜枚举。国外对土地利用变化的研究思路是在 GIS 软件支持下对不同时期遥感影像或土地利用图进行空间叠加运算，计算出各时期土地利用类型的转移矩阵，再进一步分析土地利用变化过程，其实质就是对空间数据图层的叠加分析。

（2）GIS 中的缓冲区分析是对空间数据库中的点、线、面地理实体或规划目标建立其周围一定宽度的多边形内地物受原地物的影响度分析，是对空间特征进行度量的一种重要方法。它通过对一组或一类地物按缓冲的距离分析，得到所需要的结果。实际上，缓冲区分析涉及两步操作：第一步是建立缓冲区图层；第二步是进行叠置分析。史培军等计算了深圳市交通干线的不同距离缓冲区内的土地利用类型的转化率，分析了交通干线对深圳市城镇用地的扩展影响，表明距离交通干线越近，土地利用类型向城镇转化的可能性就越大。

（3）地学信息图谱是在陈述彭院士的倡导下，以 RS、GIS、网络通信、虚拟现实、计算机制图等技术为支撑发展起来的一种时空复合分析方法。它借助于时空融合的图谱方法，为研究带有时空属性地学研究对象的多维与多元属性特征提供了理论和方法依据。叶庆华等在地学信息图谱理论、方法基础上构架了土地利用系列图谱模型，分别是 1956—1984 年、1984—1991 年和 1991—1996 年三个时序，包括土地利用强度变化、土地利用结构变化和土地利用时空格局变化等图谱，分析表明，黄河三角洲新生湿地土地利用状况发生很大变化。

（4）地理模型分析方法是 GIS 应用的重要领域，利用 GIS 模型分析功能，我们可能实现客观描述地理现象特征，模拟其结构及功能，从而揭示其本质规律。现今已有很多人借助于 GIS 提供的多源数据，通过模型开发工具，开发了基于 GIS 的一系列分析模型。GM（1，1）、SD、马尔柯夫链模型、逻辑斯蒂模型、多变量统计分析模型以及多种非线性模型，在解决与地理相关的问题时，已发挥了巨大的作用。

第二节　研究区域概况和研究方案的确定

研究区域新建县位于江西省中部偏北，省会南昌市西北郊，赣江、锦河、修水下游，鄱阳湖西南面。东端为南矶东湖东岸，位于东经116°25′，西端为石岗金城松毛山，位于东经115°31′40″，东西跨经度53′20″；南端为松湖活溪李家，位于北纬28°20′10″，北端为南矶神塘湖洲尾，位于北纬29°10′50″，南北跨纬度50′40″。东隔赣江与南昌市、南昌县相望，南与丰城毗邻，西与高安、安义、湾里接壤，北、西北与永修相连，东北共鄱阳湖与都昌、余干为邻，中隔南昌市郊区，使新建全县分为上、下两部分。

一　研究区自然条件概况[①]

新建县属中亚热带，为暖湿季风气候，气候温和湿润，四季分明，雨量充沛，光照充足，有霜期短，生长期长。年平均气温为15—17℃，南较北高，温差0.7℃。年平均降雨量1518.3毫米，4—6月降雨量占全年的51%，平均日照时数1972.2小时，占可日照时数的49%，为农牧业生产提供了有利条件。

县境内以赣江、锦河及修河支流蚂蚁河为纽带，构成流湖、药湖、碟子湖、下庄湖和铁河五条水系，汇合鄱阳湖；以西山山脉为主体，连贯西山岭、梅岭、桃花岭和上天峰四座主峰。县内最高峰为萧坛峰，海拔为812米。最低处为南矶滨湖，海拔为13米。县域三方环水，一面傍山，属江南丘陵滨湖地区。

县内地貌深受构造、岩性控制，在流水等外力作用下，形成的地貌是：西部为低山区，地势最高，向东、南、北三面逐渐降低，至赣、锦、修三河沿岸成为平原地貌；中部和西南部为低丘、平原相间分布区；东南部和东北部为沿江滨湖平原圩区。全县常态地貌类型以冲积平原、滨湖为主，平原占全县总面积的33.86%，水面占39.76%，丘陵占26.38%。

全县土壤分4个土类、10个亚类、23个土属、56个土种，116个变种。4个土类为水稻土、冲积土、红壤和紫色土；10个亚类分别为冲积性水稻土、红壤性水稻土、紫色土性水稻土、潜育性水稻土、熟化冲积土、冲积土、熟化红壤、红壤、熟化紫色土和紫色土。

---

① 江西省新建县志编纂委员会：《新建县志——江西省地方志丛书》，江西人民出版社1991年版；江西省新建县统计局：《改革开放的江西50年》（1949—1998），江西人民出版社1999年版。

森林资源潜在优势很大。现有林业用地近 6 万公顷，森林覆盖率为 18%，活力木蓄积总量 60 余万立方米。自然地带性植被为典型的亚热带常绿阔叶林，非地带性植被主要为河漫滩草甸和滨湖季节性草洲湖草。河漫滩草甸主要分布于赣、锦、修（蚂蚁河）等河沿岸的边滩洲地，滨湖季节性草洲分布于鄱阳湖滨及蚂蚁河下游两岸。优势树种为壳斗科的苦槠属、青冈属、栲属和石栎属及樟科乔木，常分布在 1000 米以下的低山丘陵。

水资源丰富，水系发达。河港纵横交错，湖泊密布，有 18 条溪流和 62 个湖泊，总长 375 千米，计有水资源总量约 15 亿立方米，过境地表 1.7 亿立方米，过境河川径流 330 亿立方米。该县沿江滨湖平原地带松散岩层孔隙水，水量较丰富，分布较均匀，地下水位深埋在 5 米以内。

县草场资源较丰富。据县农业区划普查，有草山草坡 21.1 万亩，季节性草洲 42.2 万亩，共计 63.3 万亩，其中可利用面积 60.3 万亩，占全县土地总面积的 14.9%。据实地考察，"三草"年均亩产鲜草量 9000 多千克，植被中以禾本科、豆科数量较多。

二　研究区社会经济条件概况[①]

全县辖区内有省（市）农场 6 个，分别为新丰、桑海、恒湖、成新、朱港和滨湖；乡、镇、场 27 个，其中乡 12 个，分别为石埠、义渡、流湖、厚田、联圩、昌邑（昌良并入）、金桥、大塘坪（观嘴并入）、南矶、璜溪、北郊和铁河；镇 11 个，分别为松湖、石岗、西山、生米、望城、长垄、乐化、溪霞、樵舍、象山和七里岗；场 4 个，分别为红林、岭背、县农科所及县畜牧场。

2000 年，全县国内生产总值为 30.39 亿元，三次产业结构为 27.4%、38.0% 和 34.6%。全年农业总产值为 10.66 亿元，粮食总产达 34.60 万吨，油料总产 2.73 万吨，棉花总产 2217 吨。全县工业总产值 20.86 亿元，其中国有工业和年销售收入 500 万元以上的非国有工业累计工业总产值 5.5 亿元。全县个体工商户达 4150 户，私营企业 133 户，个私企业完成产值 25.85 亿元。全县交通运输部门完成货物周转量 2780 万

---

① 江西省新建县统计局：《新建县 2000 年国民经济统计资料》，江西人民出版社 2001 年版。

吨·千米，客运周转量 7250 万人·千米，公路建设加快。为策应红谷滩开发和南昌市行政中心西移，新建县着眼于搞好基础设施的配套和完善，进一步加大了县城建设资金投入。2000 年，全县共投入县城建设资金 1670 万元。一是加快了县城扩张；二是县城基础设施日益完善；三是重点集镇建设步伐继续加快；四是红谷滩拆迁工作稳步推进。经省政府批准，南昌地区新高校园区已正式选址在长凌工业区内。全年新签"四外"投资项目 28 个，合同外资 3.2 亿元，实际利用外资 1.3 亿元，出口创汇 520 万美元。全县财政总收入 15034.1 万元，其中地方财政收入 10830 万元。年末，全县银行各项存款余额为 17.4 亿元，其中城乡居民储蓄存款 12.56 亿元。全县农民年人均纯收入 2211 元，从业人员年平均报酬 4650 元。

三 研究目的及意义

如何在经济增长中认识土地利用变化的内在机制和驱动因素，预测其未来可测性变化，以保持土地资源的可持续利用是土地利用变化研究的焦点。土地利用变化机制研究不仅是自然与人文交叉最为密切的环节，而且是连接区域可持续发展同全球环境变化的中间桥梁，它将全球环境变化的综合研究向更深一步推进。

随着 RS 和 GIS 技术的不断完善和发展，借助 RS 和 GIS 技术研究区域土地利用变化，通过模型（描述模型、解释模型、预测模型）进行情景分析，揭示其时空变化特征，探讨土地利用变化的驱动机制，预测未来变化趋势，是当前国内外土地利用变化机制研究的重要趋势。

LUCC 研究的根本目的在于深入了解土地利用与土地覆被在区域尺度上的互动与变化，因为与全球变化相伴的一些效应主要通过区域累积效应反映出来，在区域水平上显得更为重要。而且，只有在一定的区域范围内，才有可能具体地探讨各种自然与社会经济因素的变化及其对土地利用和土地覆被变化的影响。由于我国土地资源的利用方式、区域土地利用结构、土地利用程度具有明显的区域特点，选择小尺度，特别是县市级尺度的典型区域进行研究，有助于深入分析和研究土地利用变化的时空变化规律、驱动力以及资源环境效应。通过对多个县市级尺度的研究成果进行对比分析，也有助于探寻大尺度下土地利用与变化的规律。

本章以经济相对欠发达、生态较脆弱的江西省新建县为例，根据分时期土地利用遥感资料、土地利用现状图等土地利用资料和自然社会经济历年统计数据，采用 RS、GIS、SPSS、DPS 等统计分析相结合的方法，通过 LUCC 模型，研究分析新建县 1991—2000 年十年间的土地利用变化过程及其驱动机制，揭示新建县近十年来土地利用的数量变化和空间变化特征，明确其变化的主要类型和来源流向、变化原因、变化趋势，为该区域土地规划管理、政策制定提供参考依据，以及进一步深入研究奠定基础。

土地利用变化与资源、环境和社会经济的发展密切相关，加强对区域土地利用动态变化的研究，有助于了解土地利用变化的过程与机制，并通过调整人类社会经济活动，促使区域土地利用更趋于合理，从而达到区域土地持续利用的目的。

四　研究内容、方法、手段和技术路线

（一）研究内容和方法

本章研究的主要内容有区域土地利用变化过程分析、区域土地利用变化驱动力分析和区域土地利用变化趋势分析。

1. 区域土地利用变化过程分析

（1）遥感影像处理：①对图像进行几何纠正；②对图像进行辐射纠正；③识别变化类型；④进行变化制图。

（2）现状图矢量化：通过 ArcView GIS 地理信息系统软件数字化，属性数据储存于 Geodatebase 的 Access 中。将影像解译图和现状矢量图导入 GIS 软件 ArcView 中，建立三期土地利用现状数据库。

（3）土地利用转移矩阵分析：在 GIS 持下，对两个时期（1991 年、2000 年）新建县 TM、ETM$^+$影像解译矢量图和 1996 年土地利用现状矢量图进行空间叠加运算，计算出相应时期的土地利用类型的转移矩阵，揭示不同时期土地利用类型的时空变化规律。

（4）结合转移矩阵，采用土地利用变化描述模型分析研究区域土地利用变化的数量、空间特征。

2. 区域土地利用变化驱动机制分析

（1）利用统计软件 SPSS 进行研究区域土地利用变化驱动因子主成分分析（含双因子相关分析）；

（2）利用统计软件 SPSS 进行研究区域土地利用变化驱动因子的回归分析，并建立多元线性回归模型。

3. 区域土地利用变化趋势分析

（1）马尔柯夫模型；

（2）灰色模型 GM（1, 1）。

（二）研究手段和技术路线

RS、GIS 一体化，卫星影像解译，现状图矢量化、处理技术，GIS 空间分析技术；SPSS 软件分析驱动力（自然、社会）；马尔柯夫模型和 GM（1, 1）预测土地利用变化未来趋势。

本书研究的技术路线如图 1−1 所示。

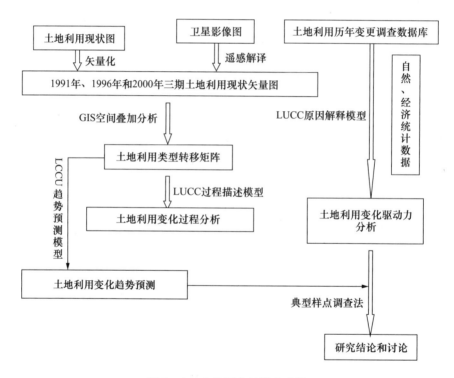

图 1−1　本书研究的技术路线

第三节　基于遥感和地理信息系统的 LUCC 机制研究中数据源的处理

土地利用变化研究发展到现在，离不开 RS 和 GIS 科学的支撑。一方面，RS 为土地利用变化研究提供大量多平台、多时相、多波段信息源，使宏观研究和动态监测有足够的信息保障；另一方面，GIS 技术强大的空间数据存储、管理、分析功能使 RS 信息源得到广泛应用，同时 GIS 中的数据库为 RS 分析提供补充资料，与 RS 信息复合产生更多信息。

一　RS 和 GIS 在 LUCC 机制研究过程中的结合应用

根据当前 LUCC 研究现状，RS 和 GIS 的结合应用大致可分为三类，这三类方式基本上反映了两者结合运用的深度和分析问题的层次。

（一）一级结合方式

这种结合方式是相互独立、平行的，它通过软件接口，使数据在两个彼此选取图像分析系统之间交换。一级结合方式可同时显示 GIS 数据（矢量结构）和 RS 影像（栅格结构），并将影像解译结果输入 GIS；同时也能将 GIS 空间分析结果输入影像处理软件中。这种方式一般是通过在现有 GIS 和影像分析系统之间增设数据转换接口来实现（见图 1－2）。

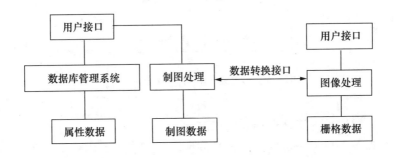

图 1－2　RS 和 GIS 的一级结合方式

（二）二级结合方式

两个软件模块共用一个用户接口，可以实现栅格—矢量结构的串行或平行处理。它具有将 GIS 矢量数据直接进行图像处理的能力，以及统一不同性质数据输入方式、误差分析和 RS 数据进行时空动态变化模拟的能力（见图 1－3）。本书采用第二种结合方式。

（三）三级结合方式

将 RS 和 GIS 作为一个统一的系统，实现两者的真正结合。这种结合解决了两者不同空间概念的二分性,是一个长期的目标。统一后的结合,允许进行综合的空间查询,产生现实世界中实体的综合模型并根据该模型确定相应的空间表示法(见图1-4)。

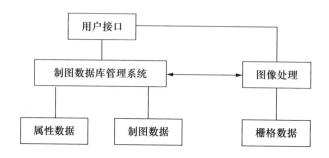

图1-3 RS和GIS的二级结合方式

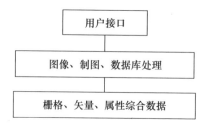

图1-4 RS和GIS的三级结合方式

二 解译前的影像选择和解译流程

在利用卫星影像数据解决地学问题时,首先,根据实际工作目的和精度要求确定信息源的类型。其次,选择研究区,确定卫星影像所需涵盖的范围。最后,根据研究内容和性质确定信息源的时相和质量。

采用RS和GIS一体化信息提取技术,技术流程为:RS数字影像—人机交互判读—计算机量算汇总—数据库。该方法直接利用矢量化图像进行土地利用信息的提取,它省去了传统方法中比较费事的必须经过纸笔的中间环节,不但成图周期大大缩短,而且由于图像可以随意放大和缩小,增加了可识别性,提高了判读精度,同时因为少了成图后的矢量化过程,减少了误差的一大来源,也减少了工作量(见图1-5)。

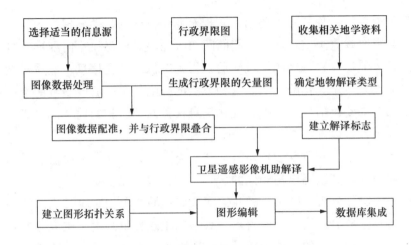

图 1 – 5　卫星影像机助解译工作流程

三　数据来源

本书研究选取鄱阳湖幅 Landsat – 5 TM 数字影像，拍摄时间 1991 年 10 月 25 日，轨道号 121/040；Landsat – 7 ETM+ CD – ROM 数据，拍摄时间 2000 年 1 月 27 日，轨道号 121/040；以及由新建县国土资源局提供的 1996 年土地利用现状图为三期原始数据。

四　卫星影像分类提取技术和解译方法

土地利用变化遥感信息提取技术方法，一般可分为两类：

（1）单独分类结果比较法，也称各自时相光谱数据分类结果的比较分析，对不同时相图像经分别分类后，获得不同时期的分类图，将其配准后比较，可以获得变化信息数据。由于单独分类结果比较法能够直接给出变化的定量信息（如面积）和变化中类型的转化信息（如地类属性），所以，该方法在城市化的监测与评估、森林退化等多种变化调查中得到了广泛应用。

（2）多时相数据同步分析法，也称直接比较分析多时相光谱数据，包括影像差值法、比值法、主成分分析变换法和变化矢量法。这些方法直接通过两时相数据的光谱差异，确定变化发生的区域，但不能得出变化图斑的类型。

①光谱特征变异法。光谱特征变异法仅需要一个时相的 TM 数据和另一时相的 SPOT 数据，通过融合后，光谱特征的畸变检测出土地利用

类型的变化。这种方法主要用来实现对变化特征的自动发现。

②影像差值法。对两个时相的图像,经辐射校正和几何配准等处理后进行差值运算,再经阈值过滤后,得到图像的变化信息,然后对变化信息分类来决定变化的性质。这种方法的缺陷是单一波段不可能准确地反映出全部变化信息。另外,变化信息覆盖两个时相的地类,要进行一次分类处理,以确定变化信息类型。

③比值法。处理方法与差值法基本类同,其差别在于比值法是运用两个波段的。其缺陷也是相同的。

④主成分分析变换法。经几何配准处理的两个相对应时相的某些波段,进行主成分变换,从而得出一级新的主成分量。由于主成分变换法是建立在对像元值的纯数理统计基础上而不是它的物理特性基础上,因而获得的变化信息复杂且稳定性差,提取到的变化信息精度较低。

SINGH 在 1989 年的论文中对各种变化信息发现的方法做了简要介绍和评价,由于成像时间和太阳高度角、卫星倾角等条件的不同,获得的两时相影像本身存在较大的差别。即使对于同一地物,由于上述条件不同,得到的影像 DN 值也不一样。因此,对于影像相减法而言,单纯相减所得的变化信息中会含有大量间接变化信息和噪声信息。不仅如此,由于同物异谱、异物同谱现象的存在,许多真正的变化信息也会因为相减而被漏掉,从而影响最终变化信息的获得。另外,植被指数相减的方法同样有着本身的局限性,它对不同时相植被覆盖情况的变化敏感,而不能很好地发现其他类型的变化。

第一种方法可以有针对性地提取感兴趣的专题变化信息,工作量相对较小,自动化程度更高,工作周期较短,比较适合重点地类变化的动态监测。为此,本书对两景卫星 TM、ETM$^+$影像采用先分类解译后使用结果比较法。

影像解译有两种方法:一种是目视解译方法,凭光谱规律、地学规律和解译者的经验,从卫星图像的颜色、纹理、结构、位置等各种特征解译出各种土地利用类型;另一种是计算机自动分类方法,利用适当的图像分类方法,选择分类特征,利用模式识别模型,确定每一像元的土地利用类型。目视解译的方法费时且所得结果会因解译者不同而差异很大。近年来,随着计算机软硬件功能的快速增长,计算机图像分析技术也成为广泛使用的方法。因此,研究区域土地利用最好是使用遥感和数字图像分析技术。

　　本次遥感影像解译工作采用计算机自动分类和目视解译相结合的方法，以计算机自动分类为主。卫星遥感影像机助解译方法是借助于计算机的数据存储、分析和显示功能，根据光谱规律、地学规律和解译者的经验，从地物的遥感影像特征来判断其类型和性质，并及时成图的一种方法。由于机助解译是在计算机的屏幕上进行人机交互的目视解译，所以，其工作基础涉及影像在计算机屏幕上所显示的地物基本特性，包括大小、形状、图形、色调、纹理、阴影和位置七种特性，其中，大小是指根据相片的比例尺考虑取舍影像上不同大小的物体；形状是指地物个体的形态和轮廓；图形是指物体的空间排列和组合；色调是指影像上地物的色彩和灰度，色调的差别是识别其他特性的基础，没有色调的差别，地物的形状、模式和纹理都难以判别；纹理是相片上色调变化的反映，由像元特征组合而成，是地物形状、大小、模式、色调和阴影的综合反映；阴影的形状和轮廓给出了地物的侧影，有利于判读，但阴影内的地物由于反射的光线少而难以判别；位置是指地物所处的空间位置以及与其他地物的相互关系。上述这些特征是机助解译的基础，实际工作中往往难以由一种特性判定地类，通常综合几种特性进行交互判读。

　　五　确定解译类型和建立解译标志

　　在进行卫星影像解译之前，须明确提取地物信息的类型。就土地利用信息提取而言，须考虑土地的自然属性和利用属性，为了查清土地资源类型的数量和空间分布特征，须先建立一个反映土地资源宏观状况的分类系统。根据中国《土地利用现状调查技术规程》和土地利用方式、特征等因素作为土地利用的分类依据，区分差异性，归纳共同性，从高级到低级逐级划分，将土地利用类型划分为耕地、林地、草地、水域、建设用地和未利用地 6 个一级类型（见表 1 - 1）。一级类型又进一步分为 20 个二级类型，包括水田、旱地；园地、有林地、灌木林、疏林地、其他林地；高覆盖度草地、中覆盖度草地、低覆盖度草地；城镇用地、农村居民点、其他建设用地（含交通用地及交通设施用地）；河流、湖泊、水库坑塘、河滩；沙地、裸地、其他未利用地。由于遥感影像的人机交互解译能力有限，且在利用地理信息系统进行分析统计时，考虑到采用二级分类系统数据过于庞杂，故研究土地利用变化只具体到一级地类。

表1-1   土地利用类型及其含义

	土地利用类型及其含义
耕地	种植农作物的土地，包括新开荒地、休闲地、轮歇地、草用轮作地；以种植农作物为主，间有零星果树、桑树，或其他树木的土地；耕种三年以上的滩地和海涂
林地	生长乔木、竹类、灌木等林木的土地，不包括居民绿化用地，以及铁路、公路、河流、沟渠的护路、护岸林
草地	生长草本植物为主，用于畜牧业的土地
水域	指陆地水域和水利设施用地，不包括滞洪区和垦殖三年以上的滩地、海涂中的耕地、林地、居民点、道路等
建设用地	指城乡居民点、独立居民点以及居民点以外的工矿、国防、名胜古迹等企事业单位用地，包括其内部交通、绿化用地
未利用地	目前还未利用的土地，包括难利用的土地

建立解译标志。先在已有的假彩色合成影像上，从易到难进行初步解译，然后根据区域特点，选择典型地区进行必要的野外验证，找出规律，在此基础上，建立解译标志。地表各要素之间是相互制约的，由于地质、地貌、水文条件的不同而产生区域差异，决定了它们的利用和改造方向的差异。因此，在建立解译标志时，要结合卫星影像的色彩差异，考虑区域地理分异特征，使建立的解译标志具有充分的科学依据。

建立正确的解译标志直接影响图斑属性值，对解译精度和影像数据利用的可信度极为重要。在建立解译标志时，要遵循以下方法和原则：

（1）影像上没有明显解译标志的地类不能成为分类传统中独立的图斑类型，除非是一些重要的地类，并且通过其他辅助数据能够精确地界定每一图斑的轮廓。

（2）根据TM标准假彩色合成影像的波谱特征、空间分辨率以及试验区的物候资料、现有的相近时相的土地利用图，并结合影像的色调、亮度、饱和度、形状、纹理和结构等特征，制定初步的解译标志。

（3）在此基础上，选取典型地段进行预判，并且归纳总结后，针对疑虑进行实地验证和专家咨询。

（4）最后建立该研究区域两个时相的解译标志。

由于受影像资料可获得性限制，两景影像拍摄时间分别为 1 月和 10 月，相同土地利用类型地表覆被物有所区别，在影像上反映出的光谱特征不一，解译时需区别对待。本书采用 TM 4、3、2 波段组合假彩色合成影像，1 月耕地大多没有种植作物，旱地影像呈青灰色，水浇地呈浅红色；10 月耕地大多为水稻等农作物所覆盖，旱地影像呈黄绿色，水浇地呈淡红色，无作物覆盖的耕地呈青灰色，显现方格状田块。林地（含园地）覆被物影像特征与树种、植树密度、树上挂果有关，但总体上看，1 月林地和 10 月林地在色调上前者比后者更暗淡，因为冬季的林木树叶枯黄、落叶也比秋季多。草地覆被物大多分布在沿湖、沿河周围，同样，1 月草地覆被物影像色调比 10 月的要暗淡。1 月是枯水季节，水域水量相比 10 月少，水域中的覆被物除水体外，还能显现水体中的浮游藻类等植物，尤以鄱阳湖明显。故在影像上，1 月鄱阳湖水体呈混浊状，除蓝色外，还有大片的乳绿色、褐绿色；10 月水域主要呈青蓝色和一些淡绿色。建设用地和未利用地在季相上并无明显差异（见表 1 - 2）。

表 1 - 2　　　　　　　　　　各种土地利用类型解译标志

土地利用类型		影像特征
耕地		1991 年影像：旱地呈黄绿色，水浇地呈淡红色，无作物覆盖的耕地呈青灰色，显现方格状田块
林地		2000 年影像：旱地呈青灰色，水浇地呈浅红色；色调呈暗红、大红、深红，且纹理比较均一，总体上看，10 月影像比 1 月色调更鲜艳
草地		1991 年影像：色调鲜红；2000 年影像：色调浅红，微带淡黄，纹理均较粗糙
水域	河流	弯曲线状或带状，颜色呈淡蓝色或蓝绿色，有的河流两旁有树，在影像上呈两道红色
	湖泊与水库	面状、片状或带状；1991 年影像，主要呈青蓝色和一些淡绿色；2000 年影像，水体呈混浊状，除蓝色外，还有大片的乳绿色、褐绿色

土地利用类型		影像特征
建设用地	城镇居民点	规则的团状，影像呈青绿或暗青色，面积较大，一般有较大的交通线路通过
	农村居民点	分布于各处的点状，影像呈青灰或黑灰色
	工矿特殊用地	分布于城乡周围，影像呈青绿色，间有白色条块或方块，纹理均一，形状为矩形或方形
未利用地		集中分布于厚田乡沙漠区，呈片状或沿河呈线状分布，色调呈白色，纹理均一

六 解译步骤和解译过程中需要注意的问题

（一）卫星影像机助制图的步骤

第一步，数据预处理。数据预处理包括辐射纠正、几何纠正、特征提取和选择、数据压缩和消除噪声。

第二步，训练样区的选择。对于非监督分类来说，需要选择样区以辅助对簇分析结果的归类。对于监督分类来说，训练样区用于提取各类的特征参数以对各类进行模拟。监督分类的关键是找准训练区、采集样本、训练样本，直至使样本性质均一，且保证样本数量至少达 1% 以上，结合遥感专业软件 ENVI 中的 N 维空间提纯样本的方法，可以得到 N 个样本点的类别中值。

第三步，对像元进行分类。利用分类算法，根据像元特征值，将任一像元划归最合适的类。像元特征可以是光谱反射、相邻像元的纹理特征以及所在位置的几何特征，如高度、坡度、坡向等。

第四步，对分类结果进行后处理。包括各类滤波、簇分析结果重新归类、对分类结果依据地图投影的要求完成级和转换、对分类进行整修等。

第五步，评价分类精度。将分类结果与已知准确的类型进行比较，得到分类图的客观分辨率。一般通过随机采样、地面实况调查，然后与相应位置的分类结果进行比较，得到误差矩阵。如果分类结果不够准确，需要检查前述几个步骤有无改善的可能。

（二）解译过程需要注意的问题

在确定解译内容、建立解译标志后，就可以在影像上，根据影像特征进行地类判读。在判读过程中，需要注意如下三个问题：

第一，注意掌握地区特点。卫星图片判读是根据地物光谱特点在影像上反映的色调和构像来进行的，卫星图片比例尺小，反映地物类别越多，肉眼不可能识别每个图元所代表的地物，而只能把许多像元的综合特征判读出来，这样，经验显得非常重要。因此，在解译卫星影像前，应对影像覆盖区域的特点做一些了解，要事先收集并掌握有关该区域的文字和图件资料，对图片进行预判，不明确的地方需要到实地调查。

第二，注意地物空间分布的规律性。受自然因素和人为因素的影响，各种土地资源类型在空间分布上具有一定的规律。为此，须掌握当地各种土地利用类型空间分布的规律，并结合其他相关因素，解译结果才更接近实际情况。

第三，注意时相和物候的关系。因不同的物候状况在影像上具有不同的光谱特性，所以，在清查土地资源时，了解地面植物生长发育期的特征，对判读作物布局的特点有很大帮助。

七　空间数据库的建立

（一）卫星栅格影像矢量化

经过上述步骤和过程得到的影像文件还是栅格形式，须进行矢量化方可使用。该功能在 ENVI 软件中可通过相应的菜单（Vector）、命令（Raster to Vector）操作实现，并将矢量文件以 Shape 格式导出（Export）到地理信息系统软件 ArcView 中，方便与随后建立的 1996 年土地利用现状数据库集成。然后，在地理信息系统环境下完成多边形拓扑关系的生成、类型编码的个别调整与编辑等。

（二）1996 年土地利用现状数据输入与编辑

（1）空间数据输入。由于缺少 1996 年的 TM 卫星影像，为了实现1991—1996 年和 1996—2000 年两个时段的土地利用变化机制分析，选择 1996 年的土地利用现状图作为对照补充数据源。将新建县 1996 年土地利用现状图（上新建、下新建）扫描输入计算机，存储为 Tiff 格式文件。图形数据的输入过程实际上是图形矢量化处理过程，要将存储为Tiff 格式文件的栅格图转换为矢量图。

（2）土地利用现状图件的矢量化。传统的矢量化过程一般采用手扶跟踪数字化的方法在数字化板上进行，该方法费事、费力，精度也不高，现在已不常用。现用得较多的方法是把图件扫描后，输入计算机中，利用 GIS 的矢量化功能，将线划图形的连续模拟量转换成离散的数字量，获得土地利用现状图形数据。

在格式转换之前，须进行图像配准，本书采用高斯克里格投影和北京 1954 年坐标系配准图形，配准点从卫星影像上选取明显的地物控制点，使 1996 年土地利用现状图与 1991 年和 2000 年两期卫星影像吻合。

（3）属性数据输入。属性数据即空间实体的特征数据。通过键盘输入的方式，将取得的土地利用详查和变更数据输入到数据库相应文件中。

（4）数据编辑与链接。①空间数据编辑：利用 ArcGIS 的图形编辑功能，完成地图数据的编辑、拓扑关系建立。②属性数据校核与整理：属性数据录入完成，在完成合法性检验的基础上，要根据土地面积累加等特性进行校核，以保证数据准确。③链接：空间数据和属性数据在 Geodatabase 中通过共同、唯一的用户标识码进行。

（三）三期土地利用空间数据库的集成

地理信息系统的数据库，简称空间数据库或地理数据库，是某一区域内关于一定地理要素特征的数据集合。地理信息系统空间数据库中一般要收录具有不同属性类型的多种要素，为了识别要素及其含义，须拟定合理的分类编码系统。这是建立空间数据库的一个基础环节。

为了使三期现状数据分类体系保持一致，1996 年土地利用现状图数字化过程中将原图地类中的旱地、菜地并入耕地，园地并入林地，将居民地和工矿用地及特殊用地并为建设用地，这在卫星影像解译上也是兼容和允许的。将数字化后的矢量图层以 Shape 文件格式导入到 Arc-View GIS 中，然后基于这两期卫星解译空间数据和现状图矢量化数据以及新建县行政界限图，统一于地理信息系统 ArcView 中，建立土地利用现状信息系统。

系统采用地理信息可视化平台 ArcView 建立空间数据库，在它的数据模型和查询语言中既能提供空间数据类型，也可以进行空间检索、空间分析查询等；对空间数据可通过"编辑""视图""主题"和"分析"等菜单的操作，进行空间数据和属性数据的编辑与分析处理，最后进行图形和数据输出。

八 土地利用现状解译和矢量化结果图形输出

卫星影像解译和现状图矢量化结果图形输出如图 1 - 6、图 1 - 7 和图 1 - 8 所示。

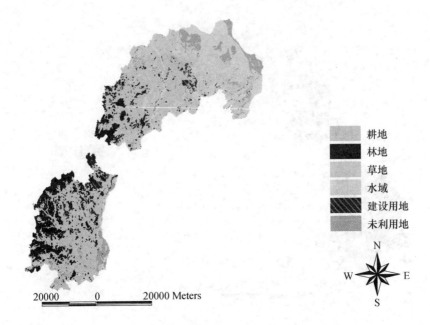

图 1－6 1991 年新建县土地利用现状影像解译

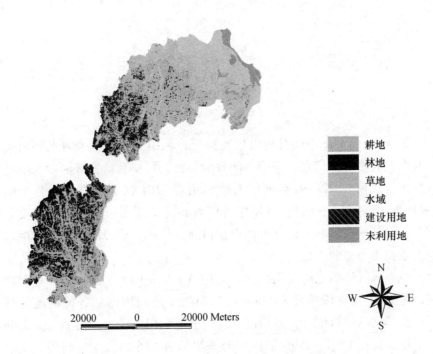

图 1－7 1996 年新建县土地利用现状矢量化

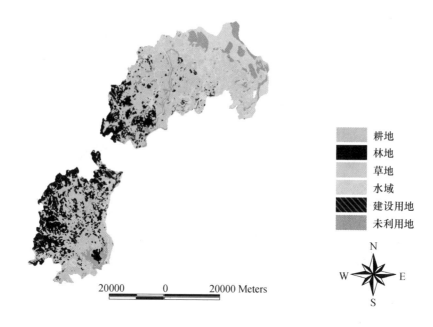

耕地
林地
草地
水域
建设用地
未利用地

20000　　　　0　　　　20000 Meters

N
W　　E
S

图 1-8　2000 年新建县土地利用变化现状影像解译

第四节　研究区域土地利用变化
时空特征分析

在 ArcView GIS 空间分析模块支持下，利用 GIS 将三个时期和两个时段土地利用现状信息，进行空间叠加分析，可得到研究区前后两个时段共 9 年（前 5 年和后 4 年）土地利用类型时空变化的特征分布图（见图 1-9 和图 1-10）。从图中可以看到，土地利用结构变化主要分布在新建县的中部和中南部，体现在耕地、林地、建设用地和未利用地等土地利用类型的变化上。

基于前后两期空间变化数据，运用 ArcView GIS 平台的统计查询功能，对 1991 年、1996 年和 2000 年三期的土地利用图的各种用地类型面积及其比例进行统计，采用以下一些土地利用变化描述模型，详细分析了新建县在 1991—1996 年和 1996—2000 年两个时段土地利用变化的数量和空间特征。

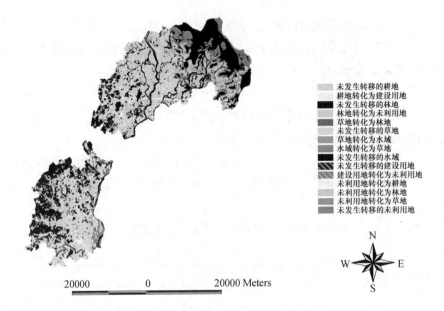

图 1 – 9　新建县 1991—1996 年土地利用变化

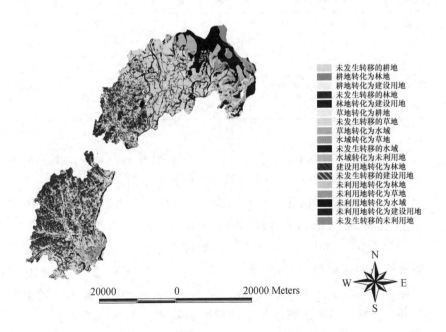

图 1 – 10　新建县 1996—2000 年土地利用变化

一　土地利用变化的幅度

土地利用变化幅度是指土地利用类型在面积方面的变化幅度，它反映不同类在总量上的变化。其数学表达式为：

$$\Delta U = (U_b - U_a) \tag{1-1}$$

式中，U_a、U_b 分别为研究期初和期末某一土地类型的面积；ΔU 为研究时段内某一土地类型的变化幅度。

利用上述资料，对新建县三个期土地利用图形属性库数据分别进行统计分析，得出表 1-3 的结果。

表 1-3　　1991—2000 年（分两阶段）新建县土地利用变化幅度

单位：公顷

土地利用类型	1991 年	1996 年	2000 年	前 5 年变化	后 4 年变化	9 年间土地利用面积变化
耕地	102389.578	101026.3	100190.397	-1363.278	-835.903	-2199.181
林地	34486.578	35284.39	36141.953	797.812	857.563	1655.375
草地	26089.894	26153.3	26001.901	63.406	-151.399	-87.993
水域	52888.091	52857.25	52929.439	-30.841	72.189	41.348
建设用地	9539.879	10491.2	11420.346	951.321	929.146	1880.467
未利用地	16008.002	15589.584	14717.986	-418.42	-871.596	-1290.016
总计	241402.022	241402.022	241402.022	0	0	0

从表 1-3 中可以看出：（1）近十年来，新建县县域耕地面积减少了 2199.181 公顷，其中，前 5 年减少幅度远大于后 4 年，这与 1997 年国家土地管理部门严格管理非农用地占用耕地的审批制度以及 1998 年实行各省耕地总量动态平衡的政策有关；（2）林地面积增加了 1655.375 公顷，其中，后 4 年增加的幅度大于前 5 年，说明新建县重视森林资源的保护和再生林的种植，且力度加大；（3）草地面积 10 年间总体有所减少，其中，前 5 年增加了 63.406 公顷，后 4 年减少了 151.399 公顷；（4）水域面积整体呈增加趋势，前 5 年减少了 30.841 公顷，而后 4 年增加了 72.189 公顷，总体增幅为 0.078%；（5）建设用地面积变化期内增加了 1880.467 公顷，其中，前 5 年增加了 951.321 公顷，后 4 年增加了 929.146 公顷；（6）未利用地面积一直呈

下降趋势，且后4年变化的幅度比前5年变化的幅度还大，说明随着经济建设的加速，未利用地开发利用程度在加快。

二　土地利用变化的速度

土地利用动态度可定量描述区域土地利用变化的速度，它对比较土地利用变化的区域差异和预测未来趋势都具有积极的作用。

（一）单一土地利用动态度的计算

单一土地利用类型动态度可表达区域一定时间范围内某种土地利用类型的数量变化速度，其计算公式为：

$$R_s = \frac{U_b - U_a}{U_a} \times \frac{1}{T} \times 100\% \qquad\qquad (1-2)$$

式中，U_a、U_b分别为研究期初及研究期末某一种土地利用类型的面积；T为研究时段长。当T设定为年时，R_s为研究时段内某一土地利用类型的年变化率。

根据上述公式计算出各种土地利用类型变化的动态度如表1-4所示。

表1-4	单一土地利用变化的动态度		单位:%
土地类型	前5年年变化率	后4年年变化率	9年期间年变化率
耕地	-0.266	-0.207	-0.239
林地	0.463	0.608	0.533
草地	0.049	-0.145	-0.037
水域	-0.012	0.034	0.009
建设用地	1.994	2.214	2.190
未利用地	-0.523	-1.398	-0.895
小计	0	0	0

表1-4中的数据，正值表示研究期间该土地利用类型面积增加，负值则表示减少，数值绝对值的大小表示增减变化速度快慢。从表中结果可看出，6种土地利用类型中，建设用地年变化率最大，其次为林地和耕地，再次为未利用地。说明近十年来，随着县域经济的发展，建设用地呈快速增长趋势，且未利用地开发速度较快，由于新建县对生态环境建设的重视，林地增长速度也比较快。

（二）综合土地利用动态度的计算

区域综合土地利用动态度可描述区域土地利用变化的速度，其计算公式为：

$$R_t = \frac{\sum_{i=1}^{n} |U_{bi} - U_{ai}|}{2\sum_{i=1}^{n} U_{ai}} \times \frac{1}{T} \times 100\%$$

$$= \frac{\sum_{i=1}^{n} |\Delta U_{in-i} - \Delta U_{out-i}|}{2\sum_{i=1}^{n} U_{ai}} \times \frac{1}{T} \times 100\% \tag{1-3}$$

式中，U_{ai}、U_{bi}分别为研究期初和期末第 i 类土地利用类型的面积；ΔU_{in-i}为研究期间其他类型转变为 i 类型的面积之和，ΔU_{out-i}为 i 类型转变为其他类型的面积之和；T 为研究时段。当 T 设定为年时，R_t 的值就是该研究区土地利用年综合变化率。

根据上述公式计算出的研究区域综合土地利用动态度如表 1 – 5 所示。

表 1 – 5　　　　　　　　　综合土地利用动态度　　　　　　单位：%

前 5 年年变化率	后 4 年年变化率	9 年年变化率
0.150	0.096	0.165

表 1 – 5 中的数据表明，1991—2000 年研究区域综合土地利用年均变化速度为 0.165%，其中，前 5 年综合土地利用年均变化速度相比后 4 年更快，为后者 1.5 倍多。

三　土地利用变化的程度

研究土地利用程度的变化，可以进一步认识土地利用变化的发展程度和驱动力系统的作用方式。一般采用一些间接指标来衡量土地利用程度，如土地利用率（已利用土地面积/土地总面积）、土地垦殖率（耕地面积/土地总面积）、土地农业利用率（农业用地面积/土地总面积）、土地建设利用率（建设用地面积/土地总面积）和林地覆盖率（林地面积/土地总面积）等。

经计算，将研究区土地利用程度各项指标列于表 1 – 6。

表 1 - 6　　　新建县 1991 年、1996 年和 2000 年土地利用程度指标　　单位:%

年份	土地利用率	土地垦殖率	土地农业利用率	土地建设利用率	林地覆盖率
1991	93. 369	42. 415	89. 417	3. 952	14. 286
1996	93. 542	41. 850	89. 196	4. 346	14. 616
2000	93. 903	41. 504	89. 172	4. 730	14. 972
1991—1996	0. 173	- 0. 565	- 0. 221	0. 394	0. 330
1996—2000	0. 361	- 0. 346	- 0. 024	0. 385	0. 355
1991—2000	0. 534	- 0. 911	- 0. 245	0. 779	0. 686

从表 1 - 6 中可看出,新建县土地利用率很高,大大高于全国平均水平的 77. 60% ,且呈上升趋势;土地垦殖率远高于全国平均水平的 14. 21% ,呈快速下降趋势;土地农业利用率高于全国平均水平的 65. 88% ,略呈下降趋势;土地建设利用率低于全国平均水平,但呈快速增长趋势;林地覆盖率略高于全国平均水平的 13. 93% ,呈增长趋势。其中,土地垦殖率变化绝对值总和最大,反映研究区耕地面积近 10 年来减少速度非常快,其次为土地建设利用率,表明研究时段内建设用地增长速度也很快。

为了反映土地总体利用程度及其变化,可采用土地利用的综合分析方法,相对土地利用率、土地垦殖率等指标也能较好地反映一个地区的土地利用程度。刘纪远等从生态学角度出发,按照土地自然综合体在社会因素影响下的自然平衡状态将土地利用程度分为 4 级,并赋予分级指数 (见表 1 - 7)。土地利用程度综合指数的大小,可反映土地利用率的高低,其计算公式为:

$$L_a = 100 \times \sum_{i=1}^{n} (A_i \times C_i), L_a \in [100, 400] \qquad (1 - 4)$$

式中,L_a 为土地利用程度综合指数;A_i 为第 i 级土地利用程度分级指数;C_i 为第 i 级土地利用程度分级面积百分比。

为了反映区域土地利用程度的变化量,可采用土地利用程度变化参数,其计算公式为:

$$\Delta L_{b-a} = L_b - L_a \qquad (1 - 5)$$

式中,L_b 和 L_a 分别为 b 时间和 a 时间区域土地利用程度综合指数。

表1－7 土地利用类型分级

分级	未利用土地级	林、草、水用地级	农业用地级	城镇聚落用地级
土地利用类型	未利用地	林地、草地、水域	耕地	建设用地
分级指数	1	2	3	4

根据上述公式，求得各时期的土地利用程度综合指数和土地利用程度变化参数如表1－8所示。

表1－8 新建县1991—2000年土地利用程度综合指数和变化参数

年份	1991	1996	2000
综合指数	243.687	244.084	244.868
时段（年）	1991—1996		1996—2000
综合指数变化量	0.397		0.785

从表1－8的计算结果可看出，新建县土地利用程度综合指数稍高于全国平均水平的231.92，表明该区域土地的总体利用程度居全国中等以上水平，说明土地利用率受人类活动影响较大。同时可以看出，土地利用程度综合指数在逐渐升高，且后4年的增长幅度还高于前5年。

四 土地利用变化的空间转移特征

（1）将1991年和1996年两期土地利用矢量图在ArcView GIS3.3中通过View菜单中的GeoProcessing Wizard命令，执行Intersect two themes进行空间叠加分析，通过对属性表操作，得出新建县1991—1996年土地利用变化转移矩阵（见表1－9）。

表1－9 新建县1991—1996年土地利用变化转移矩阵 单位：公顷

	耕地	林地	草地	水域	建设用地	未利用地	合计
耕地 A	100994.3	0	0	0	1395.319	0	102389.58
B(%)	98.64	0	0	0	1.36	0	100
C(%)	99.97	0	0	0	13.30	0	113.29
林地 A	0	34465.43	0	0	0	21.152	34486.578
B(%)	0	99.94	0	0	0	0.06	100
C(%)	0	97.68	0	0	0	0.14	97.882

续表

	耕地	林地	草地	水域	建设用地	未利用地	合计
草地 A	0	273.584	25379.69	436.62	0	0	26089.894
B(%)	0	1.05	97.28	1.67	0	0	100
C(%)	0	0.78	97.04	0.83	0	0	98.65
水域 A	0	0	773.61	52114.48	0	0	52888.091
B(%)	0	0	1.46	98.54	0	0	100
C(%)	0	0	2.96	98.59	0	0	101.55
建设用地 A	0	0	0	0	9095.881	443.998	9539.879
B(%)	0	0	0	0	95.35	4.65	100
C(%)	0	0	0	0	86.70	2.85	89.55
未利用地 A	32.041	545.38	0	306.149	0	15124.43	16008.002
B(%)	0.20	3.41	0	1.91	0	94.48	100
C(%)	0.03	1.55	0	0.58	0	97.02	99.18
合计	101026.3	35284.39	26153.3	52857.25	10491.2	15589.58	241402.02

注：行表示的是 k 时期的 i 种土地利用类型，列表示的是 k+1 时期的 j 种土地利用类型；A 表示 k 时期的土地利用/土地覆被类型转变为 k+1 时期各种土地利用类型的面积，即原始土地利用变化转移矩阵 $A_{ij} = A_{ij} \times 100 / \sum_{j=1}^{6} A_{ij}$；B 表示 k 时期 i 种土地利用类型转变为 k+1 时期 j 种土地利用类型的比例；C 表示 k+1 时期的 j 种土地利用类型中由 k 时期的 i 种土地利用类型转化而来的比例。行列的合计分别表示 k 时期和 k+1 时期各种土地利用类型的面积。

从转出角度分析，在新建县 1991—1996 年土地利用动态变化过程中，未利用地转化最频繁，转出为耕地、林地、水域分别占 1991 年未利用地总数的 0.20%、3.41% 和 1.91%。研究期间，耕地大量转为建设用地，转出 1395.319 公顷，占 1991 年耕地总数的 1.36%。草地和水域相互转换频繁，其中，草地转为水域面积为 436.62 公顷，水域转为草地面积为 773.61 公顷；草地除转化为水域外，还有部分转为林地，占研究期初草地总数的 1.05%。建设用地有相当部分面积被弃而未用，达 443.998 公顷，造成土地资源的浪费。林地转出相对较少，只有少量转为未利用地。

从转入角度分析，耕地的转入部分主要是未利用地转化而来，占 1996 年耕地总数的 0.03%。林地的转入部分由草地和未利用地两部分组成，分别占 1996 年林地总数的 0.78% 和 1.55%。草地的转入部分来自水域，转入量占 1996 年草地数量的 2.96%。水域除由草地转入部分以外，还有少量由未利用地转入，分别占 1996 年水域总数的 0.83% 和 0.58%。建设用地的转入部分是由耕地转化而来，占 1996 年建设用地数量的 13.30%。未利用地的转入由建设用地和林地两部分组成，转入量分别占 1996 年未利用地总数的 2.85% 和 0.14%。

（2）将 1996 年和 2000 年两期土地利用矢量图在 ArcView GIS 中同样通过 View 菜单中的 GeoProcessing Wizard 命令，执行 Intersect two themes 进行空间叠加分析，通过对属性表操作，得出新建县 1996—2000 年土地利用变化转移矩阵（见表 1 - 10）。

表 1 - 10　　　　新建县 1996—2000 年土地利用变化转移矩阵　　　单位：公顷

1996—2000 年	耕地	林地	草地	水域	建设用地	未利用地	合计
耕地 A	100092.6	57.36	0	0	876.382	0	101026.3
B(%)	99.076	0.057	0	0	0.87	0	100
C(%)	99.90	0.16	0	0	7.67	0	107.33
林地 A	0	35256.03	0	0	28.36	0	35284.39
B(%)	0	99.92	0	0	0.08	0	100
C(%)	0	97.55	0	0	0.25	0	97.8
草地 A	97.839	0	25712.68	342.786	0	0	26153.3
B(%)	0.37	0	98.32	1.31	0	0	100
C(%)	0.098	0	98.89	0.65	0	0	99.638
水域 A	0	0	129.362	52554.31	0	173.576	52857.25
B(%)	0	0	0.24	99.43	0	0.33	100
C(%)	0	0	0.498	99.29	0	1.18	100.968
建设用地 A	0	37.912	0	0	10453.29	0	10491.2
B(%)	0	0.36	0	0	99.64	0	100
C(%)	0	0.105	0	0	91.53	0	91.635
未利用地 A	0	790.651	159.864	32.341	62.316	14544.41	15589.582
B(%)	0	5.07	1.03	0.21	0.40	93.29	100
C(%)	0	2.19	0.61	0.06	0.55	98.82	102.23
合计	100190.4	36141.95	26001.9	52929.44	11420.35	14717.99	241402.02

注：表中数据含义同表 1 - 9。

从转出角度分析，与前一时段不同的是，耕地除继续转出为建设用地之外，还有部分转化为林地，但相比之下，耕地转为建设用地数占该时段研究期初耕地总数的比重有所下降，为 0.87%，转化为林地的比重更小，仅占 0.057%。这一时段，林地主要转化为建设用地，转出量占 1996 年林地总数的 0.08%。同样，草地和水域相互转化，草地除转出为水域外，还有少量转化为耕地，分别占 1996 年草地总数的 1.31% 和 0.37%。水域转化为草地的比例为 0.24%，还有 173.576 公顷转化为未利用地，占 1996 年水域总数的 0.33%。建设用地在这一时段转出表现为转化为林地，转出量 37.912 公顷，占 1996 年建设用地总数的 0.36%。未利用地是六大地类中转化最频繁的一种，在林地、草地、水域和建设用地等类型上都有所转出，其占 1996 年未利用地总数的比例分别为 5.07%、1.03%、0.21% 和 0.40%。

从转入角度分析，这一时段耕地的转入主要是由草地转化而来，转化量占 2000 年耕地总数的 0.098%。林地的转入由耕地、建设用地和未利用地三部分组成，转入量分别占 2000 年林地总数的 0.16%、0.105% 和 2.19%。草地的转入来自水域和未利用地，转入量分别为 129.362 公顷和 159.864 公顷。水域的转入和上阶段一样由草地和未利用地转化而来，转入量分别占 2000 年水域总数的 0.65% 和 0.06%。建设用地的转入由耕地、林地和未利用地三部分组成，转入量分别为 876.382 公顷、28.36 公顷和 62.316 公顷。未利用地主要由水域转入，转入量占 2000 年未利用地总数的 1.18%。

五　土地利用变化空间动态度

第一，单一土地利用动态度 R_s 仅反映了某一土地利用类型的数量变化，并没有反映该类型的空间变化。因此，可用以下计算公式表示该类型变化的空间动态度 R_{ss}：

$$R_{ss} = \frac{\Delta U_{in} + \Delta U_{out}}{U_a} \times \frac{1}{T} \times 100\% \qquad (1-6)$$

式中，ΔU_{in} 为研究时段 T 内其他类型转变为该类型的面积之和，ΔU_{out} 为某一类型转变为其他类型的面积之和，U_a 为研究期初某一土地利用类型的面积。

根据表 1-9 和表 1-10 的转移矩阵数据，分别计算出新建县 1991—1996 年和 1996—2000 年两个时段的土地利用变化空间动态度

（见表 1 – 11）。

表 1 – 11　　新建县 1991—1996 年和 1996—2000 年两个时段土地
利用变化空间动态度　　　　　　　　单位：%

	1991—1996 年	1996—2000 年
耕地	0.279	0.255
林地	0.487	0.648
草地	1.137	0.698
水域	0.573	0.321
建设用地	3.856	2.395
未利用地	1.685	1.954

　　从表 1 – 11 的数据分析可看出，无论是 1991—1996 年还是 1996—
2000 年时段，建设用地变化空间动态度都最大，其次是未利用地和草
地，说明在研究期间建设用地和未利用地等土地利用类型输入与输出转
化频繁，或转化量占各自期初面积的比重较大。在两个时段，空间动态
度最小的都是耕地，其次为林地或水域，说明新建县 20 世纪 90 年代的
耕地、林地等土地利用类型空间转移不频繁，或转化量占各自期初面积
的比重不大。

　　为了反映某一土地利用类型变化的趋势和状态，可采用以下计算
公式：

由于 $R_s = \dfrac{U_b - U_a}{U_a} \times \dfrac{1}{T} \times 100\% = \dfrac{\Delta U_{in} - \Delta U_{out}}{U_a} \times \dfrac{1}{T} \times 100\%$

所以

$$P_s = \frac{R_s}{R_{ss}} = \frac{\Delta U_{in} - \Delta U_{out}}{\Delta U_{in} + \Delta U_{out}}, \quad \left| \frac{R_s}{R_{ss}} \right| \leqslant 1, \quad 即 -1 \leqslant P_s \leqslant 1 \qquad (1-7)$$

　　式中，P_s 为某一土地利用类型的变化趋势和状态指数。其他参数
同上。

　　根据该公式计算出新建县 1991—1996 年和 1996—2000 年前后两个
时段各土地利用类型变化的状态指数 P_s（见表 1 – 12）。

表 1 - 12 　　　新建县 1991—1996 年和 1996—2000 年各土地
利用类型变化状态指数

	1991—1996 年	1996—2000 年
耕地	- 0.955	- 0.810
林地	0.950	0.938
草地	0.043	- 0.207
水域	- 0.020	0.106
建设用地	0.517	0.925
未利用地	- 0.310	- 0.715

当 $0 \leqslant P_s \leqslant 1$ 时，则该土地利用类型朝着规模增大的方向发展，该类型处于"涨势"状态，如林地、建设用地、1991—1996 年时段的草地和 1996—2000 年时段的水域。P_s 越接近于 0，表明该土地利用类型的规模增长越缓慢，且双向转换频繁，呈现平衡态势，但转换为其他类型的面积略微小于其他类型转换为该类型的面积，如 1991—1996 年时段的草地和 1996—2000 年时段的水域；P_s 越接近于 1，说明土地利用类型的转换方向主要为其他类型转换为该类型，呈现极端非平衡态势，致使该类型面积稳步增加，如林地和 1996—2000 年时段的建设用地。

当 $-1 \leqslant P_s \leqslant 0$ 时，则土地利用类型朝着规模缩小的方向发展，该类型处于"落势"状态，如耕地、未利用地、1991—1996 年时段的水域和 1996—2000 年时段的草地。P_s 越接近于 0，表明该类型的规模缩小越缓慢，且双向转换频繁，呈现平衡态势，但面积转换为其他类型面积略微大于其他类型转为该类型的面积，如 1991—1996 年时段的水域和 1996—2000 年时段的草地；P_s 越接近于 -1，说明土地利用类型的转换方向主要为该类型转换为其他类型，呈极端非平衡态势，致使该类型规模逐步萎缩，如耕地。

第二，综合土地利用动态度 R_t 仅反映了研究区土地利用类型的总量年变化率，若考虑其空间变化，可用以下计算公式表示区域所有类型变化的综合空间动态度 R_{ts}：

$$R_{ts} = \frac{\sum_{i=1}^{n} (\Delta U_{in-i} + \Delta U_{out-i})}{2 \sum_{i=1}^{n} U_{ai}} \times \frac{1}{T} \times 100\%$$

$$= \frac{\sum\limits_{i=1}^{n} \Delta U_{out-i}}{\sum\limits_{i=1}^{n} U_{ai}} \times \frac{1}{T} \times 100\%$$

$$= \frac{\sum\limits_{i=1}^{n} \Delta U_{in-i}}{\sum\limits_{i=1}^{n} U_{ai}} \times \frac{1}{T} \times 100\% \qquad (1-8)$$

式中，ΔU_{in-i} 为研究时段 T 内其他类型转变为 i 类型的面积之和，ΔU_{out-i} 为 i 类型转变为其他类型的面积之和，$\sum\limits_{i=1}^{n} U_{ai}$ 为研究期初各种土地利用类型的面积之和。

为了反映区域土地利用变化的整体趋势和状态，可采用以下计算公式：

$$P_t = \frac{R_t}{R_{ts}} = \frac{\sum\limits_{i=1}^{n} |\Delta U_{in-i} - \Delta U_{out-i}|}{\sum\limits_{i=1}^{n} |\Delta U_{in-i} - \Delta U_{out-i}|}, \quad 0 \leqslant \frac{R_t}{R_{ts}} \leqslant 1, \quad 即 \; 0 \leqslant P_t \leqslant 1 \quad (1-9)$$

式中，P_t 为区域土地利用的整体变化趋势和状态指数。其他参数同上。

同样，根据表 1-9 和表 1-10 的转移矩阵数据，分别计算出新建县 1991—1996 年和 1996—2000 年两个时段的区域土地利用变化空间动态度及其整体趋势状态指数（见表 1-13）。

表 1-13　新建县分阶段区域土地利用变化空间动态度及其状态指数　单位:%

研究时段	1991—1996 年	1996—2000 年
区域空间变化动态度（R_{ts}）	0.350	0.289
区域空间变化状态指数（P_t）	0.429	0.661

当 P_t 越接近于 0 时，表明区域内所有土地利用类型的双向转移频繁，且呈现均衡转移态势；当 P_t 越接近于 1 时，说明每种土地利用类型的转移方向主要为单向极端不均衡转移，或者是该类型转移为其他类型，或者是其他类型转移为该类型。为了更好地表达和理解 LUCC 的趋势和状态，可对区域 LUCC 的整体趋势和状态指数进行分级：当 $0 \leqslant P_t$

≤0.25 时，定义区域 LUCC 处于平衡状态；当 0.25 < P_t ≤0.50 时，定义区域 LUCC 处于准平衡状态；当 0.50 < P_t ≤0.75 时，定义区域 LUCC 处于不平衡状态；当 0.75 < P_t ≤1 时，定义区域 LUCC 处于极端不平衡状态。从区域 LUCC 空间动态度来看，新建县 1996—2000 年各种土地利用类型总的空间转移量（转出或转入）比前一时段有所下降；且从区域空间变化状态指数可看出，土地利用变化从准平衡状态转化为不平衡状态，说明新建县土地利用变化逐渐由双向转移向单向不平衡转移转化。

六　各土地利用类型流向分析

为了更清楚、更形象地反映六大土地利用类型在研究时段的来源和去向，结合表 1 - 9 和表 1 - 10 的转移矩阵，对各土地利用类型流向进行分析。

（一）耕地的流向分析

1. 耕地的转出去向

除流向耕地外，1991—1996 年和 1996—2000 年两时段耕地转出去向结构如图 1 - 11 和图 1 - 12 所示。

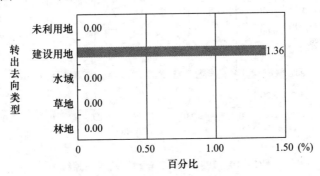

图 1 - 11　1991—1996 年耕地转出去向结构

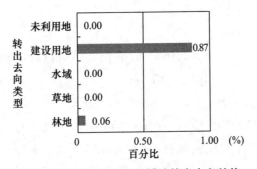

图 1 - 12　1996—2000 年耕地转出去向结构

2. 耕地转入来源

除由耕地转入外，1991—1996 年和 1996—2000 年两时段由其他土地利用类型转入来源结构如图 1-13 和图 1-14 所示。

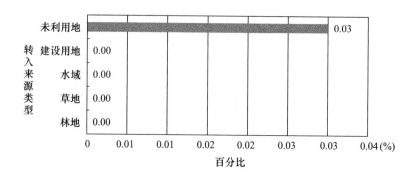

图 1-13 1991—1996 年耕地转入来源结构

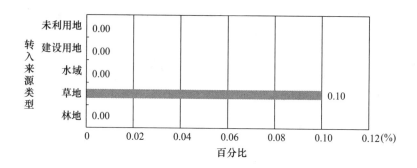

图 1-14 1996—2000 年耕地转入来源结构

（二）林地的流向分析

1. 林地的转出去向

除流向林地外，1991—1996 年和 1996—2000 年两时段由林地转出去向结构如图 1-15 和图 1-16 所示。

2. 林地转入来源

除由林地转入外，1991—1996 年和 1996—2000 年两时段由其他土地利用类型转入来源结构如图 1-17 和图 1-18 所示。

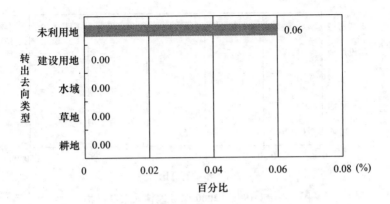

图 1 – 15　1991—1996 年林地转出去向结构

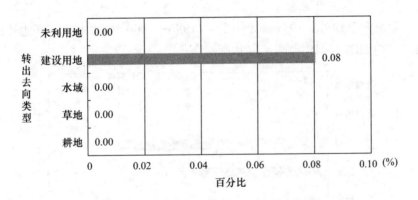

图 1 – 16　1996—2000 年林地转出去向结构

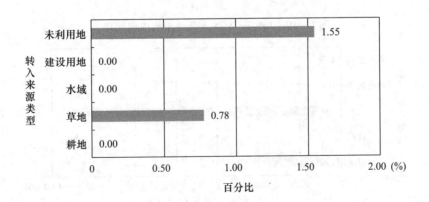

图 1 – 17　1991—1996 年林地转入来源结构

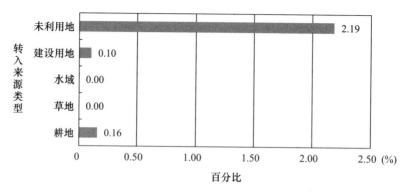

图 1 - 18　1996—2000 年林地转入来源结构

（三）草地的流向分析

1. 草地的转出去向

除流向草地外，1991—1996 年和 1996—2000 年两时段由草地转出去向结构如图 1 - 19 和图 1 - 20 所示。

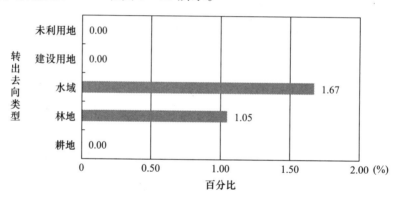

图 1 - 19　1991—1996 年草地转出去向结构

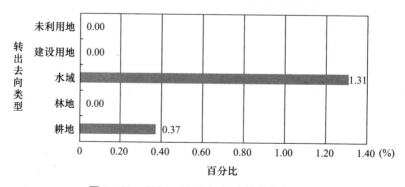

图 1 - 20　1996—2000 年草地转出去向结构

2. 草地转入来源

除由草地转入外，1991—1996 年和 1996—2000 年两时段由其他土地利用类型转入来源结构如图 1 – 21 和图 1 – 22 所示。

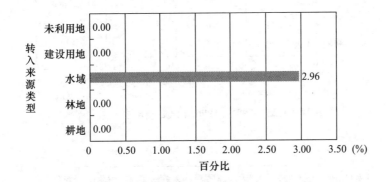

图 1 – 21　1991—1996 年草地转入来源结构

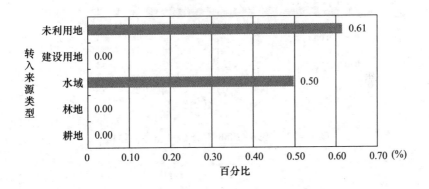

图 1 – 22　1996—2000 年草地转入来源结构

（四）水域的流向分析

1. 水域的转出去向

除流向水域外，1991—1996 年和 1996—2000 年两时段由水域转出去向结构如图 1 – 23 和图 1 – 24 所示。

2. 水域转入来源

除由水域转入外，1991—1996 年和 1996—2000 年两时段由其他土地利用类型转入来源结构如图 1 – 25 和图 1 – 26 所示。

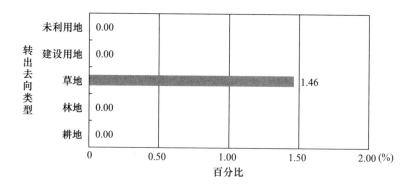

图 1-23　1991—1996 年水域转出去向结构

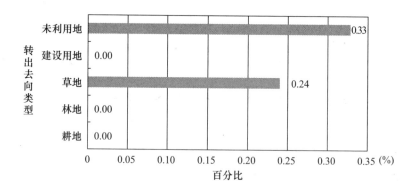

图 1-24　1996—2000 年水域转出去向结构

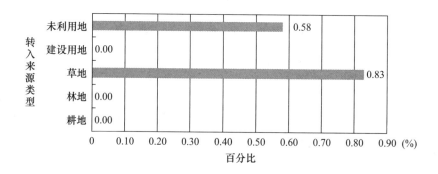

图 1-25　1991—1996 年水域转入来源结构

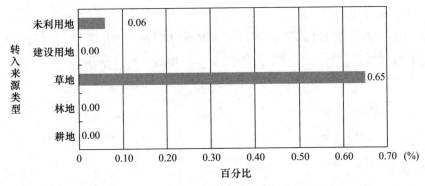

图 1 - 26　1996—2000 年水域转入来源结构

（五）建设用地的流向分析

1. 建设用地的转出去向

除流向建设用地外，1991—1996 年和 1996—2000 年两时段由建设用地转出去向结构如图 1 - 27 和图 1 - 28 所示。

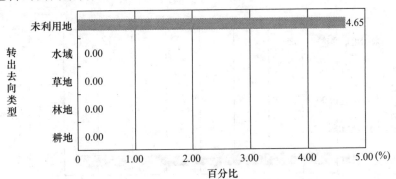

图 1 - 27　1991—1996 年建设用地转出去向结构

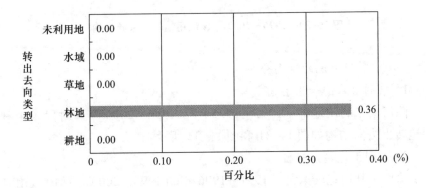

图 1 - 28　1996—2000 年建设用地转出去向结构

2. 建设用地转入来源

除由建设用地转入外，1991—1996 年和 1996—2000 年两时段由其他土地利用类型转入来源结构如图 1 - 29 和图 1 - 30 所示。

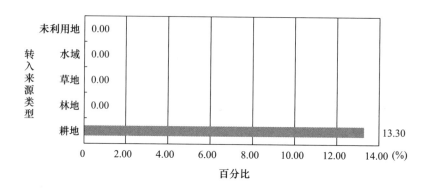

图 1 - 29　1991—1996 年建设用地转入来源结构

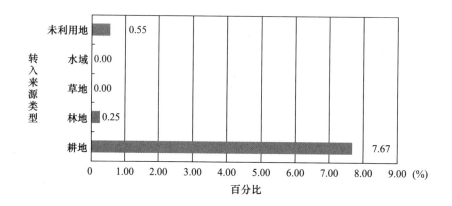

图 1 - 30　1996—2000 年建设用地转入来源结构

（六）未利用地的流向分析

1. 未利用地的转出去向

除流向未利用地外，1991—1996 年和 1996—2000 年两时段未由利用地转出去向结构如图 1 - 31 和图 1 - 32 所示。

2. 未利用地转入来源

除由未利用地转入外，1991—1996 年和 1996—2000 年两时段由其他土地利用类型转入来源结构如图 1 - 33 和图 1 - 34 所示。

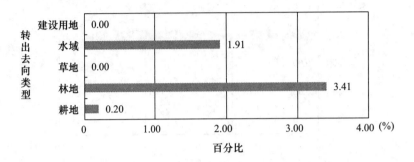

图 1 – 31　1991—1996 年未利用地转出去向结构

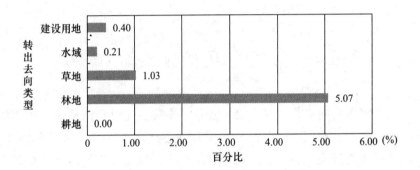

图 1 – 32　1996—2000 年未利用地转出去向结构

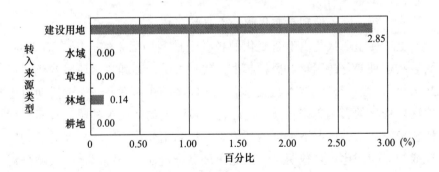

图 1 – 33　1991—1996 年未利用地转入来源结构

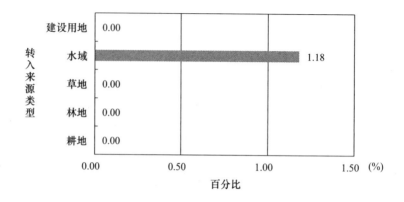

图 1 - 34　1996—2000 年未利用地转入来源结构

第五节　土地利用变化驱动力分析

要了解事物的变化，首先要了解这一事物变化过程以及这一过程演变的动力机制，我们上一节已分析了新建县土地利用变化过程和特征，可以说对该地区土地利用变化已经有了一个大致的认识。但是，要真正理解土地利用动态变化，进而进行科学的预测，还必须对土地利用变化的驱动力进行研究。本章对新建县土地利用变化的自然、社会驱动力进行定性、定量分析。

一　研究区土地利用变化驱动力定性分析

土地利用现状是由不断变化的各种土地利用因素综合影响形成的，而导致这种变化的因素，概括起来，就是人类活动和自然环境变化。近几十年来，由于科学技术的飞速进步、经济的快速发展，人类活动对土地利用变化的影响越来越大。此外，本章研究的区域为县域，时间跨度比较短，在这种情况下，自然环境对土地利用变化的影响与人类活动所造成的影响相比不是很明显。因此，重点分析社会经济因素，兼顾分析自然环境因素对土地利用变化的影响。

总的来说，驱动因素对土地利用变化的影响表现为直接影响和间接影响。直接影响如人口增长，导致资源需求增加，如对非农建设用地的需求增加，可能占用农业用地和未利用地，使土地利用发生变化；城镇化、工业化则直接导致土地利用改变；人类不合理利用土地引起水土流失、荒漠化也会导致土地利用的变化。间接影响如人类通过工农业生产、能源消费和生活消费释放大量破坏臭氧层的气体及温室气体，从而导致气候变化，最后由气候变化造成土地利用的变化（见图 1 - 35）。在两种影响中，直接影响是主要的，也是普遍存在的，而间接影响是一种累积性变化，在较短的时间尺度上不易表现出来，但是，它也是不容忽视的。

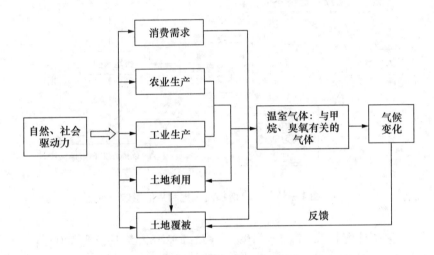

图 1 - 35　驱动力对土地利用变化影响作用示意

通过分析可知，影响新建县土地利用变化的主要驱动力有如下五个方面：

（一）人口因素

人口和土地（包括各类土地和水体）构成了一个理论上以人为中心的全球人地关系系统，人口是该系统的组织者、参与者，同时还是系统输出品的消费者。人类可以通过生产技术、活动方式来调节、组织土地利用系统结构。同时，作为系统的参与者，也占有一定面积的土地用作生存和生活的场所。最后，还作为消费者，消耗土地利用系统的产品，增加对土地利用系统生产力的压力。因此，人口总量的变动势必引起各类土地面积的相互转化和数量增减。

人口的数量对土地利用有很大的影响，从而影响土地覆被，在一定数量的土地面积内，人口越多，人均土地数量就越少，人地矛盾就越尖锐。同时，人口增长还会造成城镇扩张，工业、服务业、交通及娱乐设施建设用地需求也相应增加，从而侵占大量土地。而且人口增长越快，土地利用变化则相应地越快。图 1－36 说明了人口增长对土地利用的影响。

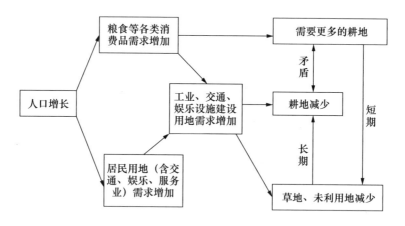

图 1－36　人口增加对土地利用的影响

根据统计资料①，新建县 1991 年人口有 58.35 万，到 2000 年，增加到 66.2 万，净增加 7.85 万人，增长 13.45%。人口密度也由 1991年的 240 人/平方千米增长到 2000 年的 283 人/平方千米，而人均耕地面积则由 1991 年的 0.18 公顷减少到 2000 年的 0.15 公顷，人均净减少0.03 公顷。同时，城乡居民的人均居住面积在不断增加，这些新增加的居住用地绝大部分来自耕地的占用。随着经济的增长，人民生活水平的提高，对物质文明和精神文明的要求也越来越高，刺激了社会上出现各种各样的服务性行业发展，扩大了第三产业用地，而且随着人口的进一步增长，人均耕地还将继续减少，这种逆向发展使人地矛盾更加尖锐，耕地的负荷越来越重。

（二）经济发展和生活水平的影响

一个区域的土地利用结构的形成和演变与其经济发展密切相关，由

---

① 江西省新建县统计局：《新建县 1991 年国民经济统计资料》，江西人民出版社 1992 年版。

于土地资源具有多种适宜性，一定区域内土地资源的配置往往取决于当时的社会经济发展水平。因此，社会经济发展往往伴随着土地利用结构的调整与变化，伴随着土地利用方式与水平的变化。此外，人民生活水平对土地利用的影响也很大，不同生活水平的人口有不同的消费需求，形成不同的社会消费结构，从而对土地产生不同的用地需求，形成不同的土地利用结构。根据统计资料，20 世纪 90 年代，新建县的经济发展一直处于较高的增长趋势，2000 年，新建县国内生产总值达 30.39 亿元，比 1991 年的 4.90 亿元增长了 25.49 亿元，增长了 5 倍多。同期，耕地面积减少了 2199.18 公顷，相当于国内生产总值每增加 1 亿元，耕地面积就减少 86.28 公顷。反映经济发展和生活水平且对土地面积变化有影响的指标还有工业总产值、农业总产值、社会商品零售总额。新建县工业总产值从 1991 年的 35134 万元上升到 2000 年的 208610 万元，增加 173476 万元，增长率为 493.76%；农业总产值从 1991 年的 42177 万元增加到 2000 年的 106600 万元，增长率为 152.74%；农村人均纯收入从 1991 年的 737 元增加到 2000 年的 2211 元，增加了近两倍；社会商品零售总额从 1991 年的 26493 万元增加到 2000 年的 48086 万元，增长率为 81.5%。在研究时段内，新建县工业发展迅速，工业的发展，必将占用大量城郊耕地建设工业厂房。农村居民收入和商品零售总额的增加反映了城乡居民生活水平的提高，居民的消费结构发生改变，恩格尔系数不断下降，转向对住房的消费越来越多，居民的住宅用地日益扩大。在农业总产值增加的同时，耕地面积却在减少，说明现代农业已不再是纯粹的资源型农业，农业科技在农业增产和增值中发挥着越来越重要的作用。

（三）工业化和城镇化的影响

工业化和城镇化是现代社会经济发展两种不同的过程，它们不仅通过人口、产业集中、地域扩散占用土地，使土地利用非农化，而且通过生活方式和价值观念的扩散，改变原来的土地利用结构。工业化和城镇化与土地利用的关系十分密切，它极大地影响着一定区域范围内的土地供需状况、土地利用水平、结构及其演变。工业化和城镇化对土地利用变化的影响可归纳为以下四个方面：

（1）工业化和城镇化过程中本身就包括土地的开发利用、工矿厂房的建设和城镇的扩张，这些都需要占用大量的农用土地和其他用地。

（2）工业的发展决定着其他产业部门如农业、第三产业的发展，由此导致地区产业结构的不断调整，并通过产业结构的拉动作用，影响地区土地利用结构的调整。

（3）工业化和城镇化发展造成了交通运输、区位条件、市场需求等土地开发利用环境的变化，从而在深层次上影响区域土地的利用。

（4）工业化和城镇化还通过人民生活方式和价值观念的扩散及改变，改变原来的土地利用结构。

以上第一个方面是直接影响，其他三个方面是间接影响。总而言之，工业化和城镇化对一定区域范围内土地利用的变化影响深刻而广泛，由于工业企业和城镇数量的增加，所占用的土地越来越多，从而造成包括农用土地在内的其他土地利用类型不断地向非农建设用地转换。新建县 1991 年城镇化率只有 13.59%，到 2000 年城镇化率上升为 18.43%。工业化发展，使新建县社会产业结构中工业所占比重日趋上升，占 GDP 比重由 1991 年的 22.99% 增至 38.01%。同期，第一产业比重由 60.58% 下降到 27.31%。随着城镇化水平的提高和国民经济的快速发展，各项建设事业对土地的需求量与日俱增，为此需要着力解决在推进工业化和城镇化的同时保障粮食生产的安全，应加大前者对后者的正面影响，减少负面影响。

（四）地理位置和政策的影响

土地是人类生存和发展的重要物质基础，一定区域的土地利用结构变化也受区域所处位置和国家宏观政策的影响。由于新建县相对较优越的地理位置，地处江西省省会南昌市市郊，为南昌市市辖县，县城长凌镇与南昌市区隔江相望，南昌大桥、八一大桥、赣江大桥横跨赣江两岸，连接新建县与市区，市区到县城有市内环行公交车。新建县作为南昌市市区粮、棉、油、菜以及该县土特产品的供应区之一，一方面要保持农业用地的动态平衡，另一方面也要适当扩大城镇规模和数量，以适应城镇化的需要。这些特殊的地理位置和区位因素，对新建县的土地利用变化有着较大的影响，尤其是环南昌市西北郊的新建县县城长凌镇、望城镇、乐化镇等受南昌市经济辐射和区位拉动影响明显。

据统计①②，自1991年新建县长凌工业园区经南昌市人民政府批准成立以来，截至2000年年底，新建县累计引进四外项目168项，总投资14.99亿元，合同外资12.35亿元，实际投资6.11亿元，设计年生产能力34.46亿元。工业园区的设立，极大地促进了当地经济发展，加速了新建县工业化和城镇化的进程。自1996年起，国家实行强有力的耕地总量动态平衡宏观调控政策，在全国范围内遏制了耕地连年快速减少的势头，新建县耕地的减少态势趋于缓和。从1991—1996年和1996—2000年两个时段新建县耕地变化趋势可看出（见表1–3），后4年耕地减少幅度远低于前5年。2000年，随着南昌市"一江两城"格局的提出和逐渐形成，市行政中心的西移，红谷滩新区的开发，同时南昌地区新高校园区选址在新建县县城长凌工业园区内，南昌大学、江西医学院、南昌航空工业学院等高校的前湖校区先后落户。这些政策环境都将极大地促进新建县，尤其是县城及其郊区建设用地的增加。

（五）自然环境因素

在本书研究中，由于研究时段跨度较短，研究区域较小，因此，相对于以上社会经济驱动力来说，自然环境因素对新建县土地利用变化的影响比较小。但是，这种影响也是存在的。自然环境因素的影响主要体现在光照、降水、温度等气候条件和水文、地质、地貌上，而且新建县地处我国第一大淡水湖鄱阳湖湖区，下新建的南叽乡、铁河乡、朱港农场、恒湖农场、成新农场等依鄱阳湖而设。水域面积影响很广，每年夏季的汛期洪水都会对沿湖地区带来影响。鄱阳湖对新建县土地利用的影响可归纳为以下两个方面：一是洪水对土地的冲刷会导致土地的流失，一部分沿湖耕地流失；二是防洪堤坝等附属设施的建设会占用不少耕地，导致耕地面积减少。

以上是从定性角度阐述新建县20世纪90年代土地利用变化驱动机制的，为了进一步探讨驱动力和土地利用变化的相互关系，需要对影响土地利用变化的驱动因子进行定量分析。由于由耕地到非农建设用地的变化是新建县土地利用变化最主要的变化方向，故选择耕地和建设用地

---

① 江西省新建县统计局：《新建县1991年国民经济统计资料》，江西人民出版社1992年版。

② 江西省新建县统计局：《新建县2000年国民经济统计资料》，江西人民出版社2001年版。

面积作为分析对象。考虑到土地利用系统的特殊性和数据的可获取性，采用主成分分析（含因子相关分析）、回归分析并建立多元线性回归模型作为研究方法。

二 主成分分析

主成分分析是通过数理统计分析，求得各要素间线性关系的实质上有意义的表达式，将众多要素的信息压缩表达为若干具有代表性的合成变量，然后选择信息最丰富的少数因子进行各种聚类分析，构造应用模型。

主成分分析在 LUCC 中的应用主要在驱动力和驱动机制分析方面，主成分分析的特点有以下四个方面：

（1）主成分变量的数量远少于原有的指标变量的数量，对主成分变量的分析能够减少分析中的计算工作量。

（2）主成分变量不是对原有变量的取舍，而是根据原始变量的信息进行重新建构，它能够反映原有变量的大部分信息。

（3）主成分变量之间不存在线性相关关系，对变量的分析比较方便。

（4）主成分具有命名解释性，即该变量是对某些原始变量信息的综合反映。

对多变量的平面数据进行最佳综合和简化，即在保证数据信息丢失最少的原则下，对高维变量空间进行降维处理。显然，在一个低维空间解释系统，要比在一个高维系统空间容易得多。主成分分析的出发点是用较少的相互独立的因子变量代替原来变量的大部分信息，可以通过下面的数学模型来表示：

$$\begin{cases} x_1 = a_{11}F_1 + a_{12}F_2 + \cdots + a_{1m}F_m + a_1\varepsilon_1 \\ x_2 = a_{21}F_1 + a_{22}F_2 + \cdots + a_{2m}F_m + a_2\varepsilon_2 \\ \vdots \\ x_p = a_{p1}F_1 + a_{p2}F_2 + \cdots + a_{pm}F_m + a_p\varepsilon_p \end{cases}$$

式中，x_1，x_2，x_3，$\cdots$，x_p 为 p 个原有变量，是均值为零、标准差为 1 的标准化变量，F_1，F_2，F_3，$\cdots$，F_m 为 m 个因子变量，m 小于 p，表示成矩阵形式为：

$$X = AF + a\varepsilon$$

式中，F 为因子变量或公共因子，可以把它们理解为在高维空间中互相垂直的 m 个坐标轴；A 为因子载荷矩阵，a_{ij} 为因子载荷，是第 i 个

原有变量在第 j 个因子变量上的负荷。如果把变量 x_i 看作 m 维因子空间中的一个向量，则 a_{ij} 为 x_i 在坐标轴 F_j 上的投影，相当于多元回归中的标准回归系数。ε 为特殊因子，表示原有变量不能被因子变量所解释的部分，相当于多元回归分析中的残差部分。

主成分分析通过坐标变换手段，将原有的 p 个相关变量 x_i 作线性变化，转换为另外一组不相关的变量 y_i，可以表示为：

$$\begin{cases} y_1 = u_{11}x_1 + u_{21}x_2 + \cdots + u_{p1}x_p \\ y_2 = u_{12}x_1 + u_{22}x_2 + \cdots + u_{p2}x_p \\ \vdots \\ y_p = u_{1p}x_1 + u_{2p}x_2 + \cdots + u_{pp}x_p \end{cases}$$

式中，$u_{1k}^2 + u_{2k}^2 + \cdots + u_{pk}^2 = 1$（$k = 1$，2，3，$\cdots$，$p$），$y_1$，$y_2$，$y_3$，$\cdots$，$y_p$ 为原有变量的第一、第二、第三、$\cdots\cdots$、第 p 个主成分。其中，y_1 在总方差中占的比例最大，综合原有变量的能力也最强，其余主成分在总方差中占的比例逐渐减少，也就是综合原有变量的能力依次减弱。主成分分析就是选取前面几个方差最大的主成分，以达到因子分析较少变量个数的目的，同时又能以较少的变量反映原有变量的绝大部分信息。

主成分分析的具体计算过程，通常采取以下四步处理：

第一步：整理原始数据并进行标准化处理。

第二步：计算样本相关矩阵 R。

第三步：计算相关矩阵 R 的特征值、方差贡献率、累积方差贡献率、因子负荷矩阵。

第四步：选择 m 个主成分（m < p），计算相应的单位特征向量，结合专业知识对所选择的主成分，给予恰当的解释。

三　多元线性回归分析

多元线性回归分析在于揭示因变量与多个自变量之间的统计规律性。其主要内容为：①构造数学模型；②从样本资料出发，确定变量间的关系式；③对被确定的关系式进行检验；④分析各个自变量对因变量的解释能力；⑤根据关系式，进行预测与控制。

多元线性回归模型可以较好地解释土地利用变化与其驱动因子之间的关系，该模型要求在某一地区、某一时段内的土地利用变化（因变量）与其驱动因子（自变量）之间存在线性关系，通过对可能引起土地利用变化的各种驱动因子的多变量分析而建立的一种数学模型，以便更明确土地利用变化的原因。

（一）多元线性回归分析的基本原理

若因变量 y 与自变量（可以精确测量并可控制的一般变量）x_1，x_2，…，x_n 之间呈线性关系，则其线性回归模型的一般形式为：

$$y = \beta_0 + \beta_1 x_1 + \beta_2 x_2 + \cdots + \beta_p x_p$$

式中，β_0，β_1，β_2，…，β_p 为 $p+1$ 个未知参数，称为回归系数。回归系数 β_i 的含义是：当其他变量不变而自变量 x_i 变动一个单位时，因变量 Y 平均变动 β_i 个单位。

对某一个实际问题，如果我们获得 n 组观测数据（x_{i1}，x_{i2}，…，x_{ip}，y_i）$i = 1, 2, \cdots, n$，则线性回归分析模型可表示为：

$$\begin{cases} y_1 = \beta_0 + \beta_1 x_{11} + \beta_2 x_{12} + \cdots + \beta_p x_{1p} \\ y_2 = \beta_0 + \beta_1 x_{21} + \beta_2 x_{22} + \cdots + \beta_p x_{2p} \\ \vdots \\ y_n = \beta_0 + \beta_1 x_{n1} + \beta_2 x_{n2} + \cdots + \beta_p x_{np} \end{cases}$$

写成矩阵形式为：

$$Y = X\beta$$

$$式中，Y = \begin{pmatrix} y_1 \\ y_2 \\ \vdots \\ y_n \end{pmatrix}, \quad X = \begin{pmatrix} 1 & x_{11} & \cdots & x_{1p} \\ 1 & x_{21} & \cdots & x_{2p} \\ \vdots & \vdots & \vdots & \vdots \\ 1 & x_{np} & \cdots & x_{np} \end{pmatrix}, \quad \beta = \begin{pmatrix} \beta_0 \\ \beta_1 \\ \vdots \\ \beta_p \end{pmatrix}$$

（二）回归方程自变量的选择

进行回归分析时，首先要选择自变量，它是回归分析成功的基础。选择自变量时，主要依据两条准则：一是选择的自变量应当是那些与因变量密切相关的因素；二是所选择的自变量之间不能有较强的线性关系。具体做法是：

（1）因素分析法。它是一种定性分析，是在对因变量的认识、了解的基础上，根据基本的经济理论、经验，找出影响因变量的所有因素，再从中选择那些能够定量描述且可收集到历史观察值的因素，作为初选的自变量。利用因素分析选择自变量要尽可能地将影响因变量的因素考虑全面，以免遗漏某些确实有影响的重要因素。

（2）简单相关分析。因素分析中选择的因素，是否能够作为自变量进入回归模型，还要通过定量分析。一种简单可行的办法是进行相关分析，即分别计算因变量与各影响因素的简单相关系数，选择那些与因变量相关程度高者作为自变量。一般相关系数小于 0.8 的因素视为相关程度不高，应被舍弃，不纳入回归方程，对某些拿不准是否应舍弃的因素，也可暂时保留，待模型检验后再做决定。

（3）通过简单相关分析所选择的自变量是否全部进入回归方程，还取决于自变量之间是否有较强的线性关系，若自变量间有较强的线性关系，变量 x_i 稍有变化，与其高度相关的自变量就会随之变化，回归系数 β_i 就无法做出解释。自变量之间的线性约束被称为多重共线性。它是因两个或更多个自变量相互之间高度相关所致。当自变量存在多重共线性时，在共线性的变量中只能保留一个，其余剔除掉，通常剔除的是其中与因变量相关系数较小的自变量。

（4）逐个剔除法。它是一种简单有效的自变量选择方法。首先将与因变量有关的全部因素引入方程，建立模型。然后依据对回归方程的检验统计量、逐个剔除掉那些不显著的变量，直到回归方程中包含的变量都是影响因变量的显著因素为止。当不显著的因素为多个时，不能同时将其全部剔除，而要先剔除掉最不显著的一个，然后利用剩余的变量再建立回归方程，再检验、再剔除，直到回归方程通过检验。

（三）回归的统计检验

在求出回归方程后，还需要对回归方程进行显著性检验。检验的方法主要有：

（1）拟合优度检验。计算 R^2，即样本决定系数，以检验回归方程对样本观测值的拟合程度。复相关系数为：

$$R^2 = \frac{\sum_{i=1}^{n} (\hat{y}_i - \bar{y})^2}{\sum_{i=1}^{n} (y_i - \bar{y})^2} \qquad (1-10)$$

式中，$\hat{y}_i$ 为回归值，$\bar{y}$ 为观测平均值，y_i 为实际观测值。

（2）F 检验。就是要看自变量 x_1，x_2，…，x_p 从整体上对因变量 y 是否有明显的影响。

（3）T 检验，即回归系数的显著性检验。检验每一个自变量对因变量的作用是否显著。如果不显著，则应将该自变量从回归方程中剔除。

按照上述主成分分析和多元线性回归分析的原理及方法，结合土地利用变化驱动机制研究的具体情况，拟采用以下分析手段来完成区域 LUCC 机制定量研究：首先，通过相关分析，分析驱动因子与耕地面积和建设用地以及驱动因子之间的相关性。其次，通过主成分分析，对驱动因子进行去相关，将驱动因子压缩成少数几个主成分，并对其进行解释和描述。最后，以提出的主成分作为自变量，分别以耕地面积和建设用地面积作为因变量进行回归分析，以确定自变量的显著度和贡献度，得出耕地面积和建设用地面积变化主要驱动因子的多元线性回归模型。

分析数据选取新建县 20 世纪 90 年代反映土地利用变化的耕地、建设用地为因变量，以自然和社会经济方面数据为自变量。其中，土地数据来源于新建县国土资源局提供的 90 年代历年土地利用变更调查资料，自然指标数据来源于新建县气象局，人口和社会经济指标数据来源于 1991—2000 年《新建县统计年鉴》。

四 研究区土地利用变化驱动力定量分析

影响土地面积变化的驱动因子，归纳起来，主要有自然和社会经济两个方面，其中，自然因子为土地利用变化提供基础背景环境，在较长时间段内影响明显；社会经济因子是土地利用短期内发生变化的主要驱动因子。

由于本章的研究时段为 1991—2000 年，时间跨度为 10 年，主要选取社会经济指标作为驱动因子。当进行土地利用和土地覆被变化机制研究时，选取的人类驱动力因子至少应包括人口、经济发展状况和技术三个主要方面，因此，从人口、农业、工业、交通运输、固定资产投资、国民财政、人民生活水平等方面选取社会经济指标。自然因子方面选取了年无霜期、年日照时数、年降水量和年平均温度 4 个可定量化指标。

（一）耕地变化驱动因子的相关分析和主成分分析

根据主成分分析方法的思路和要求，通过因子相关分析，结合新建县现有资料情况，最后选取以下 9 个自然、经济指标进入主成分分析（见表 1 - 14）。其分别为：x_1 为年日照时数（小时）、x_2 为总人口（万人）、x_3 为城镇化率（%）、x_4 为 GDP（万元）、x_5 为工业总产值（万元）、x_6 为农村人均纯收入（元）、x_7 为农业总产值（亿元）、x_8 为当年造林面积（亩）、x_9 为社会商品零售总额（万元）。因变量 y 为耕地面积。注：城镇化率 = 非农业人口／总人口。

表 1 - 14　　　　　　　　耕地变化因子分析、主成分分析数据

因子	1991 年	1992 年	1993 年	1994 年	1995 年	1996 年	1997 年	1998 年	1999 年	2000 年
y	102384. 5	102116. 9	101844. 3	101571. 6	101299	101021. 4	100817. 3	100608. 3	100399. 4	100185. 7
x_1	1685. 4	1885. 1	1645. 6	1582	1787. 4	1537. 9	1329. 1	1388. 3	1521. 8	1430. 7
x_2	58. 35	58. 65	59. 29	59. 99	60. 53	62. 07	62. 67	63. 38	64. 35	66. 2
x_3	0. 135904	0. 132651	0. 136617	0. 143524	0. 152156	0. 165942	0. 170416	0. 173872	0. 178555	0. 18429
x_4	48992	53993	68333	91077	164518	210868	248408	261596	282608	303850
x_5	35134	47553	75019	120929. 8	120516	127711	185472	188691	192261	208610
x_6	737	798	899	1232	1488	1868	2200	1980	2141	2211
x_7	42177	43829	46458	72397	81464	101954	107086	84752	108870	106600
x_8	81690	34311	51800	40600	30034	23670	10080	14655	13050	24600
x_9	26493	28232	32733	31838	45321	51270	42035	43791	45831	48086

表 1 - 15　　　　　　　　　耕地与各因子间相关系数

因子	y	x_1	x_2	x_3	x_4	x_5	x_6	x_7	x_8	x_9
y	1									
x_1	0. 748 *	1								
x_2	− 0. 977 **	− 0. 747 *	1							
x_3	− 0. 977 **	− 0. 789 **	0. 978 **	1						
x_4	− 0. 981 **	− 0. 762 **	0. 968 **	0. 995 **	1					
x_5	− 0. 979 **	− 0. 815 **	0. 945 **	0. 953 **	0. 957 **	1				
x_6	− 0. 968 **	− 0. 802 **	0. 935 **	0. 977 **	0. 983 **	0. 964 **	1			
x_7	− 0. 925 **	− 0. 722 *	0. 883 **	0. 930 **	0. 932 **	0. 913 **	0. 972 **	1		
x_8	0. 825 **	0. 533	− 0. 727 *	− 0. 762 *	− 0. 803 **	− 0. 820 **	− 0. 839 **	− 0. 809 **	1	
x_9	− 0. 868 **	− 0. 544	0. 812 **	0. 863 **	0. 877 **	0. 792 **	0. 877 **	0. 894 **	− 0. 749 *	1

注：* 表示相关性在 0. 05 的水平上显著（双侧 t 检验）；** 表示相关性在 0. 01 的水平上显著（双侧 t 检验）。

　　根据表 1 – 14 的数据，通过相关性分析，得到耕地面积与所选 9 个
因子的相关系数（见表 1 – 15）。从表 1 – 15 中可以看出，相关系数的
绝对值均大于 0.7，而且大多数在 0.9 以上，这表明这些因子与耕地面
积的变化具有高度的相关性，即这 9 个因子对耕地面积的变化具有较大
的驱动性。其中，相关系数前为正号表示驱动因子与耕地面积呈正相关
关系，即驱动因子量值的增加将带来耕地面积的增加；若为负号则表示
驱动因子与耕地面积呈负相关关系，即驱动因子量值的增加导致耕地面
积的减少。如表 1 – 15 所示，只有年日照时数和当年造林面积两个指标
与耕地面积变化呈正相关，说明自然环境状况对耕地数量的变化也有一
定的影响，且造林面积的增加并不导致耕地面积的减少，说明造林没有
占用耕地，这也与前面 LUCC 过程分析中的空间转移分析吻合；而其余
7 个因子均与耕地面积变化呈负相关关系，它们代表人口、城镇化水
平、经济发展状况，这说明随着经济发展、人口增加、城镇化水平的提
高，导致耕地面积呈减少趋势。

　　从耕地面积变化与各因子相关系数的绝对值还可看出，与耕地面积
变化呈正相关关系的自然环境因子，其相关系数绝对值最小；另外 7 个
呈负相关的因子绝对值都大于 0.85，且绝大部分在 0.95 以上，说明耕
地面积的变化主要受社会经济指标的影响。新建县不仅土地利用类型丰
富多样，农林牧交错性特点显著，而且又是处于城乡接合部，所以，土
地利用变化受社会经济、技术因素的作用和影响更甚于自然因素。同
时，从表 1 – 15 也可发现，9 个因子之间的相关系数也较大，即各个因
子之间也存在高度的相关性，因而有必要对其进行主成分分析。

表 1 – 16　　　　　　　　　　特征值及主成分贡献率

主成分	特征值	贡献率（%）	累积贡献率（%）
x_1	7.847	87.186	87.186
x_2	0.551	6.127	93.314
x_3	0.299	3.319	96.632
x_4	0.176	1.959	98.591
x_5	0.07042	0.782	99.374
x_6	0.03485	0.387	99.761
x_7	0.01951	0.217	99.978
x_8	0.001805	0.02005	99.998
x_9	0.0001853	0.002059	100.000

表 1 - 17　　　　　　　　　　　　主成分载荷矩阵

主成分	经济发展水平 （PCA1）	环境状况 （PCA2）	城镇化水平 （PCA3）	人口增长状况 （PCA4）
x_1	- 0. 002	1. 009	0. 414	0. 038
x_2	0. 122	- 0. 134	0. 441	1. 323
x_3	0. 126	- 0. 104	1. 375	0. 486
x_4	0. 126	0. 009	0. 240	0. 501
x_5	0. 124	- 0. 165	- 0. 321	0. 585
x_6	0. 127	- 0. 003	- 0. 064	- 0. 261
x_7	0. 123	0. 171	0. 130	- 0. 838
x_8	- 0. 007	- 0. 619	0. 406	- 0. 083
x_9	0. 113	0. 572	0. 827	- 0. 112

由表 1 - 16 可知，前 4 个主成分是影响耕地数量变化的主要因子，而且它们的累计贡献率已经达到了 98.591%，基本上代表了全部因子对耕地的影响力，完全符合数据说明的要求。主成分载荷是主成分与变量之间的相关系数，从主成分载荷矩阵表 1 - 17 可以发现，主成分 PCA1 比较分散，分布于所有经济因子上，反映的是社会经济因子对耕地的综合驱动力，可定义为经济发展水平；主成分 PCA2 主要集中在年日照时数和当年造林面积等环境状况方面，可归纳为环境状况；主成分 PCA3 主要体现在城镇化率上，可定义为城镇化水平；主成分 PCA4 主要包括人口增长状况。

（二）耕地变化线性回归模型

以耕地面积为因变量，以主成分分析结果得出的经济发展水平、环境状况、城镇化水平、人口增长状况指标为因变量，建立回归模型，经过主成分分析后提取的这 4 个主成分间不存在共线性。结合表 1 - 14 和表 1 - 17 中的样本数据，运用统计软件 SPSS 中的回归分析方法，得到新建县 1991—2000 年耕地面积变化与 4 个主成分的多元线性回归模型，即：

耕地面积变化 $= 101226.308 - 734.064 \times PCA1 + 16.618 \times PCA2 - 18.356 \times PCA3 - 98.047 \times PCA4$

拟合方程的修正复相关系数 $R^2 = 0.979$，方程通过显著性水平为 0.05 的 F 检验，表明从总体上看，方程与耕地面积的拟合情况较好。从方程中可以看出，耕地面积与代表环境状况的主成分 PCA2 成正比关系，与其他 3 个主成分均成反比关系。同时，回归系数的大小表示耕地面积对驱动要素的敏感性，即对于耕地面积的变动来说，经济发展水平的敏感性最大，其次为人口增长状况和城镇化水平，环境状况对耕地面积的驱动力最小。同时，也说明地处内陆的江西省新建县城镇化水平和程度都还处于较低的水平，这也与前面 LUCC 过程分析中的土地利用程度分析结果相吻合。

偏回归系数检验和标准回归系数如表 1 – 18 所示。

表 1 – 18   多元线性回归模型偏回归系数检验结果和标准回归系数

	回归系数		标准回归系数	t	显著水平
	B	标准差	β		
常数	101226.308	33.814		2993.654	0.000
PCA1（经济发展水平）	– 734.064	35.643	– 0.985	– 20.595	0.000
PCA2（环境状况）	16.618	35.643	0.022	0.466	0.041
PCA3（城镇化水平）	– 18.356	35.643	– 0.025	– 0.515	0.008
PCA4（人口增长状况）	– 98.047	35.643	– 0.132	– 2.751	0.040

（三）建设用地变化驱动因子的相关分析和主成分分析

从表 1 – 19 可知，建设用地从 1991 年的 9537.643 公顷增加至 2000 年的 11418.67 公顷，建设用地的变化在短期内主要受社会经济驱动力的影响。根据主成分分析方法的思路和要求，通过因子相关分析，结合新建县现有资料情况，选取 1991—2000 年的 7 个社会经济影响因子（见表 1 – 19），分别为：x_1 为年末总人口（万人）、x_2 为城镇化率（%）、x_3 为 GDP（万元）、x_4 为人均储蓄存款（元）、x_5 为第一产业比重（%）、x_6 为第二产业比重（%）、x_7 为第三产业比重（%）、x_8 为企业单位数（个），因变量 y 为建设用地面积。注：城镇化率 = 非农业人口/总人口。

表 1 – 19　　　建设用地变化因子相关分析、主成分分析数据

年份	1991	1992	1993	1994	1995	1996	1997	1998	1999	2000
y	9537.643	9730.143	9919.407	10110.67	10301.94	10487.8	10723.49	10955.77	11188.06	11418.67
x_1	58.35	58.65	59.29	59.99	60.53	62.07	62.67	63.38	64.35	66.2
x_2	0.135904	0.132651	0.136617	0.143524	0.152156	0.165942	0.170416	0.173872	0.178555	0.18429
x_3	48992	53993	68333	91077	164518	210868	248408	261596	282608	303850
x_4	435.3385	610.8951	652.4709	820.34	1068.58	1240.84	1442.6	1646.37	1781.23	1904.56
x_5	0.605772	0.590428	0.439114	0.486193	0.31613	0.351471	0.340412	0.273693	0.284443	0.273082
x_6	0.229854	0.231975	0.349758	0.308936	0.433849	0.394948	0.372822	0.407059	0.394115	0.380125
x_7	0.164374	0.177597	0.211128	0.204871	0.250021	0.25358	0.286766	0.319248	0.321442	0.346793

　　根据表 1 – 19 中的数据，通过相关性分析，得到建设用地面积与所选七个经济因子的相关系数（见表 1 – 20）。从表 1 – 20 中可以看出，6个因子与建设用地相关性都在 0.05 的水平以上显著，表明这些因子与建设用地面积的变化具有较高的相关性，即这些社会经济因子对建设用地变化具有较大的驱动作用。只有第一产业比重与建设用地面积变化呈负相关，说明随着城镇化和工业化发展，作为基础产业的农业将逐渐淡出国民经济的支柱地位。而其余 6 个因子均与建设用地面积变化呈正相关关系，且绝大多数都在 0.9 以上，它们分别代表人口增长状况、城镇化水平、经济发展水平，这说明随着经济发展、人口增加、城镇化水平提高，建设用地面积在不断扩大。

表 1 – 20　　　　　建设用地与各因子间相关系数

因子	y	x_1	x_2	x_3	x_4	x_5	x_6	x_7
y	1							
x_1	0.991**	1						
x_2	0.976**	0.978**	1					
x_3	0.975**	0.968**	0.995**	1				
x_4	0.995**	0.984**	0.985**	0.989**	1			
x_5	-0.904**	-0.863**	-0.889**	-0.913**	-0.906**	1		
x_6	0.728*	0.669*	0.721*	0.756*	0.732*	-0.948**	1	
x_7	0.989**	0.974**	0.969**	0.977**	0.989**	-0.935**	0.775**	1

　　注：＊表示相关性在 0.05 的水平上显著（双侧 t 检验）；＊＊表示相关性在 0.01 的水平上显著（双侧 t 检验）。

从建设用地面积变化与各因子相关系数的绝对值还可看出，第二产业比重与建设用地面积变化相关系数最小，仅为 0.728，说明新建县县域工业的发展，对建设用地面积的增加并无显著影响。从相关系数绝对值看，对建设用地变化影响程度依次减弱的顺序为人均储蓄存款、总人口、第三产业比重、城镇化率、GDP 和第一产业比重。随着居民收入提高和总人口增多，对住房需求的质量和数量都得到了提高。从1991—2000 年新增住宅用地 878.92 公顷，有力地促进了当地房地产业的迅猛发展。同时，从表 1-20 也可发现，7 个因子之间的相关系数也较大，即各个因子之间也存在高度的相关性，因而有必要对其进行主成分分析。

由表 1-21 可知，前 3 个主成分是影响建设用地数量变化的主要因子，而且它们的累计贡献率已经达到了 96.656%，基本上代表了全部因子对建设用地的影响力，完全符合数据说明的要求。主成分载荷是主成分与变量之间的相关系数，从主成分载荷矩阵（见表 1-22）可以发现，主成分 PCA1 比较分散，分布于所有经济因子上，反映的是社会经济因子对耕地的综合驱动力，可定义为经济发展水平；主成分 PCA2 主要集中在城镇化率指标上，可归纳为城镇化水平上；主成分 PCA3 以人口增长指标数据最大，可定义为人口增长状况。

表 1-21   特征值及主成分贡献率

主成分	特征值	贡献率	累积贡献率
x_1	6.423	81.754	81.754
x_2	0.512	10.314	92.069
x_3	0.04109	4.587	96.656
x_4	$1.730E-02$	3.247	99.903
x_5	$5.341E-03$	$7.630E-02$	99.979
x_6	$1.464E-03$	$2.091E-02$	100.000
x_7	$1.120E-16$	$1.600E-15$	100.000

（四）建设用地变化线性回归模型

以建设用地面积为因变量，以主成分分析结果得到的经济发展水平、城镇化水平、人口增长状况为因变量，建立回归模型，经过主成分

表 1 - 22　　　　　　　　　　　主成分载荷矩阵

因子	PCA1	PCA2	PCA3
x_1	0.075	0.460	- 3.723
x_2	0.052	1.090	1.715
x_3	0.154	0.223	0.491
x_4	0.153	0.295	- 0.560
x_5	0.124	- 0.165	- 0.321
x_6	0.129	- 0.490	0.573
x_7	0.154	0.145	- 1.505

分析后提取的这 3 个主成分间不存在共线性。结合表 1 - 19 和表 1 - 22 中的样本数据,运用统计软件 SPSS 中的回归分析方法,得到新建县 1991—2000 年建设用地面积变化与 3 个主成分的多元线性回归模型:

建设用地面积变化 = 10438.090 + 619.143 × PCA1 + 95.718 × PCA2 + 57.967 × PCA3

拟合方程的修正复相关系数 $R^2 = 0.992$,方程通过显著性水平为 0.05 的 F 检验,表明从总体来看,方程与建设用地面积的拟合情况较好。回归系数的大小表示建设用地面积对驱动要素的敏感性,即对于建设用地面积的变动来说,经济发展水平的敏感性仍为最大,其次为城镇化水平和人口增长情况。与耕地减少的驱动力不同的是,城镇化水平导致建设用地的增加的影响强于其对耕地减少的影响,这也符合实际情况。因为城镇化过程直接导致建设用地的增加,而对耕地的影响是通过建设用地对耕地的占用而作用的,然而,建设用地的增加除对耕地的占用外,也可通过对未利用地等其他土地利用类型的占用。

偏回归系数检验和标准回归系数如表 1 - 23 所示。

表 1 - 23　　多元线性回归模型偏回归系数检验结果和标准回归系数

	回归系数		标准回归系数	T	显著水平
	B	标准差	β		
常数	10438.090	17.696		589.842	0.000
PCA1(经济发展水平)	619.143	18.654	0.981	33.191	0.000
PCA2(城镇化水平)	95.718	18.654	0.152	5.131	0.002
PCA3(人口增长状况)	57.967	18.654	0.092	3.108	0.021

第六节　土地利用变化趋势预测研究

根据土地利用变化的规律来预测未来土地利用变化的趋势，可以为土地管理部门制定相应的对策，采取适当的调控手段提供依据，从而达到土地资源优化配置与合理利用的目的。前面我们对新建县土地利用变化的趋势进行了定性分析，为了更科学地说明新建县土地利用变化的趋势，下面将采用定量方法对变化趋势进行预测。土地利用变化预测的方法很多，在缺乏现状数据对比检验结果的情况下，我们可以采用多种方法进行模拟、拟合与预测，利用所得结果相互验证、补充，从而提高预测的可信度。本书采用马尔柯夫预测法和灰色模型 GM（1，1）对土地利用动态变化进行模拟和预测。

一　马尔柯夫预测法

马尔柯夫预测法是一种关于事件发生概率的预测方法，它根据事件的目前状况来预测其将来各个时期（或时刻）的变动状况。要运用马尔柯夫预测法来预测事物变化的过程，那么该变化过程必须是马尔柯夫过程。马尔柯夫过程是指具有"无后效性"的特殊随机运动过程。所谓"无后效性"是指某随机过程第 $n+1$ 步的状态 $\chi(n+1)$ 的条件概率与 $\chi(0)$，$\chi(1)$，$\chi(2)$，…，$\chi(n-1)$ 等 n 步以前的状态无关，而仅与 $\chi(n)$ 状态有关的性质。这对于研究土地利用的动态变化较为适宜，因为在一定条件下，土地利用的动态演变具有马尔柯夫过程的性质：首先，在一定区域内，不同土地利用类型之间具有相互可转化性；其次，土地利用类型之间的相互转化过程包含着较多尚难用函数关系准确描述的事件。

运用马尔柯夫过程的关键在于确定土地利用类型之间相互转化的初始转移概率矩阵 P，其数学表达式一般为：

$$P = (p_{ij}) = \begin{bmatrix} p_{11} & p_{12} & \cdots & p_{1N} \\ p_{21} & p_{22} & \cdots & p_{2N} \\ \vdots & \vdots & \vdots & \vdots \\ p_{N1} & p_{N2} & \cdots & p_{NN} \end{bmatrix}$$

式中，N 为研究区土地利用类型的数目；p_{ij} 为初始到期末时由类型 i 转移为类型 j 的概率，满足以下两个条件：$0 \leqslant p_{ij} \leqslant 1$，$\sum_{j=1}^{N} p_{ij} = 1$。根据马尔柯夫性质和条件概率的定义，可以推导出马尔柯夫过程的基本方程，即：

$$P_{ij}^{(n)} = \sum_{k=0}^{n-1} P_{ik} P_{kj}^{(n-1)} = \sum_{k=0}^{n-1} P_{ik}^{(n-1)} P_{kj} \qquad (1-11)$$

徐岚等根据沈阳市东陵区 30 个时期土地利用类型数据，确定土地利用类型的转移概率，使用马尔柯夫预测法预测了该区域土地利用类型的变化趋势。结果表明，当前该区土地利用格局正处于一种耕地逐渐和减少，居民点工矿用地逐渐增加的变化状态，将最终达到草地 20.66%、水田 28.41%、居民点工矿用地 37.42%、菜地 6.15%、林地 4.36% 的土地利用格局。

二　马尔柯夫预测法应用

由新建县 1996 年和 2000 年两期土地利用现状数据，得到该县 1996—2000 年转移概率矩阵（见表1-24）。

表1-24　　　新建县1996—2000年土地利用变化转移概率矩阵

单位：公顷、%

		耕地	林地	草地	水域	建设用地	未利用地
耕地	面积	100092.6	57.36	0	0	876.382	0
	比重	99.076	0.057	0	0	0.867	0
林地	面积	0	35256.03	0	0	28.36	0
	比重	0	99.920	0	0	0.080	0
草地	面积	97.839	0	25712.68	342.786	0	0
	比重	0.374	0	98.315	1.311	0	0
水域	面积	0	0	129.362	52554.31	0	173.576
	比重	0	0	0.245	99.427	0	0.328
建设用地	面积	0	37.912	0	0	10453.29	0
	比重	0	0.361	0	0	99.639	0
未利用地	面积	0	790.651	159.864	32.341	62.316	14544.41
	比重	0	5.075	1.025	0.207	0.4	93.3

通过 2000 年各种土地利用类型所占面积的比重，可以得到初始状态概率矩阵向量。

$$\text{初始状态概率矩阵向量} = \begin{bmatrix} 41.50 \\ 14.97 \\ 10.77 \\ 21.92 \\ 4.73 \\ 6.10 \end{bmatrix} = \begin{bmatrix} \text{耕地} \\ \text{林地} \\ \text{草地} \\ \text{水域} \\ \text{建设用地} \\ \text{未利用地} \end{bmatrix}$$

根据该初始状态向量和转移概率矩阵，以 4 年为步长，预测研究区 2004 年、2008 年和 2012 年 3 期六大土地利用类型的面积。根据计算公式，通过在计算机上运行马尔柯夫过程的具体运算程序，计算出结果如表 1－25 所示。

表 1－25　　　　　新建县土地利用变化马尔柯夫预测值　　　　单位：公顷

年份	2004	2008	2012
耕地	99361.65	98539.98	97725.29
林地	36957.51	37734.01	38474.24
草地	25844.29	25681.17	25513.17
水域	52997.42	53061.26	53121.03
建设用地	12336.09	13238.74	14128.59
未利用地	13905.06	13146.86	12439.7

从该预测表 1－25 可看出，新建县未来土地利用变化趋势是：若继续保持 1996—2000 年的变化速度，未来 12 年内，耕地和未利用地持续减少，林地和建设用地呈增长趋势，而草地和水域相对较稳定，草地呈缓慢减少趋势，而水域则略有上升趋向。

三　灰色模型 GM（1，1）

灰色系统理论认为，对既含有已知信息又含有未知或非确定信息的系统（灰色系统）进行预测，就是对在一定方位内变化的、与时间有关的灰色过程的预测。尽管过程中所显示的现象是随机的、杂乱无章的，但毕竟是有序的、有界的。这一数据集合具备潜在的规律，灰色预测就是利用这种规律建立灰色模型对灰色系统进行预测。土地系统是一个灰色系统，其变化过程也是一个灰色过程。由于在新建县收集到的资料为近9年的土地利用变化状况，其时间序列较短，因此，选用灰色模型GM（1，1）进行模拟预测。这里运用的是灰色预测中的数列预测，数列预测是对现象或指标随时间的顺延而发生的变化所做的预测，其预测结果是该指标在未来各个时刻的具体数值。

数列预测的基础是基于累加生成数列的灰色模型GM（1，1），其计算公式为：

$$\mu = \frac{\mathrm{d}x^{(1)}}{\mathrm{d}t} + \alpha x^{(1)} \qquad (1-12)$$

式中，α 为发展灰数，μ 为内生控制灰数，设 $\hat{\alpha}$ 为待估参数向量，$\hat{\alpha} = \begin{bmatrix} \alpha \\ \mu \end{bmatrix}$，用最小二乘法拟合求得：

$$\hat{\alpha} = (B^T B)^{-1} B^T_{\gamma_N} \qquad (1-13)$$

式中，累加矩阵 $B = \begin{bmatrix} -\frac{1}{2}[\chi^{(1)}(1)+\chi^{(1)}(2)] & 1 \\ -\frac{1}{2}[\chi^{(1)}(2)+\chi^{(1)}(3)] & 1 \\ \vdots & \vdots \\ -\frac{1}{2}[\chi^{(1)}(N-1)+\chi^{(1)}(N)] & 1 \end{bmatrix}$，常数项向

量 $\gamma_N = \begin{bmatrix} \chi^{(0)}(2) \\ \chi^{(0)}(3) \\ \vdots \\ \chi^{(0)}(N) \end{bmatrix}$，$\chi^{(0)}(n)$ 代表所要预测指标的原始数据，$\chi^{(1)}(n) =$

$\sum_{m=1}^{n} \chi^{(0)}(m)$。将式（1-13）求得的 α 和 μ 代入式（1-12），解微分方程得：

$$\hat{\chi}^{(1)}(t+1) = \left(\chi^{(1)}(0) - \frac{u}{a}\right)e^{-at} + \frac{u}{a} \qquad (1-14)$$

这即是所求的灰色模型GM（1，1）预测方程。由此可以算出所要计算的预测指标值：

$$\hat{\chi}^{(0)}(n) = \hat{\chi}^{(1)}(n) - \hat{\chi}^{(1)}(n-1) \qquad (1-15)$$

陈浮等应用灰色模型GM（1，1）对无锡市马山区农田、园地、林地和建设用地进行预测，得出结论认为，农田和林地仍然呈一定的减少

趋势，但是，农田减少的趋势相当有限；园地和建设用地呈增加趋势，但增加幅度已经不如1988—1998年。

四 灰色模型 GM (1, 1) 应用

根据土地利用系统累加性特点，各组成类型相互独立，可以分别对不同的利用类型进行模拟分析。本书选用灰色模型 GM (1, 1)，对耕地、林地、草地、水域、建设用地和未利用地逐一进行分析。为保证分析模型的可靠性，须对模型进行诊断。目前，通用的诊断方法是对模型进行后验差检验。即：

首先，计算观察数据离差 s_1：

$$s_1^2 = \sum_{i=1}^{m} \left[x^{(0)}(t) - \overline{x}^{(0)}(t) \right]^2 \tag{1-16}$$

其次，计算离差的离差 s_2：

$$s_2 = \frac{1}{m-1} \sum_{i=1}^{m-1} \left[q^{(0)}(t) - \overline{q}^{(0)}(t) \right]^2 \tag{1-17}$$

再次，计算后验比 c：

$$c = \frac{s_1}{s_2}$$

最后，计算小误差概率 p：

$$p = \left\{ q^{(0)}(t) - \overline{q}^{(0)} < 0.6745 s_1 \right\} \tag{1-18}$$

根据后验比 c 和小误差概率 p 对模型进行诊断。当 $p > 0.95$ 和 $c < 0.35$ 时，认为模型可靠，可用于预测。

各地类用于预测的原始数据来源于新建县国土资源局 1996—2000 年历年土地利用变更调查数据（见表 1 - 26）。

表 1 - 26　　　　　灰色模型 GM (1, 1) 预测原始数据　　　　单位：公顷

年份	1996	1997	1998	1999	2000
序号	1	2	3	4	5
耕地	101021.4	100817.3	100608.3	100399.4	100185.7
林地	35279.17	35498.78	35703.17	35927.56	36139.87
草地	26148.42	26115.45	26067.6	26039.75	25996.24
水域	52859.3	52875.3	52883.34	52911.39	52927.8
建设用地	10487.8	10723.49	10955.77	11188.06	11418.67
未利用地	15587.4	15371.68	15143.78	14935.89	14715.7

根据表 1 - 26 中的数据，代入公式，进行计算。

（一）耕地

耕地的计算公式为：

$$x(t+1) = -48216151.54 \times e^{-0.002093t} + 48317172.94$$

对预测方程后验差检验见表 1 - 27。

表 1 - 27　　　　　　　　　耕地面积观察值与预测值检验

编号	观察值（公顷）	拟合值（公顷）	误差（公顷）	百分比（%）
X(2)	100817.3	100818.4099	-1.10994	-0.0011
X(3)	100608.3	100607.6019	0.69808	0.00069
X(4)	100399.4	100397.2347	2.16532	0.00216
X(5)	100185.7	100187.3073	-1.60732	-0.0016

对当前模型的评价：

c = 0.0051，很好

p = 1.0000，很好

未来 12 个时刻预测值：

$X(t+1) = 99977.819$　　　$X(t+2) = 99768.769$

$X(t+3) = 99560.155$　　　$X(t+4) = 99351.978$

$X(t+5) = 99144.236$　　　$X(t+6) = 98936.929$

$X(t+7) = 98730.055$　　　$X(t+8) = 98523.614$

$X(t+9) = 98317.604$　　　$X(t+10) = 98112.025$

$X(t+11) = 97906.876$　　　　$X(t+12) = 97702.156$

　　由检验表及模型评价系统 c、p 值知，该指数方程较好地描述了新建县耕地面积变化情况，而且在未来八年仍将减少，年减少量在 0.2% 左右。

（二）林地

林地的计算公式为：

$$x(t+1) = 5901808.44 \times e^{0.005996t} - 5866529.27$$

对预测方程后验差检验见表 1 - 28。

表 1 - 28 林地面积观察值与预测值检验

编号	观察值（公顷）	拟合值（公顷）	误差（公顷）	百分比（%）
X（2）	35498.78	35495.72323	3.05677	0.00861
X（3）	35703.17	35709.20803	-6.03803	-0.01691
X（4）	35927.56	35923.9768	3.5832	0.00997
X（5）	36139.87	36140.03728	-0.16728	-0.00046

对当前模型的评价：

c = 0.0126，很好

p = 1.0000，很好

未来 12 个时刻预测值：

$X(t+1) = 36357.397$ $X(t+2) = 36576.064$

$X(t+3) = 36796.047$ $X(t+4) = 37017.352$

$X(t+5) = 37239.989$ $X(t+6) = 37463.964$

$X(t+7) = 37689.287$ $X(t+8) = 37915.964$

$X(t+9) = 38144.006$ $X(t+10) = 38373.418$

$X(t+11) = 38604.21$ $X(t+12) = 38836.391$

结果显示，新建县林地面积变化呈增长趋势，年增长率在 0.6% 左右。

（三）草地

草地的计算公式为：

$x(t+1) = -17662103.06 \times e^{-0.00148t} + 17688251.48$

对预测方程后验差检验见表 1 - 29。

表 1 - 29 草地面积观察值与预测值检验

编号	观察值（公顷）	拟合值（公顷）	误差（公顷）	百分比（%）
X（2）	26115.45	26112.60764	2.84236	0.01088
X（3）	26067.6	26074.00135	-6.40135	-0.02456
X（4）	26039.75	26035.45213	4.29787	0.01651
X（5）	25996.24	25996.95992	-0.71992	-0.00277

对当前模型的评价：

c = 0.0765，很好

p = 1.0000，很好

未来 12 个时刻预测值：

$X(t+1) = 25958.525$ $X(t+2) = 25920.146$

$X(t+3) = 25881.824$ $X(t+4) = 25843.559$

$X(t+5) = 25805.351$ $X(t+6) = 25767.199$

$X(t+7) = 25729.103$ $X(t+8) = 25691.064$

$X(t+9) = 25653.081$ $X(t+10) = 25615.154$

$X(t+11) = 25577.283$ $X(t+12) = 25539.468$

结果显示，新建县草地面积变化略呈微减趋势，年减少率在 0.15% 左右。

（四）水域

水域的计算公式为：

$$x(t+1) = 150703393.35 \times e^{0.000351t} - 150650534.05$$

对预测方程后验差检验见表 1-30。

表 1-30   水域面积观察值与预测值检验

编号	观察值（公顷）	拟合值（公顷）	误差（公顷）	百分比（%）
X(2)	52875.3	52871.62683	3.67317	0.00695
X(3)	52883.34	52890.17591	-6.83591	-0.01293
X(4)	52911.39	52908.7315	2.6585	0.00502
X(5)	52927.8	52927.29359	0.50641	0.00096

对当前模型的评价：

c = 0.1656，很好

p = 1.0000，很好

未来 12 个时刻预测值：

$X(t+1) = 52945.862$ $X(t+2) = 52964.437$

$X(t+3) = 52983.019$ $X(t+4) = 53001.607$

$X(t+5) = 53020.202$ $X(t+6) = 53038.803$

$X(t+7) = 53057.411$ $X(t+8) = 53076.025$

$$X(t+9)=53094.646 \qquad X(t+10)=53113.273$$
$$X(t+11)=53131.907 \qquad X(t+12)=53150.547$$

结果显示，新建县水域面积变化趋势不明显，呈稳中有增趋势，年增长率为 0.03% 左右。

（五）建设用地

建设用地的计算公式为：

$$x(t+1)=507057.43 \times e^{0.020933t}-496569.62$$

对预测方程后验差检验见表 1-31。

表 1-31　　　　　　建设用地面积观察值与预测值检验

编号	观察值（公顷）	拟合值（公顷）	误差（公顷）	百分比（%）
X(2)	10723.49	10725.9202	-2.4302	-0.02266
X(3)	10955.77	10952.80843	2.96157	0.02703
X(4)	11188.06	11184.49609	3.56391	0.03185
X(5)	11418.67	11421.0847	-2.4147	-0.02115

对当前模型的评价：

c = 0.0087，很好

p = 1.0000，很好

未来 12 个时刻预测值：

$$X(t+1)=11662.678 \qquad X(t+2)=11909.382$$
$$X(t+3)=12161.304 \qquad X(t+4)=12418.555$$
$$X(t+5)=12681.248 \qquad X(t+6)=12949.498$$
$$X(t+7)=13223.422 \qquad X(t+8)=13503.141$$
$$X(t+9)=13788.776 \qquad X(t+10)=14080.454$$
$$X(t+11)=14378.302 \qquad X(t+12)=14682.45$$

结果显示，新建县建设用地面积变化呈大幅增长趋势，年增长率达 2.12% 左右。

（六）未利用地

未利用地的计算公式为：

$$x(t+1)=-1070146.08 \times e^{-0.014466t}+1085733.48$$

对预测方程后验差检验见表 1-32。

表 1 - 32　　　　　　　　　　未利用地面积观察值与预测值检验

编号	观察值（公顷）	拟合值（公顷）	误差（公顷）	百分比（%）
X(2)	15371.68	15369.45325	2.22675	0.01449
X(3)	15143.78	15148.71694	- 4.93694	- 0.0326
X(4)	14935.89	14931.15085	4.73915	0.03173
X(5)	14715.7	14716.70945	- 1.00945	- 0.00686

对当前模型的评价：

c = 0.0118，很好

p = 1.0000，很好

未来 12 个时刻预测值：

$X(t+1) = 14505.348$　　　$X(t+2) = 14297.022$

$X(t+3) = 14091.688$　　　$X(t+4) = 13889.303$

$X(t+5) = 13689.824$　　　$X(t+6) = 13493.211$

$X(t+7) = 13299.421$　　　$X(t+8) = 13108.415$

$X(t+9) = 12920.152$　　　$X(t+10) = 12734.592$

$X(t+11) = 12551.698$　　　$X(t+12) = 12371.43$

结果显示，新建县未利用地面积变化呈逐渐减少趋势，年减少率在
1.44% 左右。

由灰色模型 GM（1，1）对新建县各种土地利用类型预测结果的诊
断检验 c、p 值显示，预测值与实测值的吻合度非常高，所以，灰色 GM
（1，1）模型预测十分理想。

对比灰色模型 GM（1，1）与马尔柯夫预测法预测的结果，可以发
现两种预测方法得出的各地类变化趋势完全一致，相应年份预测值的吻
合度都很高。灰色模型的后验差检验保证了灰色模型预测值的可信度，
将其结果与马尔柯夫预测法预测值进行对比分析，弥补了马尔柯夫预测
法预测值自身无法检验的缺陷。

第七节　结语

本章采用 1991 年 Landsat TM - 5 影像、1996 年土地利用现状图和

2000 年 Landsat ETM$^+$ –7 影像共三期土地利用数据，可较好地动态反映研究区 20 世纪 90 年代近十年土地利用变化状况。采用遥感、地理信息系统、数理统计、LUCC 建模相结合的技术方法，以江西省新建县为例，从变化过程、变化原因和变化趋势三个方面分析变化机制。

一 主要结论

本章研究的主要结论包括以下四个方面：

第一，从理论上提出将土地利用变化过程、变化原因和变化趋势作为土地利用变化机制研究的三大内容；指出并应用 GIS 空间分析作为研究区域土地利用变化机制的主要方法，然后分别采用土地利用变化描述模型——指数模型分析土地利用变化过程；土地利用变化解释模型——回归模型分析土地利用变化原因；土地利用变化预测模型——马尔柯夫模型预测法和灰色模型 GM（1，1）预测土地利用变化未来趋势。

第二，土地利用变化过程研究中，采用土地利用变化幅度、土地利用变化速度、土地利用变化程度、土地利用变化空间动态度和趋势状态指数、土地利用类型变化流向等指标定量分析了新建县自 1991 年十年来的土地利用变化时空特征。研究结果表明：

（1）十年来，新建县耕地面积减少 2199.181 公顷；林地增加了 1655.375 公顷；草地面积十年间总体有所减少，其中，前 5 年增加了 63.406 公顷，后 4 年减少了 151.399 公顷；水域面积整体呈增加趋势，前 5 年减少了 30.841 公顷，而后 4 年增加了 72.189 公顷；建设用地面积变化期内增加了 1880.467 公顷；未利用地面积一直呈下降趋势，且后 4 年变化的幅度比前 5 年变化的幅度还大，说明未利用地开发利用程度在加快。

（2）从单一土地利用变化动态度来看，6 种土地利用类型中建设用地变化动态度最大，其次为未利用地，最后为林地和耕地。说明十年来，随着县域经济的发展，建设用地呈快速增长趋势，且未利用地开发速度较快，由于新建县对生态环境建设的重视，林地增长速度也比较快。从综合土地利用变化动态度来看，1991—2000 年研究区域综合土地利用年均变化速度为 0.165%，其中，前 5 年综合土地利用年均变化速度相比后 4 年更快，为后者的 1.5 倍多。

（3）从土地利用程度指标来看，除土地建设利用率外，其他指标值均高于或略高于全国平均水平，其中，土地垦殖率变化绝对值最大，反映研究区域耕地面积十年来减少速度非常快，其次为土地建设利用率，表明研究时段内建设用地增长速度也很快。

（4）从土地利用程度综合指数来看，新建县土地利用程度综合指数 1991 年、1996 年、2000 年分别为 243.687、244.084、244.868，稍高于全国平均水平的 231.92，表明该区域土地的总体利用程度居全国中等以上水平，说明土地利用受人类活动影响较大。同时可以看出，土地利用程度综合指数在逐渐升高，且后 4 年的增长幅度还高于前 5 年。

（5）从土地利用变化空间动态度来看，无论是 1991—1996 年还是 1996—2000 年时段，建设用地变化空间动态度都最大，其次是未利用地和草地，说明在研究期间建设用地和未利用地等土地利用类型输入与输出转化频繁，或转化量占各自期初面积的比重较大。在两个时段，空间动态度最小的都是耕地，其次为林地或水域，说明新建县 20 世纪 90 年代的耕地、林地等土地利用类型空间转移不频繁，或转化量占各自期初面积的比重不大。并得出了各土地利用类型在研究时段处于"涨势"或"落势"状态。

（6）从区域 LUCC 空间动态度来看，1996—2000 年新建县各种土地利用类型总的空间转移量（转出或转入）比前一时段有所下降；且从区域空间变化状态指数可以看出，土地利用变化从准平衡状态转化为不平衡状态，说明新建县土地利用变化逐渐由双向转移向单向不平衡转移转化。

（7）通过对土地利用变化空间转移特征和各土地利用类型流向分析，清楚、形象地说明了新建县 1991—1996 年和 1996—2000 年两时段不同土地利用类型间的转出去向和转入来源及其数量的变化情况。

第三，在分析土地利用变化原因时，先根据研究时段新建县土地利用变化的时空特征，结合新建县 20 世纪 90 年代统计资料及环境和政策因素，对新建县土地利用变化的驱动力进行定性分析。指出，人口增长、经济发展和生活水平的提高、工业化与城镇化的加速、地理位置和政策的影响及自然环境因素是导致新建县土地利用变化的原因。

然后选取研究时段变化较为明显且反映研究区土地利用变化主要趋势变化类型的耕地和建设用地为因变量，从自然环境、人口增长、经济发展水平、城镇化水平几个方面选取驱动因子，通过因子相关分析、主成分分析和回归分析，建立多元线性回归模型，定量分析了新建县 20

世纪 90 年代耕地和建设用地变化的驱动力。研究结果表明：

（1）对于耕地，耕地面积与环境条件成正比关系，与经济发展、城镇化水平和人口增长状况均成反比关系，且经济发展水平的敏感性最大，其次为人口增长和城镇化水平，环境状况对耕地面积的驱动力最小。

（2）对于建设用地，经济发展水平的敏感性仍为最大，其次为城镇化水平和人口增长状况。与耕地减少的驱动力不同的是，城镇化水平导致建设用地增加的影响大于其对耕地减少的影响，这也符合实际情况。因为城镇化过程直接导致建设用地的增加，而对耕地的影响是通过建设用地对耕地的占用而作用的，然而，建设用地的增加除对耕地的占用外，也可通过对未利用地等其他土地利用类型的占用来实现。

第四，在进行土地利用变化未来趋势预测时，分别采用马尔柯夫预测法和灰色模型 GM（1，1）。在使用马尔柯夫预测法时，以 1996—2000 年期间土地利用变化的转移率为转移概率矩阵，2000 年各地类所占百分比为初始转移向量，4 年为步长，预测了新建县 2004 年、2008年和 2012 年的土地利用状况。结果表明，新建县未来土地利用变化趋势是：若继续保持 1996—2000 年的变化速度，未来 12 年内，耕地和未利用地将持续减少，林地和建设用地呈增长趋势，而草地和水域相对较稳定，其中，草地呈缓慢减少趋势，水域呈略有上升趋向。

在使用灰色模型 GM（1，1）时，分别预测了六大土地利用类型从2001—2012 年历年数量情况。对比分析两种预测方法的预测结果可以发现，两种预测方法得出的各地类变化趋势完全一致，相应年份预测值吻合度都很高。

二　讨论

土地利用变化及其驱动力研究是近年来土地利用研究中的热点问题，本章得出了一些较为详尽而细致的结论，这些结论可以供当地国土资源部门、政府决策部门在实施土地利用规划管理及政策制定时提供有益的借鉴和参考。

根据新建县 LUCC 过程研究和趋势预测结论，从数量上看，耕地数量持续减少，新建县有限耕地资源需得到有效保护；在发展城镇规模、扩大建设用地的同时，须合理控制建设用地过快的增长趋势。林地也要适当控制规模，减缓开发未利用地的速度。针对各土地利用类型的空间转换，须尽量控制建设用地对耕地的占用，减少未利用地向其他土地利用类型的过多转化。

从新建县 LUCC 原因研究得出，须引导和加强各种驱动力对 LUCC 产生的正面作用，而减少负面影响，达到县域经济、社会和生态环境之间和谐统一的目的，使土地利用走向区域可持续发展的良性循环。

但限于时间和资料，一些地方有待于今后进一步改进和完善。由于资料可获得性，研究时段跨度较小，本章只进行了新建县 20 世纪 90 年代土地利用变化机制的研究工作，如果能对一个更长时间系列的数据进行分析，对新建县土地利用变化机制的研究也能更深入。

在进行土地利用变化的空间分析时是基于三期两个时段的现状数据的，而进行土地利用变化原因分析时，历年土地利用数据只能从土地部门统计数据获取，数据的口径有所出入；限于时间和人力的原因，影像解译以计算机自动解译为主，这在一定程度上影响了解译精度；且两幅卫星影像的季相偏差，给研究结果带来一定的负面影响。

土地利用变化研究包括的内容很多，涉及的领域很广，是一项长期的工作。本章研究从土地利用变化机制的角度在理论上做了一些综合性概括，在技术方法上做了相应的实证性研究。还需进一步探讨土地利用变化对区域生态环境的影响，以完善该区域 LUCC 研究内容，也更有利于指导区域可持续发展。

第二章 辽宁省土地资源利用与 GDP 增长"脱钩"研究

第一节 绪 论

一 研究背景

人类发展史就是一部土地利用史。土地利用过程为人类的生存和发展带来巨大经济效益的同时，也给有限的土地资源和土地生态系统带来了前所未有的压力。为了支撑社会经济的可持续发展，在探究经济高速增长的同时，如何尽可能节约利用土地资源，深挖土地资源利用潜力，为子孙后代留下宝贵、健康的土地资源，是当前土地资源管理领域的重大理论课题。

保障经济快速发展是必需的、应该的，也需要土地资源利用作为支撑。但是，土地资源的数量有限性和位置固定性等特征，要求我们需要以长远的眼光来看待土地资源可持续利用。本章从理论上承袭土地资源利用过程中土地资源占用应与经济增长相"脱钩"的观点，即辽宁省经济发展过程需要保护耕地资源不被过度占用、抑制建设用地"摊大饼"式蔓延发展、未利用地资源需要适度有序地开发利用，应深挖潜力，走"内涵式"土地资源集约节约发展道路，以确保辽宁省土地资源可持续利用和社会经济可持续发展。

辽宁省自改革开放，尤其进入 21 世纪"东北振兴"计划实施以来，经济取得前所未有的发展，土地资源开发利用程度和广度得到不断加深。据有关资料，截至 2008 年年末，全省已开发利用面积为 1262.68 万公顷，占全省土地总面积的 85.24%。其中，耕地面积为 408.53 万公顷，建设用地面积为 139.88 万公顷，而未利用土地面积仅剩下 217.96 万公顷。同时，辽宁省 GDP 从 2001 年的 4669.1 亿元快速增加到 2008 年年末的 13668.58 亿元，增长两倍多。

本章考察了"东北振兴"计划实施以来城市扩张和经济发展最为迅速时期，辽宁省农用地、建设用地和未利用地三大土地资源利用与经济增长"脱钩"的轨迹。在此基础上，形成了辽宁省土地资源集约节约利用对策。辽宁省第十一次党代会要求，经济发展需"坚持增量带动结构优化，在做大经济规模中调优结构、提高质量"。经济结构优化，从一定程度上说，就是土地利用结构优化。

二　土地利用变化过程研究进展

土地利用的动态变化是自然、经济、社会和生态复合系统演变的直接表现。国际地圈—生物圈计划（IGBP）和全球环境变化中的人文领域计划（IHDP）1995 年联合提出了"土地利用和土地覆被变化"（Land Use/land Cover Change，LUCC）研究计划。2005 年 9 月，IGBP 与 IHDP 又提出了一个新的联合核心计划——全球土地计划（GLP）。GLP 是对 LUCC 研究计划的继承与发展，土地利用变化研究正成为目前全球变化研究的热点课题。

区域土地利用变化包括土地利用类型的面积变化、空间变化和质量变化。土地利用变化过程研究是土地利用变化研究的基础，有助于深入研究土地利用变化的驱动力、趋势预测及生态环境效应等。在做土地利用变化相关研究时，最先关注的往往是土地利用变化过程，而土地利用变化过程往往借助于土地利用变化描述模型来表达。目前，描述土地利用变化过程的模型有土地利用变化幅度、速度、动态度、质量差异、程度差异、区域差异和重心空间变化等。土地利用变化过程研究，从土地利用变化时空动态、空间建模、驱动力到趋势预测等方面都有较多成果。这些成果大多都是针对不同区域、不同时段的案例研究，因而具有明显的区域特征。

在国内外 LUCC 研究中，土地利用变化过程研究是开展较早的领域，最初的土地利用变化研究主要集中于土地利用类型的人工调查、分类与制图。随着计算机技术的飞速发展，遥感技术和地理信息系统技术在土地利用和土地覆被变化调查中得到了广泛应用，利用 3S 技术反映 LUCC 的当前和历史状况，诸多学者进行了大量的相关研究。国外研究如弗伯格（P. H. Verburg）等归纳了一些对土地利用空间尺度量化和制图的方法，认为其应当与研究土地功能的模型和制图方法区分开来。法利（K. A. Farley）等采用航空照片和阿斯特（Aster）影像分析了美国提华纳（Tijuana）流域 1994—2005 年的土地利用变化过程。德旺（A. M. Dewan）等采用三期遥感影像对孟加拉国首都达卡 1975 年和2003 年的土地利用变化及城市扩张进行了评价。

国内研究，如王思远等在 RS、GIS 技术的支持下，通过数学建模，利用土地利用动态度模型、土地利用程度模型、垦殖指数模型等对中国近五年来土地利用的时间动态特征和空间动态特征进行了定量分析。刘盛和等从土地利用变化的空间含义出发，细分出未变化部分、转移部分和新增部分三种空间类型，并据此对现有测算土地利用变化速率的数量分析和动态度模型进行了评析，提出了修正后的空间分析测算模型。任斐鹏根据 1990 年、2000 年和 2009 年三期 Landsat TM/ETM 影像的土地利用分类结果，综合运用地理信息系统空间分析工具、变化指数对比分析等技术和方法，对东江流域 1990—2009 年的土地利用变化及其区域差异特征进行了分析。

三 土地利用与经济增长关系研究进展

土地利用变化和经济发展是一个矛盾统一体，是相互影响、相互作用的关系。人类对土地资源的利用过程和行为，使土地资源利用类型发生变化，同时促进、刺激了社会经济发展。反过来，经济发展（包括增长和减缓）使人类在不同的社会经济阶段，利用土地资源的观念和意识发生变化，从而使土地利用方式和形态发生变化。对土地利用变化与经济发展关系研究的关注，先是认识到经济发展对土地利用变化的推动或制约作用，将经济要素作为土地利用变化的重要驱动力进行考察，关于这类研究国内外有大量的文献。在此基础上，有学者将此上升到土地利用变化和经济发展的关系层次，其实质还是经济发展对土地利用变化的影响。近些年，有研究开始关注土地利用变化对经济发展的影响，这是最新采用"脱钩"理论探讨土地资源占用与经济增长"脱钩"的相关研究，如中国科学院地理科学与资源研究所土地资源管理专家陈百明等于 2006 年首次在国内将资源环境领域"脱钩"理论运用于土地利用研究，从理论上探讨了中国耕地占用与 GDP 增长之间的"脱钩"模式。经过近几年的深入研究，"脱钩"理论在探讨耕地变动与经济发展的互动关系、建设用地扩张与经济增长的关系以及城乡建设用地的变动关系等方面得到了广泛应用。

国外研究中，斯康福特（A. Skonhoft）等运用回归方法分析了宏观经济因素对挪威某县域 1988—1994 年荒地资源减少的驱动作用，认为荒地面积与人均国内生产总值增长成反比，没有体现出环境库兹涅茨曲线（EKC）规律。克劳斯曼（F. Krausmann）等分析了奥地利 1950—1995 年工业化时期土地利用/覆被变化与社会经济演替之间的关系，认为作物耕种和牲畜饲养的分离导致了农田在肥沃的低地区、草原在高山的底端区集中。K. C. Krishna Bahadur 分析了尼泊尔某流域 1970—2000年沿地形高度梯度渐变的农用地格局变化与经济政策约束之间的关系。结果表明，通过家庭调查获取包括农户家庭收入、粮食可获得性在内的生活水平，表现出随着地形高度增加而下降的趋势，而粮食购买率却呈现上升趋势。

国内研究中，施毅超等在分析长江三角洲地区土地利用现状和动态变化规律的基础上，分析耕地、建设用地与经济发展的相关性和土地利用变化的趋势预测，确定未来合理的经济增长率。许月卿等采用数理统计与综合分析方法，对北京市平谷区土地利用动态变化及其与 GDP、产业结构、消费结构、城镇化以及人口等社会经济发展因素的关系进行了分析。缪海鹰等以滇西北高寒山区宁蒗彝族自治县为例，定量分析该县1996—2008 年土地利用变化与社会经济发展的关系及其特点，拟合得出耕地、园地以及建设用地等各类土地面积变化与社会经济发展两者间的最优线性回归方程。

四 "脱钩"概念的提出及在资源环境领域研究进展

20 世纪 90 年代，欧洲科学家正式提出"脱钩"理论，然后在西方国家被普遍使用，已被用来研究经济增长与环境污染、能源消费、农业生产贸易、物质资源消耗、交通量等问题。该理论通过简单的数量关系表征经济发展与资源环境消耗的内在联系，并可以进行面板数据的横向对比，获得了广泛的运用，成为评价区域可持续发展的重要手段。

随着对"脱钩"研究的不断深入，国外形成了两种主流的"脱钩"理论研究评价模式：①物质消耗总量与经济增长总量关系研究；②物质消耗强度的 IU 曲线研究。在判断"脱钩"状态或测度"脱钩"程度时，国外提出的研究方法主要有"脱钩"指数法、变化量综合分析法、弹性分析法、描述统计分析法、差分回归系数法、基于完全分解技术的解耦分析方法和计量分析法。

我国台湾学者在参与 OECD 能源与环境项目时，开展了二氧化碳排放与经济增长的"脱钩"指标等方面的研究。大陆学者贺秀斌首次将"脱钩"理论引入到农业生态环境评价，之后在能源消耗、地质灾害、土壤侵蚀、循环经济、水资源耗用、城市环境等领域开展了"脱钩"研究。另有学者对北京市、菏泽市、徐州市、云南省的资源环境压力与经济增长分析了其"脱钩"关系。在解耦研究方法上，中国工程院院士、东北大学陆钟武教授对 IPAT 方程中的变量进行了重新定义，并提出了国内生产总值与废弃物排放量之间的关系式（IeGTX 方程）。

国内资源环境领域的"脱钩"研究可归纳为评价类和关系类两类。前者主要探讨"脱钩"评价模式的分析、指标体系的构建、度量尺度界定等层面；后者是最近两年研究的最新成果，主要借助"脱钩"理论分析经济发展与资源消耗之间的响应关系。

五 当前研究存在的问题

通过对资源环境领域"脱钩"研究梳理发现，目前国内外研究集中在经济增长与环境污染、能源消费、交通量等问题上，对人类生存和发展的基础土地资源研究不多。近几年，国内开展的土地利用领域"脱钩"研究，关注较多的是耕地占用与经济增长或建设用地扩张与经济增长，而没有涉及其他用地类型如林地、草地、未利用地等重要的土地资源。

为了支撑社会经济的可持续发展，在探究经济增长的同时，如何尽可能地降低单位 GDP 土地资源利用量，使 GDP 增长与土地资源利用"脱钩"，为子孙后代留下宝贵的土地资源？土地资源利用与区域 GDP 增长的响应存在什么样的耦合关系？是可持续的还是不可持续的？诸如此类的问题还亟须得到关注和系统的研究。透视 GDP 增长的背后，土地资源利用和经济发展是否处于"可持续"状态，势必成为土地资源管理和区域可持续发展管理的重要课题。

六 主要研究内容

（一）辽宁省自 2001 年以来土地利用变化过程研究

现有文献表明，考察土地利用与 GDP 增长之间"脱钩"，一般选取耕地和建设用地。实际上，农用地除了耕地，还有园地、林地、牧草地和其他农用地，这些土地利用类型和耕地一样，都能促进第一产业增长。另外，未利用地作为重要的后备土地资源，理应得到高度重视和保护。从辽宁实际情况来看，近几年来，未利用地资源逐年减少。为此，本章增加考察园地、林地、牧草地、其他农用地和未利用地等土地利用类型变化特征。

2001—2008 年，我国采用《全国土地分类（试行）》（2001 年国土资源部）标准，土地分类包括农用地、建设用地和未利用地三大类，细分为耕地、园地、林地、草地、其他农用地、居民点及工矿用地、交通用地、水利设施用地、未利用地和其他土地 10 小类。各级国土资源部门提供的土地利用数据均以此为标准，与本章研究所需的数据吻合。土地利用变化过程采用土地利用变化态势、幅度、速度和程度等模型来考察。

（二）辽宁省农用地、建设用地、未利用地开发利用与 GDP 增长之间的"脱钩"关系

农用地包括耕地、园地、林地、牧草地和其他农用地，直接促进第一产业增长。建设用地利用，主要刺激了第二、第三产业发展，导致非农 GDP（第二、第三产业 GDP 之和）增长。未利用地资源既可开发用于耕地等农用地资源，刺激第一产业的发展，也可开发用于建设用地，刺激第二、第三产业发展，故未利用地考察其与 GDP（第一、第二、第三产业 GDP 之和）之间的"脱钩"轨迹。

因此，本章研究的 GDP 指标，主要选用农业 GDP、非农 GDP 和 GDP 三个，数据来源于《辽宁统计年鉴》。为了消除各时期价格变动的影响，保证数据的可比性，将历年现行价格换算为基准年（2001 年）不变价格。

（三）辽宁省土地资源可持续利用对策研究

土地资源可持续利用对策研究是本章的重点和最终目标。运用"脱钩"理论和模型，计算辽宁省近几年来土地资源利用是否与 GDP 增长"脱钩"。总体来说，"脱钩"计算结果用于判别土地资源是否可持续利用的准则是：农用地、建设用地、未利用地资源利用与 GDP 之间两两若不"脱钩"，说明 GDP 增长是以土地资源消耗为代价的，这样的经济发展是不可持续的；反之，若两者之间是"脱钩"的，说明 GDP 增长不是纯粹以资源消耗为代价，而是集约"内涵式"发展，是可持续的增长。为此，可以针对是否"脱钩"，有的放矢地提出土地资源可持续

利用对策。

七 研究思路和方法

（一）研究思路

本章通过借鉴"脱钩"理论，通过判别辽宁省近八年土地资源利用与 GDP 增长是否"脱钩"，来阐述和解释辽宁省土地资源利用与社会经济发展是否处于"可持续"的状态，并有针对性地提出土地资源可持续利用对策，从而保障和支持辽宁省社会经济可持续发展。

（二）研究方法

（1）文献分析法。根据本章的研究目的，通过查阅文献资料，了解土地资源领域"脱钩"研究的历史和现状，形成和提炼本章的理论观点、研究方法及思路。研究过程中通过收集、整理和分析土地利用变化、经济发展过程方面统计资料，形成本章研究对象的一般印象，以便于后续实证和定量研究。

（2）实证分析法。在研究过程中，到辽宁省各地市实地调研、观察和访问，了解土地利用、生态保护、经济发展等实际情况。并且根据从各相关职能部门获取的土地利用和经济数据，对实际数据进行统计处理，归纳出一般规律。

（3）定量分析法。分别运用土地利用变化模型和"脱钩"模型定量刻画辽宁省土地资源利用变化特征及土地资源利用变化与 GDP 增长"脱钩"的轨迹。从而科学地、精确地把握本质和揭示规律，厘清土地利用与 GDP 增长之间的关系。

第二节　辽宁省概况

一　自然地理概况

辽宁省地处东北经济区和环渤海经济区的重要接合部，海岸线东起鸭绿江口，西至山海关老龙头，全长 2178 千米。地理位置优越，面临渤海、黄海，东南以鸭绿江为界，与朝鲜民主主义人民共和国为邻，东、北、西三面与吉林、内蒙古和河北等省区接壤，是东北地区的经济中心和交通、通信枢纽。

辽宁省东部和西部为山地丘陵区，中部是广阔的辽河平原，构成明显的马鞍形地势，西部山地丘陵区东缘临海的狭长平原，是中国东北地区沟通华北地区的主要陆上通道。辽宁矿产资源丰富，门类齐全，已发现的矿藏有 100 多种，其中，铁、硼、菱镁石和金刚石等矿藏的储量居全国首位。

辽宁省属温带大陆性季风气候区，四季分明，夏季炎热多雨，冬季寒冷漫长，春秋短暂，年平均气温 6—11℃，水热同季，适合多种农作物生长，是全国重要的农副产品和商品粮食基地，盛产水稻、玉米和小麦等。

二　社会经济概况

辽宁省有距今 28 万年的金牛山遗址，是迄今为止辽宁省发现的最古老的一处人类栖息地。有距今约 5000 年的牛河梁红山文化遗址，即存在一个初具国家雏形的原始文明社会，说明辽宁省是中华民族文明的起源地之一。辽宁省还是中国封建清王朝的发祥地，域内有与北京故宫齐名的沈阳故宫和清初"三陵"（永陵、福陵和昭陵）。还有以雄奇险峻和战略位置重要而闻名遐迩的九门口长城。千山、医巫闾山、凤凰山、冰峪沟、鸭绿江、金石滩和本溪地下水洞等风景名胜久负盛名。总之，名山、秀水、奇石、异洞遍布辽东半岛和辽西走廊。

辽宁省经济发展迅速，至 2011 年，生产总值 22025.9 亿元，按可比价格计算，比上年增长 12.1%。其中，第一产业增加值 1915.6 亿元，增长 6.5%；第二产业增加值 12150.7 亿元，增长 14.1%；第三产业增加值 7959.6 亿元，增长 10.5%。三次产业构成为 8.7%、55.2%、36.1%。人均生产总值 50299 元，按可比价格计算，比上年增长 11.6%。辽宁省是我国重要的老工业基地之一，工业发展开始于 19 世纪末 20 世纪初，目前辽宁省工业有 39 个大类、197 个中类、500 多个小类，是我国工业行业最全的省份之一。辽宁省装备制造业和原材料工业比较发达，冶金矿业、输变电、石化通用、金属机床等重大装备类产品和钢铁、石油化学工业在全国占有重要位置。

三　土地利用概况

根据土地变更调查，辽宁省土地利用呈现以下特点：①土地利用类型多样。辽宁省地貌总体上呈"六山一水三分田"格局，自西向东依次为低山丘陵、平原和山地，孕育了丰富多样的土地利用类型；②土地利用程度较高，耕地后备资源不足，耕地后备资源开发利用潜力有限；

③建设用地集约利用水平城乡分异明显。2010 年，辽宁省城镇化率达
到 62.15%，远高于全国城镇化平均水平 51.2%，农村人均居民点用地
数量较城镇人均用地偏大。

四 生态环境概况

在辽宁省非农经济的发展和生态省建设不断推进的同时，进行新型
工业化建设，发展农村循环经济，加强生态环境保护建设对于工业化发
展中的资源与环境保护具有十分重要的现实意义。

近年来，辽宁省以面源污染治理为重点，做到建管并重、工程治理
与整顿保护并举，加大对工农业污染的防治力度，减轻对生态环境的污
染。切实治理农村生活污染，积极推进农村旧村改造和农村新能源开发
等工程，从源头上减少污染物的产生。遵循市场经济规律，根据效益原
则引导广大农民积极调整种植结构，鼓励施用有机肥，逐步减少化肥和
农药的使用量，大力发展生态农业和无公害农业，降低农业生产的面源
污染。尽快启动生态示范区建设工程，有效地做好农村生态的综合整治
工作，改变湖泊周边污染状况，加大对重点污染企业的监督和治理力
度，生态建设取得了明显成效，但其生态环境问题依然严峻。

第三节 辽宁省土地利用变化研究

一 土地利用数据来源

在研究土地利用与 GDP 增长互动关系之前，我们有必要先分析辽
宁省土地利用变化特征。本章土地利用数据来源于辽宁省国土资源厅提
供的 2001—2008 年辽宁省土地利用变更调查资料（见表 2-1）。需要
说明的是，由于数据获取的限制性，没有收集到最新变更调查数据，故
只能分析到 2008 年。

二 土地利用变化态势

根据表 2-1 的数据，可以得出 2001—2008 年辽宁省三大土地利用
类型变化态势图（见图 2-1）。由于土地利用变化幅度、速度和程度都
分析到各类用地，为了不重复，土地利用变化态势仅从农用地、建设用
地和未利用地三大类进行分析。

表 2 - 1 　　　　　　　　　2001—2008 年辽宁省土地资源利用　　　　单位：公顷

年份	农用地	耕地	园地	林地	牧草地	其他农用地
2001	11248585.92	4163029.43	595122.31	5628437.65	373616.87	488379.65
2002	11247733.74	4139227.48	602270.49	5643448.06	373031.73	489755.98
2003	11249951.84	4073653.86	607036.07	5709378.03	369906.79	489977.09
2004	11237360.22	4098134.85	599339.27	5687866.17	352682.1	499337.83
2005	11228425.35	4090842.07	598210.61	5690142.53	349876.27	499353.86
2006	11231311.57	4085130.43	597728.86	5699975.06	348667.63	499809.59
2007	11229628.65	4085167.97	596948.04	5699385.62	348586.91	499540.11
2008	11227948.47	4085283.48	596333.85	5698568.43	348536.78	499225.93

年份	建设用地	其中			未利用地	其中	
		居民点及工矿用地	交通用地	水利设施用地		未利用地	其他土地
2001	1317671.1	1097529.75	78834.96	141306.39	2240113.71	1413014.2	827099.51
2002	1322823.94	1100431.4	80246.38	142146.16	2235813.05	1409874.12	825938.93
2003	1326546.15	1104283.02	80255.82	142007.31	2229872.74	1404208.59	825664.15
2004	1362841.92	1127435.44	87474.04	147932.44	2206168.59	1383899.9	822268.69
2005	1370092.37	1133995.58	88158.97	147937.82	2207853.01	1382385.84	825467.17
2006	1379635.28	1142042.32	89515.1	148077.86	2195423.87	1373766.24	821657.63
2007	1391332.33	1152360.39	90904.27	148067.66	2185409.75	1367791.55	817618.19
2008	1398821.53	1159087.86	91648.05	148085.62	2179600.73	1363219.21	816381.51

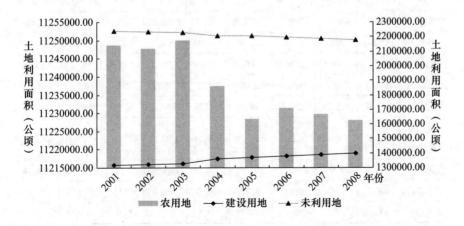

图 2 - 1　辽宁省 2001—2008 年三大用地变化态势

从图 2 - 1 可以看出，辽宁省农用地在 2001—2008 年总体上呈现减少趋势，但有所波动。在 2002—2003 年和 2005—2006 年两段时间节点上，农用地略有增加。建设用地一直呈现增加趋势，尤其在 2003 年之后，增加态势明显加快，说明随着国家实施"东北振兴"计划，刺激了建设用地需求。未利用地除个别年度基本持平外，总体上看，一直保持下降态势。

三 土地利用变化幅度

土地利用变化幅度是指土地利用类型在面积方面的变化幅度，它反映了不同类土地在总量上的变化。其数学表达式为：

$$\Delta U = (U_b - U_a) \tag{2-1}$$

式中，U_a、U_b 分别为研究期初和期末某一土地类型的面积；ΔU 为研究时段内某一土地类型的变化幅度。

利用上述数据，对 2001—2008 年辽宁省土地利用变化幅度逐年进行统计，得出表 2 - 2 的结果。

表 2 - 2　　　　　　2001—2008 年辽宁省土地利用变化幅度　　　单位：公顷

地类	年度幅度							总幅度	年均幅度
	2001—2002 年	2002—2003 年	2003—2004 年	2004—2005 年	2005—2006 年	2006—2007 年	2007—2008 年		
农用地	-852.18	2218.1	-12591.62	-8934.87	2886.23	-1682.92	-1680.19	-20637.45	-2948.21
耕地	-23801.95	-65573.62	24480.99	-7292.77	-5711.65	37.55	115.51	-77745.95	-11106.56
园地	7148.18	4765.58	-7696.80	-1128.66	-481.75	-780.82	-614.19	1211.54	173.08
林地	15010.41	65929.97	-21511.85	2276.36	9832.53	-589.44	-817.19	70130.77	10018.68
牧草地	-585.14	-3124.93	-17224.69	-2805.83	-1208.63	-80.72	-50.13	-25080.09	-3582.87
其他农用地	1376.33	221.11	9360.74	16.03	455.73	-269.49	-314.18	10846.27	1549.47
建设用地	5152.84	3722.21	36295.77	7250.45	9542.91	11697.05	7489.21	81150.43	11592.92
居民点及工矿用地	2901.65	3851.62	23152.42	6560.14	8046.74	10318.07	6727.47	61558.11	8794.02
交通用地	1411.42	9.44	7218.22	684.93	1356.13	1389.17	743.78	12813.09	1830.44
水利设施用地	839.77	-138.85	5925.13	5.38	140.04	-10.2	17.96	6779.23	968.46
未利用地	-4300.66	-5940.31	-23704.15	1684.42	-12429.13	-10014.13	-5809.02	-60512.98	-8644.71

从表 2 - 2 中可以看出：（1）近八年来，辽宁省农用地总量减少 20637.45 公顷，年均减少 2948.21 公顷。建设用地总量增加 81150.43 公顷，年均增加 11592.92 公顷。未利用地总量减少 60512.98 公顷，年均减少 8644.71 公顷。可以看出，建设用地扩张以占用未利用地为主，占 74.6%。（2）农用地类型中，耕地和牧草地总体上呈减少趋势，分别减少 77745.95 公顷和 25080.09 公顷。而园地、林地和其他农用地年度上尽管有增有减，但总体上都有增加，其中，林地增加幅度最大，达 70130.77 公顷，其次为其他农用地和园地。（3）建设用地类型中，居民点及工矿用地、交通用地与建设用地总体变化趋势一致，每年都在增加。水利设施用地除 2002—2003 年、2006—2007 年略有减少外，其他年度也逐年增加。总体上看，以居民点及工矿用地增加最多，达 61558.11 公顷，其次为交通用地和水利设施用地。

四　土地利用变化速度

土地利用动态度可以定量描述区域土地利用变化速度，它对比较土地利用变化的区域差异和预测未来趋势都具有积极的作用。

（一）单一土地利用动态度

单一土地利用类型动态度可以表达区域在一定时间内某种土地利用类型的数量变化速度，数学表达式为：

$$R_s = \frac{U_b - U_a}{U_a} \times \frac{1}{T} \times 100\% \qquad (2-2)$$

式中，U_a、U_b 分别为研究期初和研究期末某一种土地利用类型的面积，T 为研究时段。当 T 设定为年时，R_s 为研究时段内某一土地利用类型的年变化率。

根据上述公式，计算出各种土地利用类型变化的动态度，见表 2 - 3。

表 2 - 3　　　　　2001—2008 年辽宁省单一土地利用变化动态度　　　　单位:%

地类	年度动态度							总动态度	年均动态度
	2001—2002 年	2002—2003 年	2003—2004 年	2004—2005 年	2005—2006 年	2006—2007 年	2007—2008 年		
农用地	- 0.01	0.02	- 0.11	- 0.08	0.03	- 0.01	- 0.01	- 0.03	- 0.03
耕地	- 0.57	- 1.58	0.6	- 0.18	- 0.14	0	0	- 0.27	- 0.27
园地	1.2	0.79	- 1.27	- 0.19	- 0.08	- 0.13	- 0.1	0.03	0.03

地类	年度动态度							总动态度	年均动态度
	2001—2002 年	2002—2003 年	2003—2004 年	2004—2005 年	2005—2006 年	2006—2007 年	2007—2008 年		
林地	0.27	1.17	-0.38	0.04	0.17	-0.01	-0.01	0.18	0.18
牧草地	-0.16	-0.84	-4.66	-0.8	-0.35	-0.02	-0.01	-0.96	-0.98
其他农用地	0.28	0.05	1.91	0	0.09	-0.05	-0.06	0.32	0.32
建设用地	0.39	0.28	2.74	0.53	0.7	0.85	0.54	0.88	0.86
居民点及工矿用地	0.26	0.35	2.1	0.58	0.71	0.9	0.58	0.8	0.78
交通用地	1.79	0.01	8.99	0.78	1.54	1.55	0.82	2.32	2.21
水利设施用地	0.59	-0.1	4.17	0	0.09	-0.01	0.01	0.69	0.68
未利用地	-0.19	-0.27	-1.06	0.08	-0.56	-0.46	-0.27	-0.39	-0.39

表 2-3 中数据正值表示研究期间该土地利用类型数量面积增加，负值则表示减少，数值绝对值的大小则表示增减变化速度快慢。从表 2-3 中数据可以看出：

（1）从年度动态度上看，交通用地出现四次较快的增长，分别在 2001—2002 年、2003—2004 年、2005—2006 年、2006—2007 年。园地在 2001—2008 年间发生两次较大调整。牧草地、其他农用地、建设用地、居民点及工矿用地、水利设施用地和未利用地均在 2003—2004 年出现一次较大的调整和波动，其中，递减速度最快的为牧草地，达 -4.66%，增加速度最快的为水利设施用地，达 4.17%。而耕地和林地均在 2002—2003 年发生较大波动，其中，耕地动态度为 -1.58%，林地为 1.17%。农用地总量变化动态度相对各类农用地来说，较为平缓，可能是农业内部结构调整的缘故。

（2）从总动态度看，总动态度变化方向和总幅度变化方向一致。总动态值最大的为交通用地，其次为牧草地、建设用地、居民点及工矿用地和水利设施用地，说明辽宁省近八年期间大力发展交通、水利设施等基础设施建设，建设用地增速较快。

（3）从年均动态度看，年均动态度较接近于总动态度，当然，也有所区别和差异。总动态度反映的是 2001—2008 年总的变化速度，而年均动态度是该研究期间平均每年的变化速度。

（二）综合土地利用动态度

区域综合土地利用动态度可描述区域土地利用变化的速度，用公式表示为：

$$R_t = \frac{\sum\limits_{i=1}^{n} |U_{bi} - U_{ai}|}{2\sum\limits_{i=1}^{n} U_{ai}} \times \frac{1}{T} \times 100\%$$

$$= \frac{\sum\limits_{i=1}^{n} |\Delta U_{in-i} - \Delta U_{out-i}|}{2\sum\limits_{i=1}^{n} U_{ai}} \times \frac{1}{T} \times 100\% \qquad (2-3)$$

式中，U_{ai}、U_{bi} 分别为研究期初和期末第 i 类土地利用类型面积，ΔU_{in-i} 为研究期间其他类型转变为 i 类型的面积之和，ΔU_{out-i} 为 i 类型转变为其他类型的面积之和，T 为研究时段。当 T 设定为年时，R_t 的值就是该研究区域土地利用年综合变化率。

根据上述公式，计算出辽宁省综合土地利用动态度，见表 2 - 4。

表 2 - 4　　　　　2001—2008 年辽宁省综合土地利用动态度　　　　单位:%

项目	年度综合动态度							2001—2008 年综合动态度	年均综合动态度
时间	2001—2002 年	2002—2003 年	2003—2004 年	2004—2005 年	2005—2006 年	2006—2007 年	2007—2008 年		
动态度	0.19	0.51	0.47	0.09	0.13	0.08	0.05	0.16	0.22

表 2 - 4 中的数据表明，从年度综合动态度看，辽宁省各类用地变化综合动态度最快的为 2002—2003 年和 2003—2004 年。这可能由于 2003 年国家开始实施 "东北振兴" 计划，利好政策极大地刺激和释放了辽宁省土地开发利用的热潮。2001—2008 年，辽宁省综合土地利用动态度为 0.16%，而年均综合动态度达 0.22%，说明辽宁省近八年期间，各类土地利用在以 0.2% 的速度发生变化。

五　土地利用变化程度

研究土地利用程度的变化，可以进一步认识土地利用变化的发展程度和驱动力系统的作用方式。一般采用一些间接指标来衡量土地利用程度，如土地利用率（已利用土地面积／土地总面积）、土地垦殖率（耕地面积／土地总面积）、土地农业利用率（农业用地面积／土地总面积）、土地建设利用率（建设用地面积／土地总面积）和林地覆盖率（林地面积／土地总面积）等。

经计算，将研究区域土地利用程度各项指标列表如表2-5所示。

表 2-5　　　　　　　　2001—2008 年辽宁省土地利用程度　　　　　　单位:%

年份	土地利用程度指标				
	土地利用率	土地垦殖率	土地农业利用率	土地建设利用率	林地覆盖率
2001	84.87	28.12	75.97	8.9	38.01
2002	84.9	27.96	75.97	8.93	38.11
2003	84.94	27.51	75.98	8.96	38.56
2004	85.1	27.68	75.90	9.2	38.41
2005	85.09	27.63	75.84	9.25	38.43
2006	85.17	27.59	75.85	9.32	38.5
2007	85.24	27.59	75.84	9.4	38.49
2008	85.28	27.59	75.83	9.45	38.49
2001—2008	0.41	-0.53	-0.14	0.55	0.47

从表2-5可以看出，辽宁省土地利用率较高，高于全国平均水平的77.60%，且呈上升趋势，八年增加了0.41%。土地垦殖率远高于全国平均水平的14.21%，呈稳中有降态势。土地农业利用率也高于全国平均水平的65.88%，略呈下降趋势。土地建设利用率低于全国平均水平，但呈快速增长趋势，八年增加了0.55%。林地覆盖率远高于全国平均水平的13.93%，且呈稳中有升态势。

为了反映土地总体利用程度及其变化，可采用土地利用的综合分析方法，相对土地利用率、土地垦殖率等指标也能较好地反映一个地区的土地利用程度。刘纪远等从生态学角度出发，按照土地自然综合体在社会因素影响下的自然平衡状态将土地利用程度分为4级，并赋予分级指数（见表2-6）。土地利用程度综合指数的大小可以反映土地利用总体利用程度的高低，其计算公式为：

$$L_a = 100 \times \sum_{i=1}^{n} (A_i \times C_i), L_a \in [100, 400] \qquad (2-4)$$

式中，L_a 为土地利用程度综合指数，A_i 为第 i 级土地利用程度分级指数，C_i 为第 i 级土地利用程度分级面积的百分比。

表 2-6　　　　　　　　　　土地利用类型分级

分级	未利用土地级	林、草、水用地级	农业用地级	城镇聚落用地级
土地利用类型	未利用地	林地、草地、水域	耕地	建设用地
分级指数	1	2	3	4

为了反映区域土地利用程度的变化量，可采用土地利用程度变化参数，其计算公式为：

$$\Delta L_{b-a} = L_b - L_a \qquad (2-5)$$

式中，L_b 和 L_a 分别为 b 时间与 a 时间区域土地利用程度综合指数。

根据上述公式，求得各时期的土地利用程度综合指数和土地利用程度变化参数，见表 2-7。

表 2-7　　辽宁省 2001—2008 年土地利用程度综合指数和变化参数

年份	2001	2002	2003	2004	2005	2006	2007	2008
综合指数	230.79	230.72	230.37	231.19	231.22	231.4	231.62	231.77
年份	2001—2002	2002—2003	2003—2004	2004—2005	2005—2006	2006—2007	2007—2008	2001—2008
变化参数	-0.06	-0.35	0.82	0.04	0.17	0.23	0.14	0.98

从表 2-7 可以看出，辽宁省土地利用程度综合指数除前两年略有下降外，从 2003 年开始，在逐年升高。其中，2003—2004 年变化参数最大，达 0.82。总体上看，八年间土地利用程度指数一共增加了 0.98，说明辽宁省土地资源开发利用程度在逐渐加深。

第四节　辽宁省土地利用与 GDP 增长"脱钩"研究

一　GDP 数据来源与处理

为了与本章第三节土地利用变化分析内容相对应，本节土地利用与GDP 增长研究中的 GDP 也选取 2001—2008 年期间的数据。本节 GDP数据来源于 2001—2008 年《辽宁统计年鉴》，见表 2 - 8。

表 2 - 8 　　　　　 **2001—2008 年辽宁省 GDP 产值（现价）**　　　单位：亿元

年份	生产总产值	第一产业	第二产业	第三产业
2001	5033.08	544.44	2440.55	2048.09
2002	5458.22	590.2	2609.85	2258.17
2003	6002.54	615.8	2898.89	2487.85
2004	6672.01	798.43	3061.63	2811.95
2005	8047.26	882.41	3869.4	3295.45
2006	9304.52	939.43	4566.84	3798.25
2007	11164.3	1133.4	5544.16	4486.74
2008	13668.58	1302.02	7158.84	5207.72

为了消除各时期价格变动的影响，保证数据的可比性，将历年现行价格换算为基准年（2001 年）不变价格。

根据《辽宁统计年鉴》提供的生产总值指数（1952 年 = 100）（见表2 - 9），可以换算出（2001 年 = 100）的生产总值指数，见表 2 - 10。

然后，以 2001 年为基准年，根据表 2 - 10 的生产总值指数，可以将表 2 - 8 现行价格转换为 2001 年的不变价格（见表 2 - 11），该数据将用于后续的"脱钩"研究。

表 2 - 9　　　　　　　　生产总值指数（1952 年 = 100）

年份	生产总产值	第一产业	第二产业	第三产业
1952	100	100	100	100
2001	4555.1	580	7024.2	5973.3
2002	5019.7	628.7	7712.6	6648.3
2003	5596	673.8	8657.8	7423.3
2004	6312	726.9	10041.4	8214.6
2005	7113.6	784.3	11487.4	9208.6
2006	8123.8	833.7	13451.7	10396.5
2007	9342.3	867.1	15846.1	11904
2008	10594.2	921.7	18397.3	13284.8

表 2 - 10　　　　　　　　生产总值指数（2001 年 = 100）

年份	生产总产值	第一产业	第二产业	第三产业
1952	2.20	17.24	1.42	1.67
2001	100	100	100	100
2002	110.20	108.40	109.80	111.30
2003	122.85	116.17	123.26	124.27
2004	138.57	125.33	142.95	137.52
2005	156.17	135.22	163.54	154.16
2006	178.35	143.74	191.51	174.05
2007	205.10	149.50	225.59	199.29
2008	232.58	158.91	261.91	222.40

表 2 - 11　　　　2001—2008 年辽宁省 GDP 产值（不变价）　　　单位：亿元

年份	生产总产值	第一产业	第二产业	第三产业
2001	5033.08	544.44	2440.55	2048.09
2002	5546.43	590.15	2679.73	2279.53
2003	6183.20	632.49	3008.14	2545.26

续表

年份	生产总产值	第一产业	第二产业	第三产业
2004	6974.34	682.33	3488.87	2816.57
2005	7860.05	736.21	3991.28	3157.39
2006	8976.25	782.59	4673.78	3564.69
2007	10322.61	813.94	5505.71	4081.57
2008	11705.88	865.19	6392.12	4555.01

二 辽宁省 GDP 变化态势

根据表 2-11 数据，可得出辽宁省 GDP 变化态势，见图 2-2。

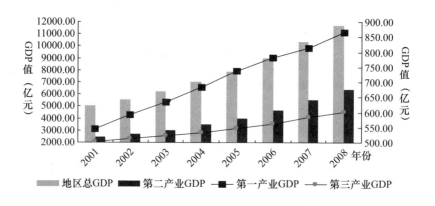

图 2-2 辽宁省 GDP 变化态势

表 2-11 和图 2-2 可以看出，在 2001—2008 年间，辽宁省 GDP 总量从 5033.08 亿元增加到 11705.88 亿元（2001 年不变价格），增长 1 倍多，包括第一、第二、第三产业在内的三大产业均得到不同程度的增长。三大产业中，第一产业比重最小，约占 10%，且比重逐年有所下降。而第二、第三产业大约各占半壁江山，第二产业比第三产业稍多一些，第二产业大约占 50%，第三产业大约占 40%。

三 "脱钩"研究模型改进

正如前文所述，考察土地利用与 GDP 增长"脱钩"轨迹的模型较多，如"脱钩"指数法、弹性分析法、差分回归系数法和基于完全分解技术的"脱钩"分析方法等。考虑本章的研究需要，借鉴和改进 Tapio2005 年提出的弹性分析法，将其改进为单位 GDP"地耗"系数计算。其计算公式为：

$$D_i = \frac{\Delta LUC/[\, n \times (LU_{i初} + LU_{i末})/2\,]}{\Delta GDP/[\, n \times (GDP_{初} + GDP_{末})/2\,]}$$

$$= \frac{(LU_{i末} - LU_{i初})/[\, n \times (LU_{i初} + LU_{i末})/2\,]}{(GDP_{末} - GDP_{初})/[\, n \times (GDP_{初} + GDP_{末})/2\,]} \qquad (2-6)$$

式中，D_i 为第 i 类土地资源"地耗"系数；$LU_{i末}$、$LU_{i初}$ 分别为第 i 类土地资源研究期末和期初面积；$GDP_{末}$、$GDP_{初}$ 分别为研究期末和期初 GDP 值；ΔLUC、ΔGDP 分别为土地利用变化和 GDP 增长幅度；n 为研究期限，若为隔年，则 $n=1$。

根据辽宁省土地利用变化和 GDP 增长数据，运用计算公式，考察研究区域年度系列上土地利用变化量（ΔLUC）与 GDP 增长量（ΔGDP）之间是否"脱钩"以及"脱钩"程度如何。"地耗"系数与"脱钩"判断是一脉相承的，"地耗"系数越高，说明两者的依赖性越强，"脱钩"程度越低。

根据本章研究需要，提出"脱钩"程度的判断准则，见图 2-3。

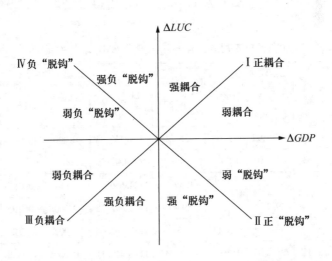

图 2-3　土地利用变化与 GDP 增长的耦合和"脱钩"判断准则

当处于第一象限时，$\Delta GDP > 0$，$\Delta LUC > 0$，GDP 增长，土地利用面

积也在增加，说明两者处于正耦合阶段。其中，当 $0 < D_i < 1$ 时，两者为弱耦合状态；当 $D_i \geqslant 1$ 时，两者为强耦合状态。当处于第二象限时，$\Delta GDP > 0$，$\Delta LUC < 0$，GDP 增长，但土地利用面积却在减少，说明两者处于正"脱钩"阶段。其中，当 $0 > D_i \geqslant -1$ 时，两者为弱负"脱钩"状态；当 $D_i < -1$ 时，两者为强负"脱钩"状态，这是最理想的状态。当处于第三象限时，$\Delta GDP < 0$，$\Delta LUC < 0$，GDP 减少，土地利用面积也在减少，说明两者处于负耦合阶段。其中，当 $0 < D_i < 1$ 时，两者为弱负耦合状态；当 $D_i \geqslant 1$ 时，两者为强负耦合状态。当处于第四象限时，$\Delta GDP < 0$，$\Delta LUC > 0$，GDP 减少，而土地利用面积却在增加，说明两者处于正"脱钩"状态。其中，当 $D_i < -1$ 时，两者为强"脱钩"状态，这是最不理想的状态；当 $0 > D_i \geqslant -1$ 时，两者为弱"脱钩"状态。

四 农用地变化与第一产业 GDP 关系

（一）总农业用地与第一产业 GDP 关系

第一产业 GDP 主要由农业用地产出，将总农用地和第一产业 GDP 分别作为整体变量，采用"脱钩"模型，考察两者之间的耦合关系。根据表 2 - 1、表 2 - 11 数据和式（2 - 6），可得出表 2 - 12 的结果。

表 2 - 12　　辽宁省总农用地变化与第一产业 GDP 增长关系

年份	ΔGDP（亿元）	（GDP$_{末}$ + GDP$_{初}$）/2（亿元）	比值	ΔLUC（公顷）	（LU$_{末}$ + LU$_{初}$）/2（公顷）	比值	"地耗"系数	"脱钩"状态
2001—2002	45.71	567.2971	0.0806	-852.18	11248159.83	-0.0001	-0.0009	弱"脱钩"
2002—2003	42.33	611.3216	0.0693	2218.1	11248842.79	0.0002	0.0028	弱耦合
2003—2004	49.84	657.4113	0.0758	-12591.62	11243656.03	-0.0011	-0.0148	弱"脱钩"
2004—2005	53.88	709.2739	0.076	-8934.87	11232892.78	-0.0008	-0.0105	弱"脱钩"
2005—2006	46.37	759.3999	0.0611	2886.23	11229868.46	0.0002	0.0042	弱耦合
2006—2007	31.35	798.2617	0.0393	-1682.92	11230470.11	-0.0001	-0.0038	弱"脱钩"
2007—2008	51.25	839.564	0.061	-1680.19	11228788.56	-0.0001	-0.0025	弱"脱钩"

从表 2 - 12 可以看出，在 2001—2008 年间，辽宁省农用地变化与

第一产业 GDP 增长之间呈现弱"脱钩"和弱耦合的动态转换状态，但以弱"脱钩"为主，说明第一产业 GDP 增长并没有以消耗农用地资源为代价，而是在向集约式、精细化农业发展。但是，从"地耗"系数值和"脱钩"状态的摇摆不定可以看出，要实现辽宁省农用地利用与第一产业 GDP 增长完全"脱钩"，还任重道远，农业土地集约利用水平和技术的提升还有很大的潜力和空间。

（二）各类农业用地变化与第一产业 GDP 关系

根据上述方法，我们可以求出辽宁省各类农用地包括耕地、园地、林地、牧草地和其他农用地的变化与第一产业 GDP 增长之间的关系（见表 2 - 13）。

表 2 - 13　辽宁省各类农业用地变化与第一产业 GDP 增长关系

年份	耕地		园地		林地		牧草地		其他农用地	
	系数	状态	系数	状态	系数	状态	系数	状态	系数	状态
2001—2002	-0.0712	弱"脱钩"	0.1482	弱耦合	0.0331	弱耦合	-0.0195	弱"脱钩"	0.0349	弱耦合
2002—2003	-0.2306	弱"脱钩"	0.1138	弱耦合	0.1677	弱耦合	-0.1215	弱"脱钩"	0.0065	弱耦合
2003—2004	0.079	弱耦合	-0.1683	弱"脱钩"	-0.0498	弱"脱钩"	-0.6288	弱"脱钩"	0.2496	弱耦合
2004—2005	-0.0234	弱"脱钩"	-0.0248	弱"脱钩"	0.0053	弱耦合	-0.1051	弱"脱钩"	0.0004	弱耦合
2005—2006	-0.0229	弱"脱钩"	-0.0132	弱"脱钩"	0.0283	弱耦合	-0.0567	弱"脱钩"	0.0149	弱耦合
2006—2007	0.0002	弱耦合	-0.0333	弱"脱钩"	-0.0026	弱"脱钩"	-0.0059	弱"脱钩"	-0.0137	弱"脱钩"
2007—2008	0.0005	弱耦合	-0.0169	弱"脱钩"	-0.0023	弱"脱钩"	-0.0024	弱"脱钩"	-0.0103	弱"脱钩"

由表 2 - 13 可以看出，除牧草地与第一产业 GDP 一直处于弱"脱钩"状态外，其他四种农业地类型与第一产业 GDP 耦合关系处于反复状态，有弱"脱钩"也有弱耦合。总体上看，在 2001—2008 年间，耕地变化与第一产业 GDP 增长之间四次弱"脱钩"、三次弱耦合，园地五次弱"脱钩"、两次弱耦合。而林地四次弱耦合、三次弱"脱钩"，其他农用地五次弱耦合、两次弱"脱钩"。说明辽宁省在 2001—2008 年间，第一产业 GDP 增加与林地和其他农用地资源投入农业生产有较大关联，其次是耕地和园地，而牧草地利用与第一产业 GDP 的关联最小。

五　建设用地变化与非农 GDP 关系

（一）总建设用地与非农 GDP 关系

建设用地包括居民点及工矿用地、交通用地和水利设施用地，其对区域经济发展的贡献主要体现在第二产业和第三产业 GDP。为了研究方便，将第二产业 GDP 和第三产业 GDP 合并，称为非农 GDP。同样，先将总建设用地和非农 GDP 分别作为整体变量，采用"脱钩"模型，考察两者之间的耦合关系（见表 2 – 14）。

表 2 – 14　　　　　辽宁省总建设用地变化与非农 GDP 增长关系

年份	ΔGDP	（GDP_末 + GDP_初）/2	比值	ΔLUC	（LU_末 + LU_初）/2	比值	"地耗" 系数	"脱钩" 状态
2001—2002	470.62	4723.95	0.0996	5152.84	1320247.52	0.0039	0.0392	弱耦合
2002—2003	594.14	5256.33	0.113	3722.21	1324685.04	0.0028	0.0249	弱耦合
2003—2004	752.05	5929.42	0.1268	36295.77	1344694.03	0.027	0.2128	弱耦合
2004—2005	843.23	6727.06	0.1253	7250.45	1366467.15	0.0053	0.0423	弱耦合
2005—2006	1089.79	7693.57	0.1416	9542.91	1374863.83	0.0069	0.049	弱耦合
2006—2007	1348.81	8912.88	0.1513	11697.05	1385483.8	0.0084	0.0558	弱耦合
2007—2008	1359.85	10267.21	0.1324	7489.21	1395076.93	0.0054	0.0405	弱耦合

由表 2 – 14 可以看出，建设用地面积伴随着非农 GDP 增加而不断扩张，但两者之间一直处于弱耦合状态，而且"地耗"系数有上升趋势。说明目前辽宁省的第二、第三产业 GDP 增长与城镇建设用地扩张有较大关联，还是在走外延式扩张的发展道路。当前，辽宁省城市化率已经达到 62.1%，远超过了全国平均水平的 51%。因此，走内涵提升式发展道路，集约和节约利用城市土地，提高土地利用效率，应当是辽宁省未来建设用地的首选目标。

（二）各类建设用地与非农 GDP 关系

各类建设用地包括居民点及工矿用地、交通用地和水利设施用地，建设用地对 GDP 贡献主要体现在非农 GDP，为此，着重研究各类建设用地变化与非农 GDP 增长的关系（见表 2 – 15）。

如表 2 – 15 所示，除水利设施用地在两个年度与非农 GDP 增长处于弱"脱钩"状态外，和总建设用地一样，各类建设用地与非农 GDP 增长大多都处于弱耦合状态。2003—2004 年，各类建设用地"地耗"系数都发生较大变化，上升幅度挺大，导致总体建设用地"地耗"系数达到 0.21，说明这一年辽宁省投入了大量基础设施建设，其与 GDP 发展的耦合度也较高。

表 2 – 15 　　　　　辽宁省各类建设用地变化与非农 GDP 增长关系

年份	居民点及工矿用地		交通用地		水利设施用地	
	系数	状态	系数	状态	系数	状态
2001—2002	0.0265	弱耦合	0.1781	弱耦合	0.1055	弱耦合
2002—2003	0.0309	弱耦合	0.0010	弱耦合	− 0.015	弱"脱钩"
2003—2004	0.1636	弱耦合	0.6786	弱耦合	0.5442	弱耦合
2004—2005	0.0463	弱耦合	0.0622	弱耦合	0.0005	弱耦合
2005—2006	0.0499	弱耦合	0.1078	弱耦合	0.011	弱耦合
2006—2007	0.0594	弱耦合	0.1018	弱耦合	− 0.0007	弱"脱钩"
2007—2008	0.0439	弱耦合	0.0615	弱耦合	0.003	弱耦合

六　未利用地变化与 GDP 关系

未利用地本身并不创造 GDP，但是，由于辽宁省每年未利用地都在减少，说明这减少的未利用地都转化为农用地或建设用地。为此，我们可以考察每年投入生产和建设的那部分未利用地与 GDP（第一、第二、第三产业之和）之间的关系（见表 2 – 16）。需要说明的是，由于未利用地特殊情况，与前面地类有区别的是，其变化幅度 $\Delta LUC = LU_{初} - LU_{末}$，其余计算方式不变。

表 2 – 16 　　　　　辽宁省未利用地变化与 GDP 增长关系

年份	ΔGDP（亿元）	（GDP$_{末}$ + GDP$_{初}$）/2（亿元）	比值	ΔLUC（公顷）	（LU$_{末}$ + LU$_{初}$）/2（公顷）	比值	"地耗"系数	"脱钩"状态
2001—2002	513.35	5289.756	0.097	4300.66	2237963.4	0.0019	0.0198	弱耦合
2002—2003	636.77	5864.818	0.1086	5940.31	2232842.9	0.0027	0.0245	弱耦合
2003—2004	791.13	6578.771	0.1203	23704.15	2218020.7	0.0107	0.0889	弱耦合
2004—2005	885.71	7417.194	0.1194	− 1684.42	2207010.8	− 0.0008	− 0.0064	弱"脱钩"
2005—2006	1116.2	8418.153	0.1326	12429.13	2201638.4	0.0056	0.0426	弱耦合
2006—2007	1346.36	9649.435	0.1395	10014.13	2190416.8	0.0046	0.0328	弱耦合
2007—2008	1383.27	11014.25	0.1256	5809.02	2182505.2	0.0027	0.0212	弱耦合

由表 2 - 16 可以看出，除 2004—2005 年未利用地有所增加，而导致其与 GDP 增长弱"脱钩"外，其余年度未利用地逐年减少，转变为已利用地，与 GDP 增长呈弱耦合趋势，说明辽宁省经济增长有赖于未利用地资源的开发利用。但是，也可以看出，辽宁省未利用地资源开发与 GDP 增长之间的"地耗"系数，呈下降趋势，说明辽宁省政府已注意到了未利用地开发与保护并重，注重了未利用地资源的长远和持续利用，尽可能集约和节约开发利用未利用地资源。

第五节　辽宁省土地资源利用与 GDP 增长"脱钩"对策

通过本章第三、第四节对辽宁省近八年土地资源利用特征及其与 GDP 增长"脱钩"轨迹分析，我们可以从中找出一些普适性规律，以提出指导和解决辽宁省土地资源利用与 GDP"脱钩"的对策和建议。

一　关于土地资源利用变化特征的结论

根据第三节分析，我们发现，2001—2008 年，辽宁省农用地减少 20637.45 公顷。其中，耕地和牧草地减少，而林地、园地和其他农用地增加。建设用地增加 81150.43 公顷，未利用地减少 60512.98 公顷，说明随着辽宁省社会经济的发展，农用地被建设用地扩张占用，尤其以耕地和牧草地减少为特征。但相比农用地的减少，建设用地扩张是以占用未利用地为主，占 74.6%。

2001—2008 年，耕地、林地、牧草地和其他农用地均发生一次较大变化，而园地发生两次，但农用地总量变化动态度较为平缓，说明研究期间，辽宁省农业内部结构发生了较大调整。2003—2004 年，各类建设用地、未利用地和园地、牧草地、其他农用地等都发生较快的变化，说明这一年全省土地利用发生较大调整。这可能由于 2002 年国家开始实施"东北振兴"计划，利好政策极大地刺激和释放了辽宁省土地开发利用的热潮。总体上看，交通用地、水利设施用地等建设用地变化较为明显，说明辽宁省近八年间大力发展交通、水利设施等基础设施建设，建设用地增速较快。

辽宁省土地利用率、土地垦殖率、土地农业利用率和林地覆盖率均高于全国平均水平，土地建设利用率却低于全国平均水平，说明辽宁省整体上还是以农业生产为主的省份。总体上看，八年间，土地利用程度指数增加了 0.98，说明辽宁省土地资源开发利用程度在逐渐加深。

二　关于土地资源利用与 GDP 增长"脱钩"关系的结论

相比农用地、建设用地和未利用地或增或减的变化，2001—2008 年，辽宁省 GDP 和包括第一、第二、第三产业在内的三大产业均得到不同程度的增长。通过分析农用地与第一产业 GDP 增长的"脱钩"，可以发现，辽宁省农用地变化与第一产业 GDP 增长之间关系以弱"脱钩"为主，但从"地耗"系数值和"脱钩"状态的摇摆不定可以看出，要实现辽宁省农用地利用与第一产业 GDP 增长完全"脱钩"，还任重道远，农业土地集约利用水平和技术的提升还有很大的潜力和空间。根据各农业地类与第一产业 GDP 增长之间在年度上的"脱钩"、耦合次数，可以得出，第一产业 GDP 增加与林地和其他农用地资源投入生产有较大关联，其次是耕地和园地，而牧草地利用与第一产业 GDP 的关联最小。

除水利设施用地在两个年度与非农 GDP 增长处于弱"脱钩"状态外，各类建设用地与非农 GDP 增长都处于弱耦合状态，说明目前辽宁省的第二、第三产业 GDP 增长与城镇建设用地扩张有较大关联，还是在走外延式扩张的发展道路。2003—2004 年，各类建设用地"地耗"系数都发生较大变化，说明这一年辽宁省投入了大量基础设施建设，其与 GDP 发展的耦合度也较高。由于统计口径不一样，辽宁省土地建设利用率不高，但城市化率却超过了全国平均水平。正因如此，较多的非农业人口要生活在较拥挤的城市区域，一方面，在扩大城市规模的同时；另一方面，须走内涵提升式发展道路，集约和节约利用城市土地，提高土地利用效率。

辽宁省不断减少的未利用地，通过转变为已利用地投入生产，与 GDP 增长呈弱耦合趋势，说明辽宁省经济增长有赖于未利用地资源的开发利用。与此同时，辽宁省未利用地的"地耗"系数呈缓慢下降趋势，说明辽宁省未利用地资源正朝着开发与保护并重，注重未利用地资源的长远和持续利用，尽可能集约和节约开发利用未利用地资源的方向努力。

三 对策与建议

通过对辽宁省土地资源利用与 GDP 增长 "脱钩" 状况的实证研究，表明农用地减少与第一产业 GDP 增长呈弱 "脱钩" 状态，建设用地扩张与非农 GDP 增长处于弱耦合状态，而未利用地减少与 GDP 增长之间也为弱耦合关系。为此，我们认为，除农用地和第一产业 GDP 增长关系较合理外，辽宁省的经济发展仍以土地粗放式利用为主，需要提高思想认识、优化农用地结构、提高建设用地集约度和合理规划开发未利用地，以实现土地资源利用与 GDP 增长 "脱钩"。

（一）理解土地资源利用与 GDP 增长 "脱钩" 的重要性

思想是行动的先导，认识是行动的旗帜。资源不足、环境恶化主要源于人类对自然资源生态环境的不合理利用和破坏，而这种行为又同人们对保护资源、保护环境缺乏正确认识紧密相连。

土地利用过程为人类的生存和发展带来巨大经济效益的同时，给有限的土地资源和土地生态系统也带来了前所未有的压力。保障经济快速发展是应该的，也需要土地资源利用作为支撑。但土地资源的数量有限性和位置固定性等特征，要求我们需要以长远的眼光来看待土地资源可持续利用。

因此，必须通过多种渠道，采取多种方式，教育公众特别是各级领导树立保护自然环境，贯彻理解土地资源利用应与经济增长相 "脱钩" 的观点。即辽宁省经济发展应保护农用地尤其是耕地资源不被过度占用，抑制建设用地 "摊大饼" 式蔓延发展，未利用地资源需适度有序地开发利用，应深挖潜力走 "内涵式" 的土地资源集约和节约发展道路。加强化合理利用土地资源的观念，为实现土地资源的可持续利用提供思想认识前提。

（二）优化农地利用结构，提高农地利用效率

从位置上看，土地资源具有固定性，每块土地所处的经纬度、海拔高度、气候等都是固定的，它既不能移动，也不能调换，只能就地利用。这就要求我们在利用土地时，尤其是农业用地，必须坚持因地制宜的原则，根据土地资源特征，确定合理的农地结构。

2001—2008 年，辽宁省农用地由于建设用地扩张而不断减少，八年减少两万余公顷。与此同时，农用地内部发生较大调整，即耕地、园地、林地、牧草地和其他农用地之间发生相互转移，从而促进了第一产

业 GDP 的不断增长。农地利用需继续保持和深化与 GDP 增长"脱钩"的态势，优化农地利用结构，提高农地收入和产出。

辽宁省是一个土地资源分布不均衡的省份，各地应注意分析和研究本地区资源的特点及其可适性，充分利用当地资源的有利条件，发挥其生产潜力。以社会需求为前提，做出合理利用农地资源的选择，宜农则农，宜林则林，宜牧则牧，真正做到因地制宜，因时制宜，扬长避短，发挥优势，提高农地利用效率。

（三）控制建设用地扩张规模，不能盲目地蔓延式发展

从构成要素上看，土地资源具有整体性，即土地资源中的各种要素总量相互依存、相互制约，构成一个不可分割的整体。任何不恰当地开发利用该整体中的一部分，都会对其他部分产生影响。这就要求人们在进行建设用地布局时，必须统一规划、综合开发，不能为了建设而对农用地或未利用地等其他土地资源造成不利影响。

辽宁省建设用地 2001—2008 年增加了 8 万余公顷，其中，约 25% 是通过占用农用地资源，而其余 75% 是通过占用未利用地资源获取的。随着社会经济的发展，提高城镇化水平，扩大建设规模是大势所趋。但建设用地扩大应做到有理，即合理论证，确实需要；有利，即通过建设，综合效益利大于弊；有节，即有节制，不能无序蔓延。

目前，辽宁省非农 GDP 增长要尽快摆脱依靠建设用地的无序扩张，降低单位 GDP 建设用地"地耗"，减少建设用地与非农 GDP 增长的耦合性。加快辽宁省非农产业结构的优化与升级，提高建设用地利用效率，使经济增长的同时实现建设用地消耗量的逐渐下降。

（四）未利用地资源开发与保护相结合，提高未利用地开发质量

从功能上看，土地资源具有不可替代性，即土地作为生产资料或者作为人类生活的场所，都不能用其他要素来替代。甚至土地资源的一种用途变为另一种用途后，要想再恢复其原有的用途时都将遇到困难。同时，土地资源还具有生产潜力的无限性，即土地生产潜力的前景是广阔的，只要合理利用，其生产能力就会不断提高；反之则导致土壤肥力下降，生产力受损。

2001—2008 年，辽宁省未利用地被不断开发利用，基本上每年都有未利用地转化为农用地或建设用地，投入到 GDP 生产中。一般来说，对于区域发展，开发未利用地是必需的，从而与 GDP 增长必然呈现耦

合性。但问题是，应尽量提高未利用地的 GDP 产出，使单位 GDP 的未利用地"地耗"降低，提高未利用地效率。

为此，在开发未利用地时，必须根据土地的自然特性，搞好土地的利用保护工作，不断提高未利用地资源的开发质量。针对辽宁省未利用地资源特征，根据区域发展需要，有针对性地合理规划，坚持未利用地资源开发与保护相结合的原则，依靠科学技术，提高未利用地开发质量，实现土地资源的持续利用。

第三章　辽宁省土地利用与经济发展共赢互促研究

第一节　绪论

一　研究背景

土地利用与经济发展是一个矛盾统一体，是相互影响、相互作用的互动关系。通过考察土地利用与经济发展之间的相互关系，有利于深刻认识和探究两者之间的双向反馈机制，找出和针对两者协调发展之间可能存在的问题，提出两者共赢互促的互动规划方案。

辽宁省近年来土地利用与经济发展互动过程中是否存在不协调的因素？土地利用和经济发展方式是否合理和持续？党的十八大报告指出，"资源环境约束加剧"，"转变经济发展方式任务艰巨"仍将是我国前进过程中面临的主要问题。辽宁省第十一次党代会也要求，经济发展需"坚持增量带动结构优化，在做大经济规模中调优结构、提高质量"。经济结构优化，从一定程度上说，就是土地利用结构优化。

本章在第二章辽宁省土地利用变化及其与 GDP 增长"脱钩"分析基础上，针对土地利用与经济发展关系，进一步运用 SWOT、SWOT - CLPV 方法，揭示自"东北振兴计划"实施以来，辽宁老工业基地土地利用与经济发展互动关系，找出两者协调发展存在的问题。并提出辽宁省今后实施土地利用与经济发展共赢互促的互动规划方案，这将对于促进转变土地利用方式和经济发展方式，推进经济结构战略性调整，具有较强的实践意义。

二　SWOT 方法在土地利用学领域的运用

SWOT 方法又称态势分析法，由美国旧金山大学教授斯坦纳在 20 世纪80年代初提出。该方法针对组织内外环境所形成的优势（Strengths, S）、劣势（Weaknesses, W）、机会（Opportunities, O）和风险（Threats, T）四个方面的情况，结合起来进行分析，以寻找制定适合组织实际情况的经营战略和策略。SWOT理论与方法目前已被广泛地应用于区域发展、环境管理和土地利用的战略研究之中。

国外研究，如D. Geneletti等在探讨意大利南部城市那不勒斯市土地利用规划战略环境评价时，依照环境标准，运用SWOT方法模拟和评价土地利用变化、交通流量、城市扩展等规划预期信息。V. Onyango等针对东非国家肯尼亚面临的土地规划不合理和土地冲突不断的困境，运用SWOT方法剖析了现有规划体系，认为区域空间规划应当摒弃地区地位混乱的劣势，反对过度政治干预的潜在威胁，尽量缓和负面效应。

国内研究，如刘卫东基于SWOT方法探讨了浙江省东阳市的土地利用战略方向选择。陈亮明采用SWOT方法分析确定了新乡市凤泉区某处废弃地的旅游景观开发、规划的基本策略。黄春等对成都市城乡土地协同调控进行SWOT分析，提出成都市城乡土地协同调控的对策。郭贯成等运用SWOT分析法对土地政策参与宏观调控进行了分析，给出了土地政策参与宏观调控的对策建议。综上研究，在考察土地利用系统时，SWOT方法能全盘考虑与土地利用相关的自然、社会、经济、环境等各要素，找出其优势和劣势，明晰机会和威胁，为土地利用未来规划发展提供决策。土地利用系统中，土地利用变化是主线，包括自然、社会、经济、环境等要素在内的内外部环境正是土地利用变化驱动因素和驱动力所在。为此，我们可以采用SWOT方法来探究土地利用变化与其驱动力之间的互动机制及未来发展策略。

三 SWOT – CLPV方法的提出及运用

SWOT方法大多限于对系统内外部因素情况的简单罗列和定性描述，研究不够系统和深入。我国学者宁建新、陈茂强在SWOT方法基础上提出了SWOT – CLPV理论，即研究对象的内外部环境，包括优势（S）、劣势（W）、机会（O）和威胁（T）在内的各要素之间相互作用可能产生抑制性C（Control）、杠杆效应L（Leverage）、问题性P（Problem）和脆弱性V（Vulnerability），其实质是对SWOT矩阵W + O = C、S + O = L、W + T = P、S + T = V的量化，从而可以更加定量细化和深刻剖析研究对象之间的互动关系。SWOT – CLPV方法源于SWOT，但又高于 SWOT。

SWOT - CLPV 理论与方法近几年主要在国内相关领域得到应用，如产业发展、业务外包、军事战略等领域都已有相关研究。通过国内外数据库检索，关于 SWOT - CLPV 在土地利用学领域的运用，目前除笔者提出的研究外，没有发现其他相关文献报道。

四　本章拟解决的突出问题

作为人类生存和发展基本方式的土地利用与经济发展系统，如何探究两者之间的互动关系，一直备受关注。本章考察辽宁省近十年经济发展最为快速时期，基于辽宁省近十年土地利用与经济发展过程，提出在 SWOT 分析基础上运用 SWOT - CLPV 模型定量，深入地评估辽宁省土地利用与经济发展之间的互动情景，从中找出对辽宁省土地利用与经济发展有利因素，以及不利因素和存在问题，从而形成辽宁省土地利用与经济发展协调互促、"双赢"的规划方案，以指导和规范辽宁省今后土地资源利用与经济发展的方向。

五　研究内容

基于辽宁省近十年土地利用与经济发展过程，采用 SWOT 和 SWOT - CLPV 模型，综合分析辽宁省土地利用与经济发展之间的互动关系，针对两者协调发展可能存在的问题，提出辽宁省今后土地利用与经济发展的互动规划方案。

（一）辽宁省土地利用变化的过程及特点

收集辽宁省近十年各类土地资源利用面板数据，采用土地利用变化幅度、速度、程度等土地利用变化模型分析辽宁省土地利用变化特征。

（二）辽宁省经济发展演变过程及特点

收集辽宁省近十年经济发展数据和资料，分析辽宁省经济发展演变特征。

（三）辽宁省土地利用与经济发展之间互动关系

采用 SWOT 方法定性分析辽宁省土地利用与经济发展互动机制，采用 SWOT - CLPV 模型定量研究辽宁省土地利用与经济发展互动机制。

（四）辽宁省近十年土地资源利用与经济发展是否协调，存在哪些问题？如何对辽宁省土地利用与经济可持续发展实现共赢互促？

在前述土地利用与经济发展演变过程及两者之间互动机制研究的基

础上，探讨辽宁省土地利用与经济发展中可能存在的问题，并有针对性地提出两者良性互动的规划方案。

六 基本思路和方法

（一）研究思路

本章通过收集辽宁省2001—2008年历年各类土地利用、经济发展指标数据，构建辽宁省近十年土地利用和经济发展数据库。首先，采用土地利用和经济发展变化幅度、速度、程度等数量模型，分析辽宁省土地利用、经济发展各自变化特征。其次，运用SWOT方法定性分析、SWOT - CLPV模型定量探究辽宁省土地利用与经济发展之间的互动机制。最后，针对辽宁省当前土地利用与经济发展之间可能存在的问题，有针对性地提出辽宁省土地利用与经济发展"共赢"互促、协调管理对策。

（二）研究方法

（1）数据资料收集：收集辽宁省2001—2008年以来各类土地资源利用、经济发展数据和资料，建立辽宁省近十年土地利用与经济发展数据库。

（2）变化过程分析：运用变化过程模型分别分析辽宁省土地利用、经济发展演变特征。

（3）互动机制分析：运用SWOT和SWOT - CLPV模型分别定性、定量分析辽宁省土地利用与经济发展互动机制。

第二节 辽宁省经济发展演变轨迹

由于第二章针对辽宁省2001—2008年土地利用变化过程已做了较为详尽分析，故在此不再分析。而且经济发展水平相比土地利用投入有滞后性，为了与第二章土地利用变化分析内容相对应，本章土地利用与经济发展关系研究中的经济发展指标选取2003—2011年的数据。根据本章研究需要和历年《辽宁统计年鉴》所能获取的资料，将分析的经济发展指标分为国内生产总值（含第一、第二、第三产业产值及占比）、国民经济和社会发展总量（含固定资产投资、地方财政、签订利用外资协议额）、工矿建筑交通业（含工业、交通和建筑业）、人民生

活消费水平（含人口数、人民生活、消费水平）、农业能源环境保护
（含农业、能源、保护环境）等方面。

一　国内生产总值（GDP）发展态势

从《辽宁统计年鉴》获取 2003—2011 年辽宁省地区国内生产总值
（GDP）、三大产业产值及占比如表 3-1 所示。

表 3-1　　　　　　　2003—2011 年辽宁省国内生产总值　　　单位：亿元、%

年份	地区总产值	第一产业		第二产业		第三产业	
		产值	占比	产值	占比	产值	占比
2003	6002.54	615.8	10.3	2898.89	48.3	2487.85	41.4
2004	6672.01	798.43	12	3061.63	45.9	2811.95	42.1
2005	8047.26	882.41	11.0	3869.4	48.1	3295.45	41
2006	9304.52	939.43	10.1	4566.54	49.1	3798.25	40.8
2007	11164.3	1133.4	10.2	5544.16	49.7	4486.7	40.2
2008	13668.58	1302.0	9.5	7158.84	52.4	5207.72	38.1
2009	15212.49	1414.9	9.3	7906.34	52	5891.25	38.7
2010	18457.27	1631.08	8.8	9976.82	54.1	6849.37	37.1
2011	22226.7	1915.6	8.6	12152.2	54.7	8159	36.7

根据表 3-1 数据，可得出辽宁省 GDP、第一、第二、第三产业产
值及占比变化态势（见图 3-1 和图 3-2）。

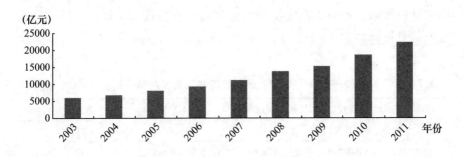

图 3-1　辽宁省地区总产值变化态势

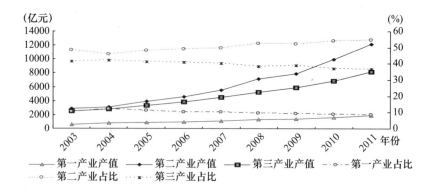

图3-2 辽宁省第一、第二、第三产业产值及占比变化

从图3-1可以看出,2003—2011年,辽宁省GDP总量一直呈现上升趋势,从6002.54亿元增加到22226.7亿元,增长两倍多。从图3-2各产业产值看,第一、第二、第三产业均得到不同程度的增长,但第一产业增长较缓;第二、第三产业增长较为明显、幅度较大。从三大产业占比看,第一产业比重最小,占10%左右,且比重逐年有所下降。而第二、第三产业占比较大,且第二产业比第三产业稍多一些,第二产业大约占50%,第三产业大约占40%。变化趋势上,第二产业占比稳中有升,而第三产业占比和第一产业类似有所下降。说明八年来,辽宁省经济发展是以第二产业增长为主要载体,第三产业比重不升反降,一定程度上反映了辽宁省现代化建设过程中仍存在一些问题。

二 国民经济和社会发展总量发展态势

从《辽宁统计年鉴》获取2003—2011年全社会固定资产投资额、地方财政收入、地方财政支出、签订利用外资协议额等国民经济和社会发展总量指标如表3-2所示。

表3-2 **2003—2011年辽宁省国民经济和社会发展总量指标** 单位:亿元

年份	固定资产投资额	地方财政收入	地方财政支出	签订利用外资协议额
2003	2082.7	447	784.4	601.9
2004	3000.1	529.6	931.4	530.8
2005	4234.1	675.3	1204.4	675.4
2006	5689.6	817.7	1422.7	934.1

续表

年份	固定资产投资额	地方财政收入	地方财政支出	签订利用外资协议额
2007	7435.2	1082.7	1764.3	1273.6
2008	10019.1	1356.1	2153.4	1244.2
2009	12292.6	1591.2	2682.4	1727.2
2010	16043	2004.8	3195.8	1571.5
2011	17726.3	2643.2	3905.9	1203.7

根据表3-2数据，可得出辽宁全省固定资产投资额、地方财政收入、地方财政支出、签订利用外资协议额等指标变化态势（见图3-3）。

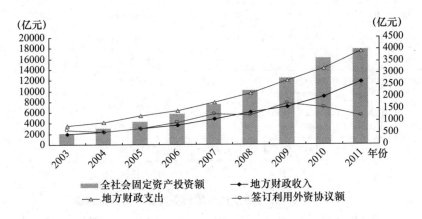

图3-3 辽宁省国民经济和社会发展总量指标变化态势

从图3-3可以看出，辽宁省全社会固定资产投资额在2003—2011年不断上升，且上升幅度也有所增加。八年间，固定资产投资额从2003年的2082.7亿元递增为2011年的17726.3亿元，增长了7倍多。其间，辽宁省地方财政收入与支出也逐年增加，但财政支出总额明显要高于财政收入总额，两者之间的差额也呈现增大趋势。辽宁省从2003—2011年，利用外资的变化态势有增有减，大体上分为"二升三降"：2004—2007年和2008—2009年两次上升过程，2003—2004年、2007—2008年和2009—2011年三次下降过程。经过"二升三降"，总体上利用外资额还是增加了1倍左右。

三 辽宁省工矿建筑交通业发展态势

本章研究工矿建筑交通业发展指标的选取工业产值（含工业总产值、国有企业产值、集体企业产值和其他经济类型工业产值）、建筑业总产值和交通运输营业里程及货物运输量等，具体数据如表3-3和表3-4所示。

表3-3　　2003—2011年辽宁省工业产值和建筑业总产值　　单位：亿元

年份	工业产值				建筑业总产值
	总产值	国有企业产值	集体企业产值	其他经济类型工业产值	
2003	6112.96	973.99	285.24	4853.73	1017.1
2004	8603.9	1303.1	292.76	7008.04	1245.1
2005	10814.51	1375.59	368.45	9070.47	1481.7
2006	14167.95	1641.23	419.1	12107.62	1775
2007	18249.53	2092.66	505.28	15651.59	2100
2008	22720.54	3372.05	540.98	18807.51	2505.2
2009	28152.73	2705	729.6	24718.13	3384.6
2010	36219.42	3082.92	893.45	32243.05	4690.3
2011	41776.73	2589.31	931.4	38256.02	6218.3

表3-4　　2003—2011年辽宁省交通运输营业里程和货物运输量

单位：千米、万吨

年份	铁路		公路		民航	
	营业里程	货物运输量	通车里程	货物运输量	通航里程	货物运输量
2003	3939	13135	50095	65981	238429	9
2004	3939	13844	52415	70164	335729	8.6
2005	3922	14271	53521	74799	329166	9.4
2006	3927	15750	97191	82142	376435	11
2007	3934	16552	98101	90387	248179	11.2
2008	3928	17400	101144	92938	200359	10.4
2009	3962	18262	101117	105088	243991	9.5
2010	3988	18622	101545	127361	242959	10.2
2011	4035	18716.2	104026	151773	255196	8.87

由表3－3数据可得出辽宁全省工业总产值、国有企业产值、集体企业产值、其他经济类型工业产值以及建筑业总产值等指标发展态势（见图3－4）。

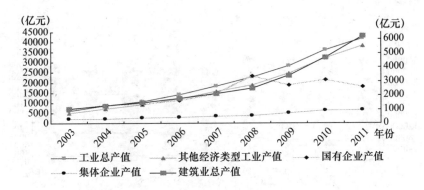

图3－4 辽宁省国民经济和社会发展总量指标变化态势

从图3－4可以看出，辽宁省工业总产值主要以其他经济类型工业产值为主，后者在前者中占有80%以上的份额，且前者的增长也主要由后者推动，因为两者曲线都是向上增长，且较为靠近。集体企业产值占工业总产值的份额最小，占2%—5%，八年来略呈增长趋势，但比较平缓。国有企业产值占工业总产值的份额相比集体企业更大，占6%—16%，但变化趋势有增有减，呈现"二增二减"趋势，即2003—2008年和2009—2010年两个时间段为上升过程，而2008—2009年和2010—2011年两个时间段为下降过程，但总体变化态势有所增加。

交通运输业方面主要选取公路、铁路、民航的营业里程和货物运输量指标来表征，由表3－4数据可得出辽宁省交通运输业发展态势（见图3－5）。

从图3－5可以看出，2003—2011年，铁路营业里程相对较为平稳，变化趋势不够明显。公路通车里程在2005—2006年有较高程度的跨越，增长了将近1倍，其后也趋向较为平缓的增长。民航通航里程变化相对较为剧烈，呈现"一波多折""三升二降"的趋势，2003—2004年、2005—2006年和2008—2011年上升，而2004—2005年和2006—2008年下降，尤其2006—2008年间下降比较明显。货物运输量方面，研究期间八年来铁路和民航货物运输量变化不大，其中，铁路货物运输量从 13135 万吨增加为 18716.2 万吨，年均增加不到 700 万吨。民航货物运输量几乎没有增加，徘徊在 8.5 万—11 万吨。但公路货物运输量呈现较为明显的上升趋势，从 65981 万吨增加到 151773 万吨，增加了1 倍多。

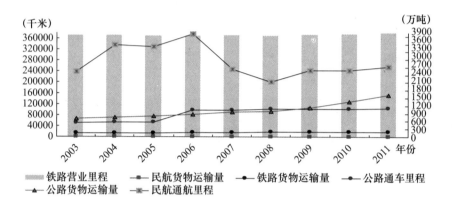

图 3 - 5　辽宁省交通运输业发展指标变化态势

四　辽宁省人民生活水平变化态势

根据《辽宁统计年鉴》获取的资料和本章研究需要，人民生活水平从总人口数、居民人均收入（含城镇居民、农村居民）和居民人均消费（含全体居民、城镇居民、农村居民）等方面进行分析，具体指标数据如表 3 - 5 所示。

表 3 - 5　　　　　2003—2011 年辽宁省居民收入与消费水平　单位：万人、元

年份	年末总人口	居民人均消费			居民人均收入	
		全体居民	城镇居民	农村居民	城镇居民	农村居民
2003	4161.6	5159	7147	2630	7240.6	2934.2
2004	4172.8	5561	7717	2817	8007.6	3307.1
2005	4189.2	6449	8688	3267	9107.6	3690.2
2006	4210.4	6929	9357	3458	10369.6	4090.4
2007	4231.7	7965	10950	3634	12300.4	4773.4
2008	4246.1	9650	13265	4312	14392.7	5576.5

续表

年份	年末总人口	居民人均消费			居民人均收入	
		全体居民	城镇居民	农村居民	城镇居民	农村居民
2009	4256	10848	14774	4909	15761.4	5958
2010	4251.7	12934	17489	5739	17712.6	6908
2011	4255	15635	20560	7221	20466.84	8297.5

由表 3-5 数据可以得出 2003—2011 年八年来辽宁省居民收入与消费水平变化态势（见图 3-6）。

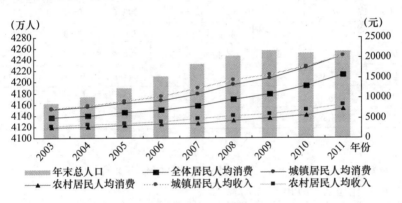

图 3-6　辽宁省居民收入与消费水平变化态势

从图 3-6 可看出，辽宁省年末总人口数 2003—2009 年一直在增加，6 年期间增加了 94.4 万人。2010 年人口有所下降，2011 年又增加了一些，但相比 2009 年还是略低，总体上看，八年间年均增加约 11.7 万人。从人均收入和消费水平来看，无论全体居民、城镇居民还是农村居民都有不同程度的上升。而且可以看出，全体居民收入介于城镇居民和农村居民之间。另外，无论是城镇居民还是农村居民，收入和消费水平曲线均比较接近，但城镇居民远高于农村居民，说明收入决定消费，城镇生活也高于农村生活水平。

五　辽宁省农业能源环境保护变化态势

辽宁省农业能源环境保护变化态势从农业生产（含总产值、农业产值、林业产值、牧业产值、渔业产值、副业产值和粮食产量）、能源（含能源生产总量、能源消费总量）和"三废"排放（含废水排放总量、工业废水排放量、生活污水排放量、工业废气排放量和工业固体废弃物排放量）三方面分析其变化态势，具体指标数据如表3-6和表3-7所示。

表3-6　　　　　2003—2011年辽宁省农业产值与粮食产量

单位：亿元、万吨

年份	总产值	农业	林业	牧业	渔业	副业	粮食产量
2003	1215	497.3	38.4	422	224	33.3	1476.8
2004	1510.5	611.3	40.7	548.3	272.2	38	1955.7
2005	1671.6	640.1	44.5	636.5	306.7	43.8	1968.4
2006	1738.1	713	52.3	615.3	292.6	64.9	1794.9
2007	2128	837.5	60.3	830.8	326.1	73.3	1831
2008	2476.9	896.9	69.4	1052.4	374.5	83.7	1860.3
2009	2704.6	913.5	70	1171.4	441.9	107.8	1591
2010	3106.5	1140.3	82.5	1270.6	491	122.1	1765.4
2011	3633.6	1307.2	107.4	1521.1	560	138	2035.5

根据表3-6数据可以得出2003—2011年辽宁省农业生产产值和粮食产量变化态势（见图3-7）。

表3-7　　　　2003—2011年辽宁省能源生产消费与"三废"排放

单位：万吨、万标立方米

年份	能源		"三废"排放量				
	生产总量	消费总量	废水	工业废水	生活污水	工业废气	工业固体废弃物
2003	6288.3	11430.7	191840.85	89185.85	102655	127740860	14.21
2004	6749.9	12454	195257.05	91810.05	103447	130149562	11.65
2005	6219.8	12883.3	218704.63	105071.63	113633	209032537	9.39
2006	6513.4	14228	212952.93	94724.21	118228.72	271950422	24.69
2007	6311.2	15757.9	220996.73	95196.71	125800.02	239459177	4.48
2008	6257.5	16925.7	212021.33	83072.94	128948.39	402189043	1.16
2009	6037.8	18172.5	217154.68	75158.59	141996.09	252111855	2.75
2010	6769.52	19856.39	215868.5	71284.39	144584.11	270887017	2.88
2011	6854.46	19937.2	232156.12	90457.12	141698.99	317007874	8.18

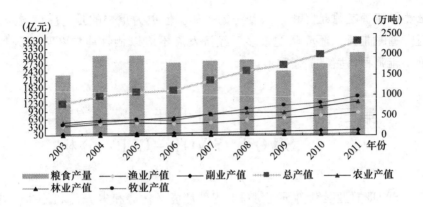

图3-7 辽宁省农业生产产值和粮食产量变化态势

由图3-7可以看出，辽宁省2003—2011年，粮食总产量呈现波浪式起伏变化，有增有减，总体上看，有所增加。而农业总产值稳步增长，从2003年的1215亿元增长到2011年的3633.6亿元，增长了约两倍。研究期间，农业产值和牧业产值较为接近，也最靠近总产值，两条曲线呈交叉起伏上升趋势，这两者构成农业总产值的主体部分。其次为渔业产值，在农林牧副渔业五者中所占比重处于中间地位，总体上看，也处于上升趋势，由2003年的224亿元增长到2011年的560亿元，增长了1倍多。后两者为副业和林业，副业产值略高于林业，虽然各自产值较低且在总产值中所占比重不高，但均有较为明显的增加。其中，副业由2003年的33.3亿元增长到2011年的138亿元，林业由2003年的38.4亿元增长到2011年的107.4亿元，分别增长了104.7亿元和69亿元。

从数据可以看出，辽宁省历年的能源消费量均远远超过其生产量，而且两者差距越来越大，说明能源利用效率有待提高、能源保护意识有待加强。从"三废"排放情况看，废水、废气排放量基数较大，而固体废弃物基数较小。研究期间，固体废弃物排放量有增有减，总体上看，有所减少。除此之外，工业废气排放量却呈现明显增大的趋势，增加了1倍多。废水总排放量、工业废水和生活污水排放量也均有较大程度增多，尤其生活污水排放量增加更为明显。

该表数据主要反映了辽宁省2003—2011年的能源耗费和"三废"排放，这在一定程度上反映了辽宁的经济发展轨迹，因为经济发展过程必然伴随着能源耗费和"三废"的排放。但更为重要的是，应该看到，辽宁省的能源、环境问题较多，经济发展不应以牺牲能源和环境为代价，能源和环境保护任重道远。

第三节　辽宁省土地利用与经济发展
SWOT、SWOT – CLPV 分析

SWOT 模型能针对研究对象的内部环境（优势和劣势）和外部环境（机会和威胁）进行描述与分析，但也存在一定的局限性，其分析结果只限于对系统内外部因素的简单描述和不完善的定性分析。在前人研究基础上，本章研究提出运用 SWOT – CLPV 分析土地利用与经济发展之间的关系。在运用 SWOT – CLPV 分析之前，需要先分析辽宁省土地利用与经济发展 SWOT 情况。

一　辽宁省土地利用与经济发展 SWOT 分析

（一）优势分析（S）

1. 地缘优势

辽宁省地处东北与环渤海经济区的结合部，是东北地区通往关内的交通要道，东北与华北贸易的节点；向东北经吉林、内蒙古与俄罗斯相邻，是东北地区和内蒙古连接欧亚大陆桥的重要门户和前沿地带；东部以鸭绿江为界河，与朝鲜隔江相望；南临渤海和黄海，紧邻日本、韩国发达经济体。2011 年，辽宁省与俄罗斯、朝鲜、韩国、日本和蒙古五国的进出口贸易占辽宁省对外贸易总额的 45% 左右，占全国与上述五国贸易总额的 19%。

独特的地缘优势，使辽宁省不仅能够承接京津冀经济圈的技术和经济辐射，还承担起东北亚经济圈战略转移的物流通道的重要角色；不仅可以获得日本和韩国的资金和技术转移，还可以充分利用俄罗斯、蒙古、朝鲜的矿产资源和中草药等战略资源。

2. 土地结构产业优势

辽宁省是我国的重工业基地，工业水平比较发达，形成了装备制造业、石油化学工业、钢铁工业和电子信息等为代表的支柱产业。机电产品是辽宁省的主要出口产品，主要出口市场是亚洲。在造船行业，辽宁

省建造了中国第一艘万吨轮、中国第一艘出口船、中国第一艘超大型油轮（VLCC），创造了中国造船史上60多个"第一"。在石化产业，辽宁省是我国的重要生产区域。在软件业，大连已成为我国的软件和信息产业的代表。此外，辽宁省加大了对新能源、新材料、新医药、信息、节能环保、海洋、生物育种和高技术服务等新兴行业的投入，构建资源节约型和环保型社会。

辽宁省工业基础雄厚，基础设施完善，可以承接来自日本和韩国的产业转移，并且吸收日本和韩国的先进技术使自身的传统产业升级。随着我国劳动力成本的逐渐上升，辽宁省还可以将一些劳动密集型产业转移到朝鲜、蒙古等劳动力成本低的地方。

3. 土地利用交通优势

辽宁省是东北地区唯一的既沿海又沿边的省份，公路、铁路、海运、航空交通运输能力位居全国前列。2011年年末，辽宁省铁路营运里程达到4035千米，密度位居全国第一。公路总里程104026千米，相比2001年50095千米，增加了1倍多。其中，高速公路2747千米，高速公路密度已接近发达国家水平。旅客运输量总计为90729万人次，将近是2001年运输量的两倍。其中，铁路11958万人次，公路77510万人次，水运597万人次，民航664万人次。2011年货物运输量总计达170489.2万吨。其中，铁路18716.2万吨，公路151773万吨，水运9267万吨，民航8.87万吨，管运7323.3万吨。

辽宁省沿海分布着大连、丹东、锦州、营口、盘锦和葫芦岛6个城市及10个沿海县（市）。海岸线横跨渤海和黄海，全长2290千米，占全国的12%，其中，宜港海岸线长达1000余千米，优良商港港址38处，港口5个，万吨以上泊位103个，货物吞吐量达到3.02亿吨。目前，辽宁省已经与世界140多个国家和地区实现了通航。

4. 国土资源优势

辽宁省国土资源的优势主要体现在矿产资源、农业资源、森林资源和海洋资源等方面。辽宁省既是矿产资源大省之一，也是开发利用矿产资源程度较高的省份。目前，共发现矿产资源120种，查明资源储量的有116种，其中，菱镁矿、铁矿、硼矿、熔剂用灰岩和金刚石的保有资源储量居全国首位，滑石、玉石、硅灰石和锰矿等矿产的保有资源储量在全国名列前茅。目前，辽宁省矿产资源已形成能源（石油、天然气、煤层气、煤炭）、黑色金属（铁矿、锰矿）、有色金属（钼矿、铜矿、铅锌矿）、贵重金属、冶金辅助原料非金属（菱镁矿、溶剂用灰岩、冶金用石英岩、耐火黏土）、化工原料非金属（硼矿、硫铁矿）、建材与其他非金属矿产（滑石、金刚石、玉石、硅灰石、沸石、膨润土）以及水汽资源共八大类矿产资源体系。

在农业资源方面，辽宁省拥有耕地面积409.29万公顷，主要种植玉米和大豆等作物。2011年，粮食作物播种面积为3124.1千公顷，占耕地面积的76.32%，实现粮食产量1591万吨，除满足自身需求外，主要出口到朝鲜、韩国、日本等国。在森林资源方面，辽宁省森林覆盖率为28.7%，居全国中等水平。在海洋资源方面，辽宁省拥有大陆海岸线长2178千米，近海水域面积6.8万平方千米，滩涂面积2070.2平方千米，开发利用土地资源的潜力比较大。拥有6座沿海城市和18个沿海县城，便于开发滨海旅游和港口建设。在水产资源方面，品种繁多，沿海捕捞业发达，多种海产品出口到日本、韩国、美国和欧盟等国家和地区。

（二）劣势分析（W）

1. 国有企业发展滞缓

国有企业缺乏活力，发展滞缓，新的经济增长点培育不力，严重抑制了辽宁省经济的总体发展。辽宁省拥有占全国10%的国有大中型企业，在计划经济时代，曾引以为豪的这些企业由于没有能够完全冲破单一计划经济体制和单一所有制的束缚，经营机制不活，企业缺少应有的活力，竞争能力较差。而这部分企业无论在固定资产规模，还是在产值、利税等方面，在辽宁省占有举足轻重的地位。因此，他们发展的相对滞后使辽宁省整个经济的发展相对滞后。

2. 产业结构不合理

辽宁省是我国的老工业基地，工业比较发达。2011年，第一产业产值占GDP的9.6%，第二产业产值占GDP的55.8%，第三产业产值占GDP的34.52%，同全国水平相比，第一产业和第三产业所占比重低，第二产业所占比重高。同年，规模及规模以上工业产值为22720.54亿元，其中，轻工业产值4098.01亿元，重工业产值18622.54亿元，重工业约占82%。辽宁省的第三产业以批发零售业、交通运输、仓储及邮政业等传统服务业为主，金融、餐饮、住宿、房地产等服务行业所占比重较低。从经济增长的"三驾马车"来看，辽宁省的经济增长主要依靠投资。2011 年，消费对辽宁省经济的贡献度为27.6%，投资对经济的贡献度超过60%，净出口贸易对经济的贡献度为10.7%，出口对经济的拉动作用没有被释放出来。可见，辽宁省的经济发展以工业为主，主要靠投资和消费带动，产业结构不够合理。

3. 产品低度化且竞争力弱

原材料、能源和机械制造业主要以消耗资源和初加工为主，产业层次低，缺少深加工度，基础产业薄弱，轻工业、农业和服务业落后。国有大中型企业比重偏大，中小企业和民营经济发展滞缓。经济结构亟待调整，第二产业结构尚需优化，第三产业的发展不适应经济社会发展的要求，产业结构与节约资源、节约能源的经济发展方向不相适应，多数产品处于国际、国内产业链的中下游。

辽宁省的综合竞争力不强，且工业产品科技含量不高，主要为中低档产品。在《中国省域经济竞争力发展报告（2008—2009）》中公布的中国大陆 31 个省份经济综合竞争力排名中，辽宁省排名第八，位于上海、北京和江苏等之后。以辽宁省装备制造业为例，代表研发活动核心或关键技术的原始创新的产品技术，辽宁省只有 20.2%，有近八成的企业没有自己的核心技术，数控机床中的数控系统90%需要引进，船舶产品的配套设备率仅为15%，船用辅机附件多数需要进口。

4. 市场化程度不高

新中国成立后，辽宁省作为我国老工业基地，国有企业的比重比较高。改革开放 30 多年来，国有企业所占比重依旧比较高。2011 年，辽宁全年规模以上工业企业共有 23364 家，职工人数 386.62 万人，实现工业产值28152.73 亿元，其中，国有及国有控股企业 883 家，职工人数 116.84 万人，实现工业产值9289.74 亿元。与其他性质的企业相比，国有企业职工人数是最多的，产值占40%，高于全国 26.74% 的比重。可见，国有企业依旧是辽宁省企业的主力军。2011 年，净出口额占辽宁省 GDP 的 1.7%，低于全国水平。在各地外商投资企业数排名中，辽宁省位居第七，因此，辽宁省对外开放的水平还需要进一步提高。

市场化水平决定经济发展的活力大小。在全国市场化水平不断提高的背景下，生产要素的流动性加大，资源配置效率提高，市场竞争加剧，辽宁省老工业国有企业面临着严峻的形势。而对外开放水平直接制约着进出口贸易、外商投资的水平。只有进一步提高对外开放水平，才能更好地招商引资和海外投资，开阔更广的国际市场。

（三）机会分析（O）

1. 国际环境为辽宁省的发展创造机遇

国际资本东寻、国内资本变向、全国产业重组、南方产业北移的总体趋势正在形成。而辽宁省一直工业基础扎实，内向型企业居多。国际金融危机对辽宁省相对影响较小，且辽宁省处于东北亚经济圈的中心地带，是中国东北地区唯一的沿海省份，有着与东北亚地区扩大合作的得天独厚的地缘优势。其作为中国装备制造业和工业基地的战略定位，将越来越受到国际、国内的高度关注。因此，后国际金融危机时期成为吸引包括境内和境外等外来资金进入辽宁省的一次难得机遇。

2. 国家振兴东北政策的机遇

2003年10月，中共中央、国务院下发《关于实施东北地区等老工业基地振兴战略的若干意见》，一系列推动东北老工业基地振兴的政策相应出台。其中，包括企业所得税优惠政策、豁免东北企业历史欠税政策、扩大增值税抵扣范围政策、免征农业税改革试点政策、调整东北老工业基地部分矿山油田企业资源税税额政策、东北老工业基地资产折旧与摊销政策、扩大东北地区军品和高新技术产品生产企业增值税抵扣范围等几十项政策。同时，为振兴老工业基地而提供的国债资金、国家开发银行软贷款、国际金融组织贷款和外国政府贷款，在重点支持辽宁省的能源、交通、水利、城市公共设施等方面建设上起到了重要的作用。在这些有利的政策扶持下，辽宁省作为东北三省的龙头省份，地理位置优越，更应抓住机遇，乘势而上。

3. 辽宁省三大发展战略

沿海经济带对外开放，沈阳经济区资源整合，辽西北战略突破，从沿海到腹地，辽宁省正在重点推动三大区域和谐发展，使老工业基地走向全面振兴。从2005年辽宁省确定丹东、大连等沿海岸线的各地对外开放，包括黄海、渤海在内的开放开发的海岸线长度超过了1400千米。2008年，辽宁省将中部城市群确定为沈阳经济区，从而将沈阳、鞍山、营口等8个城市的经济资源进行整合发展。继而又推出了突破辽西北战略，将经济发展的目光同时覆盖辽宁省相对贫困的西部和北部地区，初步形成沿海与内陆协调发展的新格局。

4. 人才资源的不断发展

作为东三省中发展势头最强的地区，辽宁省的科教水平较高，具有较强的科研技术实力。辽宁省集中了一批全国一流的科研院所，形成了具有一定的规模、结构合理、科技设备齐全的教育体系，基础教育不断稳固发展，高等教育不断完善，使辽宁省科教规模和质量达到全国先进水平，这对辽宁省的发展起着至关重要的作用。

（四）威胁分析（T）

1. 区域发展不均衡

在辽宁省不断发展的同时，辽宁省各城市的发展存在区域不均衡现象。朝阳、阜新等辽宁省西北部城市，处于环渤海经济圈和沈阳经济区的边缘地带和最低层次，吸引国内外资本的条件不够优越。从财政收入、经济外向度以及人均 GDP 等重要的经济指标来看，辽宁省经济都呈现出沈大经济带发展势头强劲，辽西北、辽东经济相对落后的区域布局。

2. 工业发展对生态环境的影响

辽宁省属于重工业发展地区，在工业经济领域得到发展的同时，也给生态环境造成了一定的影响。工业企业对生态资源的过度开发，对工业废弃物的随意排放，造成对生态环境的重度污染，影响土地的可持续利用，对辽宁省的发展造成一定的影响。

3. 建设用地快速扩张与粗放利用现象并存

辽宁省城市工业用地比重过大，土地集约化利用水平偏低，单位土地利用效益较低；农村建设用地、居民点占地较为分散，闲置浪费现象极其严重。目前，建设用地的增长速度远远高于 GDP 和固定资产投资的增幅，导致土地利用率较低、建设用地粗放利用现象较严重。与江苏、浙江的国家级开发区每平方千米的产出达 100 亿元，而辽宁省国家级开发区只有 7 亿—8 亿元的产出。江苏省规定省级开发区每平方千米的投资标准要高于 6 亿美元，而辽宁省的省级开发区每平方千米投资还不到 2 亿元人民币。况且辽宁省人均建设用地面积为 327 平方米，大大超过人均 150 平方米的合理标准。

4. 资源有限性

土地资源稀缺，且不可再生，因此，必须合理开发。辽宁省作为传统老工业基地，用能大省，年消耗能量占全国 10%。对外存在依赖，同时省内几大主力煤矿也面临着过度开采而枯竭的问题。产业技术水平偏低，导致能源利用率不高，且管理不够完善。在土地资源开发利用过程中，盲目开发，追求产量导致生态环境破坏严重，使其在土地合理利用方面处于弱势地位。

二 辽宁省土地利用与经济发展 SWOT – CLPV 分析

辽宁省土地利用在社会经济发展过程中，既有机遇，又受到一定程度的威胁；既有自身发展优势，又具有一定劣势。这四种因素相互作用会产生四种不同的环境及态势，即抑制性（Control，C）（机会 + 劣势）、杠杆效应（Leverage，L）（机会 + 优势）、问题性（Problem，P）（威胁 + 劣势）和脆弱性（Vulnerability，V）（威胁 + 优势）。

（一）抑制性与杠杆效应分析

1. 抑制性分析

根据研究区外部环境四种发展机遇与其内部条件四个劣势相互作用，可以得出劣势二和劣势三对机会一、机会二、机会三、机会四均产生抑制性（见表3－8）。国际大环境、国家"振兴东北"政策、辽宁省三大发展战略以及人才资源的不断发展，无疑是辽宁省发展的机会所在，但当遇到辽宁省本身存在的产业结构不合理、产品低度化以及产品竞争力弱等内部条件时，会在一定程度上受到抑制。任何经济发展都有赖于区域产业经济结构的优化调整，而辽宁省本身先天性的不利因素，将使这些机遇可能带来的"红利"打折扣。

表3－8　　　　　　　机会与劣势、优势组合

	机会一	机会二	机会三	机会四	
主要劣势					C（抑制性）
劣势一					
劣势二	C	C	C	C	4C
劣势三	C	C	C	C	4C
劣势四					
C（抑制性）	2C	2C	2C	2C	8C
主要优势					L（杠杆效应）
优势一	L	L	L		3L
优势二					

续表

	机会一	机会二	机会三	机会四	
优势三	L	L	L	L	4L
优势四	L	L	L	L	4L
L（杠杆效应）	3L	3L	3L	2L	11L

为此，针对研究区产业结构不合理、产品低度化且竞争力弱的劣势，应在产业结构产品质量上下功夫。要改变社会经济发展过度依赖于工业生产，适当降低第二产业比重，以带动劣势一的改变。从土地利用视角来看，各类开发区要从数量型向质量效益型转变，大力推进节约和科学用地，提高集约用地水平，大力盘活存量土地，增加工业以外的其他用地。应加大管理力度，在提高建设用地集约利用水平的同时，土地管理执法部门和民众应该认识到经济建设不应以牺牲农用地和生态用地为代价，应注重经济发展与生态保护的协调，保障社会经济的可持续发展。与此同时，辽宁省对外开放的水平还需要进一步提高，加大生产要素的流动性，提高资源配置效率，从而促进劣势四的改变。

2. 杠杆效应分析

根据研究区外部环境四种发展机遇与其内部条件四个优势相互作用，可以得出优势三和优势四与机会一、机会二、机会三、机会四均能产生杠杆效应（见表3-8）。辽宁省四通八达的铁路、高速公路等土地利用交通区位和国土资源蕴藏的丰富矿产、农业等资源优势，当遇到四大外部发展机遇时，其优势潜能可得以充分展现和发挥，从而促进区域社会经济的持续发展。"要致富，先修路"，区域良好的交通区位，对于区域经济发展至关重要，在物流如此重要的现代社会，更是如此。对于丰富的国土资源，前文也已谈及，经济发展很大程度上有赖于资源的开发利用，正是因为有丰富的土地、矿产和人力资源，外部良好的科学技术、扶持政策等环境，才能发挥作用并创造高额的价值衍生品，从而促进经济的快速增长。

对于优势二，目前辽宁省土地结构产业优势并没有与外部发展机遇产生杠杆效应。相反，产业结构优势仅可认为只是得益于内外优势相互作用的结果，它并不能促进外部发展机遇的互动。换句话说，即使土地利用结构不是以工业发展为主，若有其他优势比如区位或者资源优势，当遇上发展机遇时，也能或者说更能体现机会的重要性。对于优势一，辽宁省所处的地理位置较为优越，对于整合国际、国内和省内政策优势有较强的促进和杠杆效应。但对于人才发展机遇，相比长江三角洲、珠江三角洲等沿海发达地区，优越性并不充分，而是仍有较大差距，故不能带动人才发展外部机遇的利好发展。

（二）问题性与脆弱性分析

1. 问题性分析

根据研究区外部环境四种潜在的威胁因素与其内部条件四个劣势相互作用，可以得出劣势一与威胁一、威胁二，劣势二与威胁二、威胁三、威胁四，劣势三与威胁三、威胁四，劣势四与威胁一均能产生问题性（P）（见表3-9）。从纵向看，四大威胁分别与某两种自身劣势相互作用产生问题性，即2P结果。从横向看，劣势一、劣势三与某两种威胁相互作用产生2P，劣势二问题性最大，为3P，劣势四仅与威胁一产生1P。由此可以看出，当面对外部不良环境威胁时，辽宁省内在的产业结构不合理、工业比重过大，容易诱发较多的问题。

表3-9 　　　　　　　　威胁与劣势、优势组合

	威胁一	威胁二	威胁三	威胁四	
主要劣势					P（问题性）
劣势一	P	P			2P
劣势二		P	P	P	3P
劣势三			P	P	2P
劣势四	P				P
P（问题性）	2P	2P	2P	2P	8P
主要优势					V（脆弱性）
优势一				V	V
优势二	V	V	V	V	4V
优势三	V			V	2V
优势四	V		V	V	3V
V（脆弱性）	3V	1V	2V	4V	10V

辽宁省本身经济发展运行过程的劣势，如国有企业发展滞缓劣势与

威胁一（区域发展不平衡）、威胁二（工业发展对生态环境的影响），产业结构不合理劣势与威胁二、威胁三（建设用地快速扩张与粗放利用现象并存）、威胁四（资源有限性）相结合时，无疑是雪上加霜，劣势更加明显，从而催生出社会经济发展的系列问题。产品低度化竞争力弱与威胁三、威胁四，市场化程度不高与威胁一也能产生问题性，因为土地集约利用程度低导致建设用地过度扩张，再加上资源有限导致生产要素不足，产品质量和市场化程度提升将会更加困难。

就问题性分析而言，统筹保护与发展以及转变土地利用方式的任务将是今后伴随着辽宁省可持续发展的最大课题。而这一点，对于国内大多数处于发展中的省份来说，也是一个具有共性和普遍性的难题。究其解决思路，还得依赖于区域经营管理者转变观念，摒弃一味追求发展、忽略环境保护、追求外延式扩张、忽略土地集约利用的理念。

2. 脆弱性分析

根据研究区外部环境四种潜在的威胁因素与其内部条件四个优势相互作用，可以得出优势二与威胁一、威胁二、威胁三、威胁四均能产生脆弱性（V）。优势三与威胁一、威胁四，优势四与威胁一、威胁三、威胁四相互作用能产生脆弱性，而优势一与威胁四也可能产生脆弱性（见表3-9）。可以看出，相对辽宁省来说，脆弱性作用是四类SWOT-CLPV分析中最为复杂的一类。优势二（土地结构产业优势）当遇到区域发展不平衡、工业发展对生态环境的影响、建设用地快速扩张与粗放利用并存、资源有限等外部不利因素中的任何一种时，工业结构比重大的优势都难以发挥。由于区域发展不平衡、土地粗放利用和资源的有限使用，国土资源丰富（优势四）与威胁一、威胁三、威胁四作用时，国土资源丰富的优势也无法充分利用。土地利用交通优势（优势三）受区域发展不平衡、资源有限性的外部不利环境时，交通优势会产生脆弱性。相比之下，地理位置优越（优势一）可能只受区域发展不平衡的影响，产生脆弱性。

总体上看，就脆弱性分析而言，从横向看，优势二、四与外部威胁因素作用产生的脆弱性较为明显，分别为"4V"和"3V"。从纵向看，不利的威胁因素中，威胁一和威胁四对于辽宁省经济发展构成最大的威胁，它们分别出现"3V"和"4V"。因此，辽宁省长远发展，有赖于打破区域经济发展不平衡局面，优化产业结构，提升第三产业比重。随着国际、国内和省级发展战略和相关政策的不断扶持，目前的威胁因素将可能变为机遇。

第四节 辽宁省土地利用与经济发展共赢互促对策

通过前文对辽宁省近八年土地资源利用变化特征、社会经济发展演变轨迹和土地利用与经济发展的 SWOT 和 SWOT－CLPV 分析，我们可以从中找出一些普适性规律。

一 关于经济发展变化特征的结论

2003—2011 年，辽宁省 GDP 总量一直呈现上升趋势，且第一、第二、第三产业均得到不同程度的增长。其中，第一、第二、第三产业分别约占 10％、50％、40％。第二产业占比稳中有升，而第三、第一产业占比有所下降。说明八年来，辽宁省经济发展是以第二产业增长为主要载体，第三产业比重不升反降，一定程度上也反映了辽宁省现代化建设过程仍存在一定的问题。辽宁省全社会固定资产投资总额、地方财政收入、利用外资、工业总产值总体上均有所增加。

辽宁省总人口数八年间年均增加约 11.7 万人。人均收入和人均消费水平，无论全体居民、城镇居民还是农村居民都有不同程度的上升。无论城镇居民还是农村居民，收入和消费水平曲线均比较接近，但城镇居民远高于农村居民，说明收入决定消费，城镇生活也高于农村生活水平。辽宁省 2003—2011 年八年间，粮食总产量总体上有所增加。农业总产值稳步增长，农业产值和牧业产值构成农业总产值的主体部分。其次为渔业产值，在农林牧副渔业五者中所占比重处于中间地位，总体上看，也处于上升趋势。后两者为副业和林业，副业产值略高于林业，虽然各自产值较低且在总产值中所占比重不高，但均有较为明显的增加。

铁路营业里程相对较为平稳，变化趋势不够明显。公路通车里程在 2005—2006 年有较高程度的跨越，其后也趋向较为平缓的增长。民航通航里程变化相对较为剧烈，呈现"一波多折""三升二降"的趋势。货物运输量方面，研究期间铁路和民航货物运输量变化不大。民航货物运输量几乎没有增加，但公路货物运输量呈现较为明显的上升趋势。辽宁省历年的能源消费量均远远超过其生产量，而且两者差距越来越大，说明能源利用效率有待提高，能源保护意识有待加强。从"三废"排放情况看，废水、废气排放量基数较大，而固体废弃物基数较小。研究期间，工业废气排放量、废水总排放量、工业废水和生活污水排放量均有较大程度增大，而固体废弃物排放量总体上有所减少。

二　关于土地利用与经济发展互动关系的结论

土地利用与经济发展互动关系先后完成了 SWOT、SWOT－CLPV 分析。SWOT 分析中，优势分析（S）从地缘优势、土地结构产业优势、土地利用交通优势和国土资源优势四方面；劣势分析（W）围绕国有企业发展滞缓、产业结构不合理、产品低度化且竞争力弱和市场化程度不高；机会分析（O）从国际环境为辽宁省的发展创造机遇、国家振兴东北政策的机遇、辽宁省三大发展战略和人才资源的不断发展；威胁分析（T）从区域发展不均衡、工业发展对生态环境的影响、建设用地快速扩张与粗放利用现象并存、资源有限性等详细阐述了其具体内容。

SWOT－CLPV 分析表明，通过对辽宁省的实证分析，研究期间呈现 8C、11L、8P 和 10V 的局面。抑制性方面，劣势二和劣势三会对机会一、机会二、机会三、机会四均产生抑制性（C）。杠杆效应方面，优势三和优势四与机会一、机会二、机会三、机会四，优势一与机会一、机会二、机会三均能产生杠杆效应（L）。问题性方面，劣势一与威胁一、威胁二，劣势二与威胁二、威胁三、威胁四，劣势三与威胁三、威胁四，劣势四与威胁一均能产生问题性（P）。脆弱性方面，优势一与威胁四，优势二与威胁一、威胁二、威胁三、威胁四，优势三与威胁一、威胁四，优势四与威胁一、威胁三、威胁四相互作用能产生脆弱性（V）。

研究结果表明，总体上看，杠杆效应和抑制性略多于问题性和脆弱性，说明辽宁省当前发展中面临的机会与本身的优劣势相互作用强于威胁因素可能带来的影响，总体上处于相对较为健康的发展状态。若从抑制性（8C）、问题性（8P）和脆弱性（10V）三者与杠杆效应（11L）比较的话，问题还是较多。为了协调土地利用与经济发展之间的关系，充分发挥两者之间的杠杆效应，减轻或者消除抑制性、问题性和脆弱性，科学可行的办法是化劣势为优势、变威胁为机会。无论区域本身内部劣势条件，还是外部不利的威胁因素，理论上说，都可以实现改善和转变，关键是要找出和认清两者之间可能存在的问题和症结所在。

三 本章小结

为了探究土地利用与经济发展之间的互动关系，本章提出在 SWOT 的分析基础上，运用 SWOT – CLPV 模型来定量细化、深刻剖析两者之间的互动情景。以辽宁省为研究范围，首先系统地分析了研究区土地利用与经济发展的 SWOT 态势，进而采用 SWOT – CLPV 方法对研究区土地利用与经济发展之间的抑制性（C）、杠杆效应（L）、问题性（P）和脆弱性（V）进行量化评估。

结果发现，辽宁省的内部劣势、优势条件与外部有利环境机会因素相互作用分别产生 8C 和 11L，而劣势、优势条件与外部不利环境威胁因素相互作用分别产生 8P 和 10V。并针对每组 C、L、P、V 产生的可能原因和解决途径进行了较为详尽的分析和探讨。研究结果表明，SWOT – CLPV 不失为一种探求土地利用与经济发展互动关系的有效方法，可以推广和应用到其他类似区域，研究结果也有利于认识研究区土地利用与经济发展互动关系，扬长避短，促进社会经济持续发展。

第四章 "突破辽西北"战略中土地
资源科学利用研究

第一节 辽西北土地资源科学利用的
适度规模分析

辽西北社会经济发展规模取决于区域资源的禀赋和生态环境的承载能力，水资源的数量、生态环境容量和土地资源的利用程度与方式在很大程度上决定着辽西北经济发展的规模、速度及地区产业格局。以水土资源持续利用为依据，确定辽西北土地利用的适度规模，对保持辽西北社会经济的持续、健康发展具有十分重要的战略意义。

人类开发利用土地资源和改变自然生态系统为人工生态系统过程中，必然对自然环境产生影响。如何在生态环境的承载范围内，确定适宜的土地资源利用方式和适度用地规模，挖掘或实现某种潜能，以维持人类的长期生存和稳定的经济发展，是辽西北沙化旱区土地资源科学利用的必要选择。

一 辽西北土地资源科学利用适度规模的理论框架

（一）辽西北土地资源科学利用的"稳态经济"观

衡量一个经济系统发展状态的重要指标之一是经济增长率。各个领域或行业都有自身的发展目标，各地区经济增长率是不同的，并且是动态变化的。如果经济系统各项指标的增长率都稳定在各自相对固定增长率上，我们称这种状态为整个经济系统的稳态，这时经济波动消失，相应地出现平稳现象。在稳态状态下，社会经济剩余也处于稳定增长中，经济不会产生逆退和失调现象。

静态经济论的代表人约翰·穆勒扬弃了马尔萨斯的资源绝对稀缺

论和李嘉图的资源相对稀缺论的不合理部分，吸取其理论合理部分，对资源的认识更深入一步，认为资源实际上存在一个极限："有限的土地数量和有限的土地生产力构成真实的生产极限"。并充分相信人类有克服资源相对稀缺的能力。他认为，自然环境、人口和财富均应保持在一个相对稳定的水平，要远离自然资源的极限，以防止出现食物缺乏和自然美的大量消失。穆勒的这一思想对现代环境保护主义者产生了重要影响，赫尔曼·戴利接受的静态经济概念，在其《极限》书中说：既然一个有限世界中的人口指数增长将导致所有物种灾难，挽救生态只有依靠稳定经济状态，"因此，稳定状态的经济是必要的"。稳态经济学的概念应运而生。维图塞克（P. M. Vitousek）认为，稳态经济学主张必要时应放弃短期内经济增长和资源消耗，建立"理想生态经济社会"，把资源的消耗限制在既可以维护生态平衡又能有效利用的限度内。

稳态经济理论给予我们的启示是在不过分损害环境生产能力的前提下充分地利用物质资源，对环境的危害控制在环境吸收能力许可的范围内，在不损害自然环境的条件下最大限度地利用、追求效益最大化，强调经济增长，并不断地改善环境，以达到持续、稳定有序地利用的目的，以保证持续地获得比大自然的原始状态所能提供的更为丰富的生存资源，这应是干旱区土地资源利用的目的。因此，建立"稳态经济"系统的重要意义是要将辽西北经济与自然生态系统和人类社会系统作为一个大系统，在辽西北经济持续、稳定、健康发展的同时，既能保护生态环境，又能满足全体人民的物质需求，使土地系统处于一个相对稳定状态，保证系统内的各个子系统正常运行。

以农业为主的辽西北经济，只要有水，扩大耕地面积就会使经济得到发展。这是辽西北土地开发利用中存在的认识上的误区，即认为辽西北土地资源丰富，开发利用潜力很大，但忽略了干旱条件下水资源的限制性，一味地追求扩大规模来发展经济，不仅会破坏区域自然生态系统，而且其生产效率低下，致使经济发展不可持续。辽西北土地开发利用的现实已说明超过水资源的承载力，扩大农地规模，并不能彻底解决农业发展问题，反而会使生态环境劣变。

辽西北沙化旱区经济必须走内涵发展的适度规模道路，从扩大规模的发展模式向以提高生产效率的内涵发展模式转变，处理好扩大生产规模与提高生产效率和生态环境的关系。依据干旱区生态的脆弱性特点，通过建立稳态的经济运行模式，来摆脱生态危机。在生态环境的承载范围内，确定适宜的经济增长速度，其经济增长速度由建立在土地资源开发的外延扩张型向内涵集约型资源利用转变，达到合理、有效地配置和利用土地资源的良性状态，以维持人类的长期生存和稳定的生态经济的发展，达到人类对资源的利用强度与资源客观的可利用限度之间的协调一致。人类消耗资源的总量应控制在自然繁殖增长速率和增加总量之内，绝不能通过过度耗用本应属于后代的资源或大规模地破坏生态环境来实现其高速增长。

必须清楚地认识到，环境脆弱的地区更应该放弃大规模破坏生态环境的"恶性增长"，提倡有利于生态环境和生态平衡的健康、稳态、持续的经济增长，经济和自然生态系统的发展齐头并进、相得益彰。如何开发和构建合理的土地资源利用模式应以干旱区生态系统的稳定平衡为价值取向。如果从经济学、社会学和生态学三位一体的观点来审视辽西北土地资源利用，解决目前辽西北生态问题的关键是建立一种稳态经济运行模式。扩张式经济增长是不可取的，稳态经济必须依靠科学技术进步，内涵式集约利用资源才有可能实现。

（二）辽西北土地资源科学利用的可持续发展观

可持续发展观是坚持人和自然的和谐统一，如同我国古代的"天人合一"的思想，人是自然界的一部分，人与自然界是不可分割的统一体，在生态环境脆弱的地区更应如此。可持续发展观是一种综合的、整体的发展观，通过区域水土资源的合理配制，促进辽西北社会、经济和生态环境系统三者的协调发展，是与自我为中心、以单纯经济增长为主的传统发展观相对立的新型发展观。发展意味着挖掘或实现某种潜能，逐渐达到更规范、更令人满意的状态。可持续发展的经济意义是将资源利用的强度控制在生态系统生成或吸收能力许可的范围内，保持人类对资源的利用强度与自然所能供给的限度之间的协调，并不断地改善生态环境的质量，使生态环境系统得以良好循环、持续地供给。不能将土地资源科学利用当作持续开发，无限制地增加人类各项用地，随意改变生态景观，以生态为代价来换取经济增长。这是不可取的。

区域生态一旦破坏，是难以逆转的，楼兰城的衰败就是一个典型范例。但是，以牺牲经济发展来保持人与自然和谐统一、防止生态危机的思想，也是行不通的。生态环境是经济发展的自然基础，生态环境好，可以促进经济发展；经济发展了，又可以加强生态建设，改善生态环境；社会经济发展必须以生态环境质量为前提，社会经济发展和生态环境具有正相关关系。必须在发展生产的基础上克服生态危机。在有限的水资源和原本生态环境十分脆弱的情况下，土地资源的利用方式和观念更应转变到科学利用上来。

为实现可持续发展，应对人类生存发展所依赖的生态环境和土地资源条件进行重新认识，以保证当代人的生活质量不降低，下一代人需求不受威胁。显然，可持续发展观应建立在人类生存发展和环境支持系统之间相互协调的基础上，提高人类生态整体意义上的可持续生存能力和可持续发展能力。人们不是以寻求生存发展在量上的最大化和最优为主要驱动力，而应顺应自然环境，提高环境生态功能，在共同作用下实现人与自然的生存和发展在质上的整合，趋于有序性和协同性。社会经济可持续发展模式，必须建立在以生态思维为特征的社会环境伦理基础上，采用环境条件与经济增长驱动力相互制衡的发展模式。这是社会经济可持续发展实现的重要条件。

（三）辽西北土地资源科学利用的生态价值观

一定的经济社会发展模式需要一种特定的社会环境伦理基础作支撑，从而也形成相应的思维模式。土地和水对人类的最直接价值是产生经济效益，生态环境则提供间接价值。但有时间接价值会高于直接价值，且直接价值是由其间接价值来保障的。生态价值不仅可提供人类直接或间接消费利用自然资源，而且还取决于人类通过保护和改善生态环境，补偿自然资源的损耗。所以，只有生态环境的可持续发展，才能保障资源的持续利用。

长期以来，人类往往以自己为中心作为自己行为的道德标准，人类的主体思维强调对人类以外的客体进行无限制的支配，为满足自身的需要，可以不加任何限制地利用资源，只考虑资源利用主体的权利，而不考虑客体的存在价值。其结果是人与生态环境的矛盾日益尖锐，经济得到了快速增长，却付出了资源枯竭、生态破坏的高昂代价。

生态建设过程中存在显著的"公地悲剧"问题。越是经济落后的地区问题越普遍，这类问题在辽西北沙化旱区土地开发中尤为突出。辽西北自然环境变迁可以说明，无约束的开发，只能导致毁灭。造成这种危机的关键在于人们价值观念的缺损，缺损最重要的部分则是生态价值，经营思维的错位，个体选择最利己的策略，损失由集体承担。对资源"取之不尽，用之不竭"的观念要彻底改变，我们要树立一种新的价值观即人类与自然和谐共处的生态价值观。

生态价值观是在强调生态环境的价值的同时，促使人与生态环境的协调发展，体现了人与自然和谐共存的关系。而生态危机的真正克服，在于人们生态意识的提高，人们应该意识到人是自然的一部分，人在自然之中，并融入自然，人和自然有着共同的利益和命运。作为与生态环境为一体的人类必须同自然界建立一种友善、和谐的关系，尊重和保护自然就是尊重及保护人类，沙化旱区的人与环境更应保持这种关系。人类应促进自然环境的稳定与繁荣，并在保护和维持其良性循环的基础上，改造和利用自然，只有这样，才能持续发展。

针对辽西北生态环境状况，必须调整土地经营方向，采取一种对自然客体协调、共利共存的发展模式，使资源利用与环境容量相适应。在重视区域经济、空间、功能等发展基础上，强调生态环境发展，使之同步发展。土地作为人类一切活动的载体，对生态环境具有不可忽视的作用力。辽西北土地资源利用的生态思维应从"人类中心论"转向"人类生态整体观"和"科学的发展观"，强调人类主体与客体的辩证关系，土地资源永续利用的生态意识代表人与自然的新的价值取向，也是指导土地开发利用的准则。

辽西北土地资源科学利用的生态价值观就是在人与自然和谐共存关系的基础上，不断调整人类不合理的经济行为，使其与有限资源和环境容量之间的关系统一。人类通过自己的行为方式影响着自然，通过反思、总结以往利用资源的经验与教训，寻求与生态环境承载力相协调的资源利用方式。如何解决辽西北社会经济发展和保护生态环境的矛盾，根本原则是坚持人与自然和谐共存的发展方针。只有与自然和谐共处，人类才能进步，社会才能发展。

（四）辽西北土地资源科学利用的有限观

辽西北土地资源利用的有限观就是将土地资源利用控制在合适范围内，达到资源的持续利用，可以用适度开发利用的理论来说明。科学开发利用的基本原理是建立在自然资源再生产能力范围内的开发利用，将开发速度控制在该范围内，使其持续开发变为可能。以自然资源再生产能力与经济开发所获得的效用为基准，可将持续开发的最适度问题公式化即：

$$\max y \int_0^T u(y) e^{-rt} \mathrm{d}t, T \to \infty \tag{4-1}$$

$$\text{s. t. } \mathrm{d}x/\mathrm{d}t = f(x) - y \tag{4-2}$$

式中，x 表示环境资源存量，y 表示开发量，$u(y)$ 表示开发效用函数，$f(x)$ 表示环境再生产函数，r 表示开发效用的社会贴现率，t 表示时间（$t = 0, 1, 2, \cdots, T$）。

科学开发的最适宜化的选择必须在式（4-2）控制环境资源存量最大开发利用的限制条件下，对式（4-1）的社会目标函数最大化关系式中的开发量 y 进行积分，便可得到制约条件下的最适度开发值，按此规模开发，才可实现其持续利用。

从生态环境保护和管理要求来看，对资源的开发利用，应当与环境的实际承载力保持一定的差距，这个相差距被称为安全边际。土地资源承载力测算应引入生态经济学概念，使人类的经济活动遵循生态系统的物流、能流和信息流的运行规律，并与生态环境保持和谐。一个既定的经济规模（人口数量与人均资源耗用量的乘积）决定了其资源拥有量以及相应的环境负荷能力，它可以容纳较多人消费较少的资源或者少数人消费较多资源，这都取决于资源的利用方式。

辽西北所拥有的物质资源和能源有限，一些资源限制了人类的生存和发展，资源利用必须有节制。一个干旱的内陆区域里，水源是极为有限的，上游开荒，下游就不得不撂荒，而且还破坏了这个地区的生态平衡。人类消耗资源的总量应控制在自然繁殖增长速率和增加总量之内，并不断地调整产业结构，用更多的可再生资源代替不可再生资源。因此，农业用地应保持相对的稳定性和适度规模。

在当前严峻的生态环境危机下，是继续维持只注意经济发展、忽略生态环境的土地利用方式，还是利用有限的水资源，兼顾生态环境和经济发展，保持适当的土地利用规模，这是辽西北人与自然和谐共存的必要选择。辽西北生态环境的人口容量是相对有限的。但在生产力水平提高、资源消耗逐步减少的条件下，坚持可持续发展原则和科学发展观，掌握环境变化规律，提高适应能力，在环境能够承受的范围内，用少量资源得到较多产出量，养育更多的人口，充分利用有限资源，是可以扩大环境的人口容量的。否则，如果人口的发展超过与生产力相适应的环境容量，环境便退化以致衰亡，人类也将在这个地区消失。

在水土资源对人类发展起约束作用的情况下，生产力水平的提高，可促使资源利用效率提高，社会经济可以持续发展。但现实是，经济发展和人口增加的压力将要求土地利用规模相应扩大，为此，必须挖掘水土资源的潜力，扩大经济供给，满足经济发展的需要。以色列干旱节水农业发展就是一个典型例证。在辽西北人口增加和经济规模增长的过程中，生产力水平与环境或多或少有些不相适应的地方，如生产方式仍限于传统、粗放的外延型的资源利用模式，势必造成生态环境的恶化。因此，只有抓住水土资源这个制约因素，提高水土资源利用效率，合理安排生态和经济建设，人与自然和谐共存的发展方针才能实现，辽西北生态环境才能真正得到改善。

二 辽西北土地资源科学利用原则

（一）以内涵挖潜为主的集约利用原则

土地资源利用完全依赖水资源时空和地域的季节分布，水资源要素在辽西北的"短板"制约性极强。以水定地是土地资源深度利用和广度开发的前提，土地资源的利用必须与水资源的可利用量和生态环境的保护与治理相适应。因此，水资源要节约利用，土地资源也要节约利用。如何合理利用有限的水资源，发展节水农业是辽西北农业可持续发展的关键问题。

依据辽西北生态与土地资源的特点和现状，将较大范围的土地生态环境的脆弱性和总体的独特性与局部的优异性一并考虑，采用先进的节水型集约化经营模式。随着社会经济的发展，各行业对土地资源的需求日益增加，合理利用存量土地资源，开展土地整理是辽西北土地资源科学利用的重要内容。因此，在相当一段时间内，加强现有基础设施建设，优化土地利用结构，改善生态环境，走内涵挖潜、高效利用的道路是当前的重要任务。在解决用地矛盾的同时，应注意节约每一寸土地，最大限度地加以利用。

（二）用养结合，协调发展原则

辽西北人口、经济增长与土地有限之间的矛盾，以及土地利用强度和方式与生态环境的承载力的不相适应已严重制约着区域经济可持续发展。由于对自然规律的轻视，农作制度的不完善，重用轻养，牧草和豆科作物面积少，有机肥施用不足，中低产田多，土地生产率不高；重外延扩大、轻内涵挖潜的土地资源开发利用观念未得到扭转；滥垦、超采、过牧等掠夺式利用和粗放型经营，或多或少对脆弱生态环境带来了不良影响，使生态环境退化和负面影响产生叠加效应，严重影响了土地生产力和经济效益。土地的利用应遵循自然规律，适度利用，科学利用，用地与养地相结合，提高土地利用效益，有效地协调土地利用与生态环境保护的关系。

（三）公共效益最大化原则

公共效益最大化就是土地资源利用不仅追求局部利益最大化，而且是区域整体利益最大化，同时也是经济、社会和环境生态综合效益最大化。因此，土地资源利用应处理好吃饭与建设、经济效益与社会效益、生态效益、当前与长远、局部与整体之间的关系。从区域角度来看，各地要改变传统掠夺式经营模式，放弃追求局部和个体利益最大化，应做好用地的功能布局，采用集约经营模式，地区与地区之间、区域与区域之间相互协调分工，以发挥最大的公共效益，保障民众现在和未来的福利与利益的最大化。

（四）坚持有约束力原则

辽西北土地资源的有限性、土地质量分布的不均匀性及其作用不可替代性，决定了辽西北土地资源科学利用是有约束力的利用。也就是说，辽西北土地资源持续利用的实质是在一定的区域内，既满足当代社会经济发展对土地资源的需求，又不对人类未来的发展需求能力构成威胁，保证土地生产力的持续性，是土地适宜性在时间上的延续。其约束力条件为：实际土地利用强度≤土地承载力。

从土壤摄取的营养成分小于或等于人工培养和自身恢复能力的总和，以保障自然生产力的持续供给。也就是说，用养平衡，或者养略大于用。耕地种植面积小于或等于适宜耕种土壤总面积。在生态平衡的约束下，水土流失量小于或等于生态环境许可的程度；环境污染程度小于或等于生态环境许可的程度，控制在自然环境容许和自净的范围内：实际人口数量≤人口承载力。

危及辽西北土地资源持续利用的第一因素是人口增长过快、人口过多问题，特别是辽西北农牧生态交错带在人口的压力下，时常发生农林牧及其药材采挖争地，引起人畜草等连锁矛盾冲突。人口规模超出了土地承载力，必然导致经济贫困恶性循环。人口不仅是造成沙区生态环境变化的主体，也是调控和管理沙区生态系统的主体。因此，将人口数量控制在经济和生态相协调的最佳范围内，提高人口资源素质，特别是要解决贫困人口问题：实际水资源利用量≤最大可提供量。

辽西北地表水资源量除去出境水量、生态用水，如果考虑将来生态需水和目前生产、生活缺水，几乎没有拓展的空间。只有合理利用好现已利用的水资源，从节水做起，提高水资源利用效率，才是最为重要的。因此，大力发展高效节水农业技术是实现辽西北经济可持续发展的重要途径，同时区内外的调水工程和对地下水开发也是必不可少的。通过节流，最有效地利用水利资源，选择高度集约化水平的用地方式，将水资源实际利用量控制在自然条件所提供的范围内，才不致对环境产生负面作用。

三 辽西北农地适度规模经济学分析

(一) 农地适度规模经济分析

辽西北自然生态环境的脆弱性、不稳定性、累加性以及遭受破坏后的不可逆转性，决定了环境承载能力的有限性。农业用地和人口规模更应保持一个相对稳定状态。设 S 为区域中可利用资源的实际量，P_i 和 S_i 分别为第 i 年的人口数和人均消耗的资源量。人口规模定义为 $L = \sum_{i=1}^{\infty} P_i (i = 1, \cdots, \infty)$，很明显，$\sum_{i=1}^{\infty} P_i S_i \leqslant S$，式中，S 决定了 L 的上限。消耗资源量控制在资源再生能力范围内，便可达到持续利用的态势。

因此，在生态环境的承载力范围内，确定适宜的农业生产规模。资源开发利用应当与实际承载力保持一定的差距，一旦超过其限度，生态系统就失去了平衡。这个度是一些阈限的集合，也是事物发生质变的转折点。因此，对于可再生资源可利用量和利用递增速率应控制在自我繁殖增长量和增长速率范围内。干旱区的农用地规模对生态环境的影响越来越大，已成为资源、社会经济和环境生态三者之间协调的平衡点。

干旱区的适宜农业用地在一定的技术和水资源的制约条件下，是有规模限制的，其农用地的利用必有一个阈限，随着科学技术水平的提高，其规模有可能扩大，但这必须与其所对应的技术条件相适应。图4-1表示的是农地生态环境功能收益的供需关系模型。纵轴表示环境治理或农地生态功能的价格，横轴表示农地从优等顺序排列的耕种土地面积。$OQ_1S_1S_2$ 供给曲线表示农用地在干旱区提供的一种生态公益功能的供给情况。农用地除收益农业生产功能外，还应具有生物资源保存、土地生态保护、景观维持、旅游等综合功能。农用地大区域背景为干旱区域，农地规模小，不可能形成所谓湿岛效应，不具备防护功能，也就无生态效益。因此，在期初，市场供需均衡点在 OQ_1 上，均衡价格为零，均衡数量小于 Q_1，即农产品所对应的生态功能价格为零，说明农地规模过小，其生态功能作用甚微。

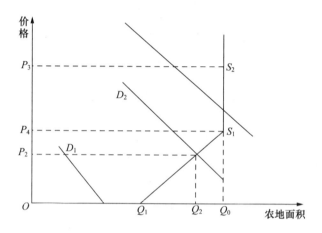

图 4-1　农地生态功能收益的供需关系

随着农地规模扩大，农用地生态效益得到发挥，逐渐增加，当环境的生态效益达到一定程度后，受周边特殊生境的制约再没有宜农土地参加生产，即便是劣质农地参加农业生产，也不会增加生态正效益，而会增加环境治理费用。当农地规模达到 Q_0 时，继续扩大生产不但不产生正效益，而会产生负生态效益，即外部不经济性。因此，受自然条件等约束的农地规模是相对有限的，供给曲线 S_2 是垂直的，所对应的均衡价格是无弹性的，在供给曲线 S_2 上供给价格弹性为零。需求曲线 D_2 与供给曲线 S_1 所形成的市场均衡价格 P_2，并不是农地生态功能最大化价格，农地生态功能随农地规模扩大而增加，需要追加 $Q_0 - Q_2$ 土地规模进行生产。

当土地供给规模达到 Q_0 时，其生态功能最大，这时区域内最大生态功能的可利用土地资源被全部利用，但随着需求的增加，其价格上涨，必然引起通过其他途径增加供给，如开垦劣等荒地等。这样，生态环境治理费用势必也增加，考虑到成本与效益，生产者便会降低生产规模，达到生态效益最大而成本相对小的生产规模，即等于或接近 Q_0 的用地规模。从经济角度来说，以最小的成本获取较大的收益，则 Q_0 点便是边际环境成本与边际环境收益相等时的最大生态效益的适宜农地规模，也是农地利用的阈限最大值。

适度农地规模不仅要考虑农地对周边环境生态的正效益，同时也要考虑农地的负效益。所以，适宜农地规模应该在没有达到最大点之前或正好吻合，即接近且小于或等于 Q_0 的农地规模，也就是说，接近均衡价格 P_4 所对应的用地规模。而农户则权衡利弊来选择适宜农地规模。实际上生态功能的需求价格很小，是因为生态功能支出在农作物生产费用所占份额非常有限或几乎没有。如果农业生产者为环境提供生态服务功能效益，能得到相应的收益；而对其所产生的环境影响也要支付相应的费用的话，农业生产者便会选择有利于自己效益最大化，并兼顾环境的适宜的农地规模。

在农业环境政策实施时，不仅考虑农产品生产量，而且应将生态功能纳入生产目标中。应控制无视生态功能的土地利用和农地转用，严格实行土地利用用途管制制度。如经济林、果品价格低落时，农作物价格上扬，易诱导农地内部用途转换。建设用地需求旺盛，也会出现农地的非法转用，或实行多年撂荒以便转为建设用地。林地和草地从生态功能的作用来说，比农作物生产用地的生态功能强，但农地的综合性生态功能也是不可忽视的。

（二）农地适度规模政策分析

为促使农地适度规模形成，有效防止外部不经济性，引入共同负担原则的合理竞争机制，激发农业生产者在提高产量的同时，加大农业环境治理的力度，改善其经营环境。从经济学角度来说，边际外部环境治理费用等于污染者边际个人纯收益时为最适度污染水平。图 4-2 中，I_0 点表示个人边际成本为零时的最适地租的土地规模。一般而言，实践中，农业生产者在经济利益驱动下，不断地扩大生产规模，当支付成本超过自己收益预期，便停止扩张行为。所以说，最佳适度污染情况下的农业用地规模 I_{opt} 应该比 I_0 大，而比 I_1 小。由于受多方因素影响，确定起来非常困难。如政府优先考虑粮食安全与有效供给，政策上可能是鼓励农业生产者多生产，尤其是我国人均耕地少，用地矛盾突出，不可避免地提倡高产、稳产，正好与一般农业生产者追求利润最大化愿望相吻合。

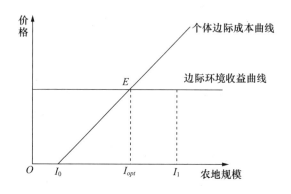

图4-2 积极的农业环境政策的依据

生产者在利益驱动下，将 I_0 向右方向移动的欲望强烈，而农业环境政策的作用是控制和诱导 I_1 向左方向移动，直至达到其理想状态 I_{opt} 规模。随着农业生产规模的扩大，社会环境成本逐渐递增，直到使环境超过其承载能力，产生景观的破坏和生物多样性的丧失等环境影响。如果没有约束机制，农业生产者一般会追求利润最大化，不考虑对环境的影响而扩大规模达到 I_1，甚至更大。从 I_1 向 I_0 移动，说明随着农业土地规模降低，环境治理费用减少，个人负担部分也减少。

从 I_{opt} 到 I_1 为农业生产者追求超额利润所产生的环境负面影响逐渐增加，而个人负担的环境治理费用也相应增加。如果在这期间生态环境治理费用完全由个人负担，生产者则会考虑是扩大生产规模，还是多支出环境治理费用，当治理费用大于扩大规模所带来的收益时，则会减少生产规模，经权衡利益后，便选择适宜的生产规模。

从 I_0 到 I_{opt}，考虑到农用地公益功能的外部经济性和环境负面影响的外部不经济性，环境治理费用应由政府和农业生产者共同负担，低集约度状态实行共同负担易刺激生产，可带来环境正效益。因农业生产与农业环境是相互依存的关系，所以，这部分外部经济内部化采用共同负担原则。若 I_{opt} 为产生的外部不经济性的农地规模临界点，则 E 点便是环境治理费用个人完全负担与共同负担的分界点。超过 E 点的环境治理费用由农业生产者全部负担，使外部不经济内部化，采用积极的环境政策，迫使农业生产者从广度开发转向集约利用。

一般生产者当从土地中得到的收益小于环境污染所负担费用时，便不会再扩大生产规模，而集中于集约利用资源，促使科学使用农药、化肥以及耕种过程等更为精准化、科学化和环保化。当收益大于环境污染所负担费用时，在无约束条件下，农业生产者便会再扩大生产规模，侧重于广度开发。在土地公有、产权界限相对模糊的情况下易发生"公地悲剧"的现象。当农业生产者从土地中得到超额利润大于环境污染所负担费用，并且超过环境负荷时，引入污染者负担原则，有利于抑制扩大规模的行为；而农业生产者生产带来的生态效益，并在环境负荷以下时，应引入污染者和政府共同负担原则的农业环境政策机制，促进农业生产者优先考虑其经营规模的适度性。政府可以通过治理费用分摊比例的调整，来调节农用地生产规模。只有这样，才能促使农业价值观重心由农作物生产向田间生态农业转移，使财产权不再只停留在生产优先等有形产权上，而是实现综合效益的最大化。

四 辽西北土地资源科学利用模式——"雁行形态"模式

"雁行形态"学说最先是由日本经济学家赤松提出来的。赤松在研究后起国家的幼小产业变为可以在国际市场上具有竞争能力的现代产业时，把这个过程比喻成"雁行形态"。他认为，幼小产业要变成具有竞争能力强的出口产业，应遵循"进口→国内生产→出口"，相继交替发展，其过程在图形上像三只大雁在空中飞翔，第一只雁犹如进口态势，第二只雁是由进口引发的国内生产态势，第三只雁是国内生产发展所促进出口态势。

土地利用在一定的科学技术条件下，起初从土地中得到的报酬是随规模扩大而逐渐增多的，当达到一定界限时，报酬逐渐减少，必然会呈现递减趋势。辽西北土地开发利用也是如此，在水资源和生态环境等因素限制下，依据土地报酬递减规律，土地开发利用超过一定限度，必然产生土地生态问题。生态环境恶化影响土地生产率提高，河流上游因土地过度开发收益得到一定的提高；而下游生态恶化，大量土地沙化而弃耕，给整个区域经济带来更大的损失，国家或地方政府对下游环境治理的费用会远远大于上游单位或个人的收益。因此，在生态环境的承载限度下，按照不同区域的自然条件和科学技术水平，确定合理的土地集约利用方式，由粗放式的土地资源利用模式转换为集约式土地资源利用模式，坚持经济效益与生态效益并举的原则，保证区域资源整体效益最大化，遵循"开发—调整—技术进步—新的开发"的良性循环规律，实现辽西北可持续发展。

如图4-3所示，辽西北土地科学利用的"雁行模式"揭示了辽西北土地资源要实现永续利用，必须要经过机制创新，审视以往的土地利用是否符合自然规律，调整土地利用的强度以符合生态环境容许的范围，变外延型土地开发为内涵、挖潜式的集约利用，蓄势整理，以便更好地发展。在新的科技革命条件下，再进行新的一轮开发利用。粗放的土地利用模式不仅影响代际甚至影响代内资源利用的公平。

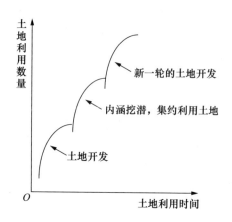

图4-3　辽西北土地科学利用的"雁行模式"

目前，辽西北土地资源利用处在一个综合调整和利用形式转型阶段，特别是在世界贸易组织规则下，迫切需要建立土地经济效益和生态环境效益并重、合理的土地资源科学利用的运行机制。如果说以往是土地大开发、高度扩张阶段的话，现阶段则为土地内涵挖潜、集约利用整合阶段，其土地资源利用应以经济、社会和生态环境协调发展为目标，以土地资源适宜性为依据，以现状为基础，对一定时期内的土地资源利用方式、数量结构和空间布局做出战略性的部署与调整。

通过土地利用类型空间转换将土地利用方式转变到经济与生态环境协调发展上来，促使辽西北沙化旱区生态系统进化性演替。针对外延土地利用报酬递减现象，应加大生态环境质量改善和土地适宜性提高力度，促使区域整体生态环境趋势向土地生产力和植被覆盖率显著提高的方向发展。

现在的调整是为了将来更好地发展及实现土地资源的科学利用，通过抑制扩张式的土地利用方式，避免因土地垦殖率增大、土地资源不合理利用而导致的生态系统结构与功能的退化和土地适宜性的降低，出现大面积荒漠化及系统退化性演替。所以，辽西北土地资源的利用方式必须要向土地资源质量提高和利用结构优化与功能趋强方向转变，达到土地利用适宜性与其生态性的合理匹配。内涵挖潜、集约利用就是实现这种方向的根本转变，同时也是辽西北土地资源优化配置和可持续原则指导下的合理开发利用资源的重要内容。

第二节 辽西北节水、高效的沙化旱区水经济

水资源是沙化地区的命脉，是干旱地区最为稀缺的资源，是辽西北人民赖以生存和发展的基础，它不仅是区域物质、能量和信息最主要的携带者，还是植物和经济作物养分的供应者，并且是区域生态和社会经济系统共同依赖的要素，一定的水资源量能维持一定面积的沙区。它在很大程度上决定了沙区经济发展的总量和产业结构与布局，影响着沙区的空间结构、职能和规模。土地资源利用是否持续往往取决于水资源的合理利用，水资源在沙化旱区的土地资源开发利用中起着决定性作用。水资源的数量与已开发、待开发土地之间的尖锐矛盾，使在调整土地利用结构时必须统一考虑各种土地利用方式的需水量与水资源总量及其时空分布之间的相互平衡。因此，如何合理利用当地有限的水资源是沙化旱区土地资源实现科学利用的关键问题，研究沙区水资源合理利用也是优化配置沙区土地资源的重要内容。

在未来相当长的时间内，辽西北地区仍将面临持续干旱问题，这是不以人的意志为转移的。因此，合理利用水资源是实现辽西北生态环境和经济可持续发展的基本对策，建立节水农业体系是实现干旱区生态环

境良性循环和土地资源科学利用的根本保障。

一 辽西北水资源科学利用的指导思想

水资源合理开发利用的指导思想是：在水资源需求方面，通过产业结构调整，建立节水型经济，提升生产力的综合效益以及合理布局，对于不利于水环境及对生态环境有损害的需求要进行抑制，特别要注意控制不合理开垦土地所带来的新的需水增长势头，促使走水资源可持续发展的道路。在供水方面，一方面通过工程措施，增加供水，改变水资源的时空分布来适应生产力布局；另一方面引入竞争机制，进行水费及水使用制度的改革，促使扩大农地规模向中低产田改造转变，集约利用水土资源，大力发展节水灌溉农业，增加有效灌溉面积。

土地资源利用上由增水增地向增地不增水方向发展，分配水资源时在满足国民经济发展的同时兼顾生态环境的用水，增强节水意识，加强管理，大力推行节约用水，通过建立补偿机制来鼓励节水事业的发展，减少有限水资源的浪费，协调各业用水，遵循开发利用总量控制的原则，确保自然生态环境的需水。从低效、粗放利用向合理、高效利用转变；从增引地表水向适度开发地下水转变；通过实施跨流域调水，强化流域水管理，按照"高效利用、积极保护、合理开发、有效管理"的方针进行水利建设，为改善生态环境和国民经济发展提供保障。

辽西北水资源持续利用的发展方向是：山前引水—渠系防渗—平原水库—节水灌溉—竖井排灌与明排相结合。解决水资源与土地之间的矛盾，应在安排土地利用结构时统一考虑各种土地利用方式的需水量与水资源总量及其时空分布之间的相互平衡，使土地资源利用由目前的外延型发展模式转变为内涵式发展为主的运行模式。以水定地、以水定农牧业规模、以水定生态环境保护，是辽西北沙化旱区土地开发利用需要遵循的原则。充分合理利用水资源，稳定现有耕地规模，优化农业内部用地结构，不断改善区域的生态环境，有效地发挥水土资源的生产潜力，最终达到水土资源合理利用的动态平衡，使区域经济社会发展与生态环境保护进入一个良性循环阶段。

二 辽西北水资源科学利用原则

（一）生态系统平衡原则

生态平衡是指生物之间、生物与环境之间、整个系统与外部之间保持稳定有序的协调关系，从而促进系统内的物质循环和能量转化的顺利进行。由于辽西北沙化旱区的脆弱性，如果水土资源利用不合理，便会导致整个系统的紊乱，从而陷入生态环境的恶化循环。更多、更常见的是经济增长对土地资源需求的无限性与自然生产力供给的有限性之间矛盾的作用，致使土地资源的退化，其土地退化的根本原因就是生态平衡遭到了破坏。

土地资源是有限的，但人口增长、建设用地增加是绝对的。这样，就必须使土地资源配置与生态环境承载力达到动态平衡，并与国民经济和社会发展相协调。沙化旱区生态系统的核心就是水资源，土地利用必须针对辽西北水资源的有限性和生态环境脆弱性，把人类施加给自然的影响，限制在自然能承受的限度内，使土地利用强度与水土资源可供量和环境达到平衡，以保证辽西北的持续发展。

（二）脆弱地区生态用水优先原则

在没有外源水增量的情况下，一方面增加用水，另一方面则减少用水，而现实中国民经济各业用水不可能减少，实际上会增加。未来发展需要水，生态改善需要水，维护生态用水对辽西北的稳定又是必不可少的，两方面都不可舍去。因此，要改变以往只注意水的资源功能，忽略了水的生态功能和环境功能的观念，应把维护生态环境用水与经济发展同等看待。但同时也不能不考虑满足经济发展的水需求，仅仅为了生态环境，而放弃经济发展也是不可取的。因此，两者都必须兼顾。而在生态环境脆弱区的生态用水必须优先得到满足。只有这样，才能维持生态环境良性循环，使其不至于进一步退化。

保证生态安全和辽西北土地资源科学利用，是辽西北经济持续发展的保证。水资源的开发利用必须考虑生态环境用水份额，以便保持有足够的水量来维持河流系统本身的结构和功能需要以及下游植被用水需求，确保区域生态正常的生态结构和功能发挥。而对于已退化生态系统的恢复与重建当然也需要水的保证，只有通过对区域范围内水资源的调剂，才能改变已退化的生态系统。因此，改善和维护生态系统的正常功能，应优先考虑生态环境的需水，不是将节约的水用于扩大生产规模，特别是用于新开垦的农地。

（三）节水建设优先原则

对于辽西北农业可持续发展的节水灌溉模式应采用"渠道防渗—定额配水—平整土地—节水灌溉—调整水价等"措施，促进节水事业的发展。节水建设是辽西北水土资源科学利用的重中之重，干旱区用水方略，必须坚持以节流为重点，注重与生态环境建设相协调。开源主要是建立具有优化水资源时空配置的大型骨干工程，节流主要是以灌溉技术、设施技术和管理技术为支撑，把节水农业、节水经济和节水社会的体系建设作为根本任务。所以，节水灌溉是辽西北农业生存和土地资源科学利用的必由之路，是缓解辽西北农业用水与生态用水供水矛盾、改善生态环境、促进土地资源内涵式集约利用的关键。通过采用现代科学技术与管理措施，达到节水增产目的；采用农田节水、保水，作物减少耗水等综合措施，提高区域水资源利用率，确保农业稳定、高效发展。

三 辽西北沙化旱区高效水生态环境

（一）树立水资源利用的有限观

如何在保护生态环境、土地资源利用受到有限的水资源制约的前提下，支撑更多的人口和更大的经济规模，是实施"突破辽西北"战略面临并必须解决的重要问题。水资源利用必须遵循可持续发展原则，正确处理人与自然和人与人之间的关系，人与自然互为调适，协同进化，人与人和谐共处，平等发展。应树立正确的、新型的、科学利用的资源观、科学的发展观，以及流域整体发展的观念。改变只强调国民经济用水的需求，忽视生态环境需求；只顾地区的发展需要，不顾流域整体的用水需求的状况。在水资源优化配置时，农业用水和生态用水要同等对待，要从不重视生态环境用水转变为在保证生态环境用水的前提下，合理规划和保障社会经济用水。

保护和改善生态环境，是辽西北社会经济可持续发展所必须坚持的基本方针。观念和行为一定要转移到可持续发展上来，树立水资源利用的有限观。从图4-4可知，可利用水资源总量曲线是一条相对稳定的、增量变化较小的平滑曲线。生态环境需水量曲线是保持生态环境稳定必需的水量，只有保持相对稳定的生态用水，才能保障区域生态环境系统的相对稳定。随着全球温室效应、气温的上升，干旱地区越来越干燥，生态环境需水可能有增加的趋势。无抑制社会经济需水曲线是在无约束情况下追求本部门经济利益最大化的结果，期初由于水资源丰富，用水部门少，采用以需定供的经济增长型的水资源配置模式。但是，随着经济发展、人口增加，对水资源需求量越来越大，使有限水量供需矛盾日益突出，这时无抑制社会经济需水曲线便会穿过生态保障最低水平的临界线；若无限制，过度开发利用水资源，继续保持需水增长势头，则要挤占大量的生态用水，如果长时间使环境在超负荷状态下运行，必然导致环境恶化，直至影响社会经济的可持续发展。

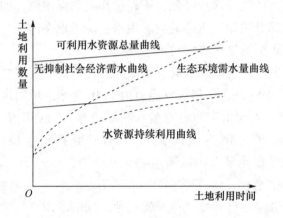

图 4 - 4　水资源持续利用关系

因此，要及时调整水资源供需关系，坚持资源、环境和社会经济可持续发展，采用以供定需、引导合理需求、限额用水的水资源配置方式。一方面，节约用水，通过需水管理降低社会经济发展的总需水量，提高灌溉保证率和水利用效率，积极进行产业结构的调整，禁止乱开荒，逐步恢复和增加生态用水，建立高效节水社会；另一方面，内涵挖潜，污水和微碱水净化再用、循环利用以及进行跨流域增水工程，通过这两方面的途径解决水资源的供需矛盾，使供需关系逐步协调，将社会经济发展需水控制在可以保障供水的水平之内，使水资源持续利用曲线始终置于生态保障临界用水下限之下，实现资源、环境与社会经济的可持续发展。

（二）确保合理的生态用水

随着地区人口的持续增长和经济的进一步发展，各业所需用水将会急剧增加，甚至与改善生态环境所需的生态用水产生矛盾，这对有限水资源的利用提出了严峻的挑战。第一，对于生态环境脆弱地区，要保证保护和恢复自然植被及生态环境所需要的水量；第二，为了区域生态环境稳定，河流上游要合理利用水土资源，要保证河流下游生态环境所需要的生态水量；第三，保证水源涵养林、新封育的林草植被、防风固沙林、农田防护林、人工草场建设所需的生态用水;第四,传统思想认为是浪费水,实际上具有生态功能的不定期大水漫灌灌溉方式,也必须保证这方面的用水。干旱地区大水漫灌所特有的作用即洗盐、压盐功效,可使土壤耕作层的盐分含量降低,不超过作物的忍耐值,同样,也是不可舍取的。这部分洗盐、压盐的生态用水也应考虑在内。

四 辽西北土地集水节水利用

辽西北属半干旱地区,水资源是该区最为稀缺的资源之一。该区年降水量为400—500毫米,年蒸发能力为1746毫米。境内水资源总量仅8.42亿立方米,人均水资源占有量439立方米,为辽宁省人均水资源占有量的58%。在2009年夏秋季,辽宁省发生了50年最严重的旱情,辽西北地区农作物受旱面积达到46.29万公顷,1.95万公顷耕地作物因过分缺水干枯绝收,15.77万人、6.32万头大牲畜临时性饮水困难。这使水资源的数量与已开发、待开发土地之间的矛盾更加尖锐,建立节水、高效的沙化旱区经济有了更深刻的实践意义。从图4-4可知,可利用水资源总量曲线是一条相对稳定的、增量变化较小的平滑曲线。生态环境需水量是保持生态环境稳定必需的水量,只有保持相对稳定的生态用水,才能保障区域生态环境系统的相对稳定。

针对辽西北地表水与地下水、流域的上游与下游、源流与干流等存在管理和协调问题,必须从管理体制入手,进行体制创新,建立以流域为单元的水资源管理职能部门,贯彻以流域为单元的统一管理原则,真正做到统一规划、统一配置、统一取水许可、统一征收水资源费、水量水质统一管理等,加强依法治水的工作力度,把水资源的开发、利用、治理、节约和保护纳入法制化轨道。将水资源管理与开发利用产业管理分开,促进水资源开发利用市场化,并加强各级水资源管理机构建设。

健全水资源管理的法规体系、执法体系、保护制度和补偿制度,确保自然生态和生态环境产业用水,促进国土整治和环境质量改善。针对不同地区和不同用途的用水需求,改革现有水价,利用经济杠杆使水资源达到最优配置。调整现有的水利投资机制,对于不能发挥效益和浪费水资源的项目限制其运行。加强污水排放监督,推行污水排放收费政策、建立起保护水资源、恢复生态环境的经济补偿机制,促进达标排放废污水用于农业灌溉和生态用水,提高用水重复率。编制区域各行业用水和节水规划,充分挖掘当地水资源潜力,保证生态系统拥有足够的水资源量。生态环境治理应以水为切入点，加快上中游地区节水农业的发展步伐，保证下游有稳定的水量，严格控制不合理的人为活动。

第三节 辽西北土地资源科学
利用外部生态环境

辽西北土地资源科学利用是生态环境稳定和良性循环的保障，生态环境稳定和良性循环是辽西北赖以生存及发展的基础。在土地开发利用过程中，必须对土地资源利用和保护的问题进行理性思维，把"突破辽西北"战略中生态建设作为辽西北土地开发利用的核心，调整人地关系，解决水土矛盾，实现集约经营，用"大区域""新思路"，来寻求遏制辽西北生态总体恶化的有效途径。

一 辽西北土地利用生态环境状况

（一）区域人口与土地资源之间的矛盾

由于人口的激增，原有的有限耕地无法解决新增人口的衣、食、住、行问题，所以，将原有的林地、草地大量开垦，使原有的天然植被和沙土层遭破坏。一旦遇到干旱少雨年份，所种庄稼收成甚微，第二年就将其荒废，导致土地沙化。

人类活动是辽西北地区土地沙化的主要原因，自然条件只是沙化的潜在因素。该地区现在的沙地还残存榆、桑、柞、山杏、色木等乔木散生疏林，正验证了历史记载的"长林丰草"。随着人口的增加，长期毁林开荒做生活燃料、加工烧炭等，使这些散生的疏林被毁，进而使原有的良田失去疏林的防风作用，使本来生产力不高的耕地，进一步减产，从而陷入了广种薄收的恶性循环。

（二）土地质量下降与农业种植品种之间的矛盾

辽西北与全省的土地资源相比，土地资源相对丰富，但真正的"肥地"少。中低产田占耕地面积的71.2%，土地熟化程度低，土壤质地中的黏粒成分比重小，沙粒成分大，是保水、保肥能力差的主要原因。

辽西北沙地的大部分土壤有机质含量低于1.0%，碱解氮、速效磷、速效钾的含量仅为54.8毫克/千克、7.3毫克/千克、92毫克/千克（以彰武为例），养分含量均处于较缺乏状态。这样的耕地条件加上特殊的气候环境使有些作物新品种在这里根本得不到推广，而维持现有传统品种的产量也只能靠多施有机肥、化肥，即高投入、低产出。

（三）牲畜数量增加与牧业用地退化和减少之间的矛盾

由于水分和地形因子的限制，使该地区成为半农半牧的生产模式，牧业主要依靠天然草场放牧。随着农村粮价的放开，农民种地利润越来越少，使部分农民转向牧业，随之而来的是牲畜的数量剧增，使本来就因垦荒而减少的草场加重了负荷量，单位面积载畜量急剧下降，优良草场退化为流动半流动沙地。最终结果是牲畜数量剧减，农民损失惨重。而草场完全沙化后，只能重新开始次生演替。

（四）采矿与土地植被之间的矛盾

辽西北有着较为丰富的地下矿藏，目前具有较大规模的是煤矿、硅砂矿、金矿等。这些矿业的生产对地方经济起着举足轻重的作用，但却是以牺牲土壤环境为代价的。煤区的矿山复垦是新兴起的环境难题。

二 辽西北生态环境保护和改善的政策措施

（一）提高生态环境保护意识，树立协调发展观念

资源开发与生态环境保护之间是一种相互依存又彼此竞争的动态平衡关系。如果资源开发与生态环境的承载能力和再生能力相协调，生态环境就会处于良性循环状态；反之，生态环境无法承载人类的需求就会导致逆向演化，生态环境日益脆弱，从而影响人类生产活动的效率和可持续性。自然资源和生态环境是经济社会发展的基础，基础出现问题，可持续发展也就失去支撑。所以，发展经济必须保持资源、经济、社会和环境四大系统之间的协调，可持续发展才能长久进行。

生态环境是辽西北"人口—资源—环境链"中最薄弱的环节，土地开发利用理所当然地要触动这个环节。因此，在辽西北土地开发过程中，应高度重视对生态环境的保护与改善。要不断提高全民的生态环境保护意识，在保护生态环境的前提下，进行土地资源利用，在利用过程中不断地改善生态环境，树立资源开发利用与环境保护相互协调的观念，增强各级决策者对生态环境保护和经济社会发展的综合决策能力，调动广大群众参与生态环境保护的积极性，对于辽西北经济可持续发展具有十分重要的意义。

（二）坚持以天然封育为主、人工为辅的生态建设理念

对于外围过渡带，如果干扰已相对固定的状态，沙丘推平，种植大

面积树木，不仅成活概率小，反而易诱发沙丘重新移动，这样的例子已不少。最好的办法是尽量保持相对的稳定性，限制或取消那些让生态退化的各种干扰，充分利用自身恢复能力，适当施加人为措施，可根据自然的适宜性，选择抗逆性强的植物，以遏制野生植被退化，达到恢复和改善生态环境的目的。近年来推行的退耕还林还草政策，积极开展林草植被建设，对辽西北生态环境的改善起到了积极作用。

2008年，辽西北减少耕地面积中有57%为退耕还林还草。退耕还林还草要因地制宜，宜乔则乔、宜灌则灌、宜草则草，以至宜荒则荒。过渡带植被一般具有一定的自我修复能力，一些退耕或休牧后的退化土地实行封育三五年后植被覆盖度可恢复到0.6以上。笔者到阜新彰武调研得知，撂荒三年后，在自然条件下，红柳、梭梭和沙生及盐生灌草植被长势高度和疏密程度可达到原生状态的一半程度。因此，荒漠和半荒漠地带的植被建设应以天然封育为主，辅以人工措施，人类不要干扰，让其自身恢复，规范人类开发利用荒漠资源行为，控制开发强度。

（三）加大生态保护投入，完善环境经济政策

生态环境保护和建设既是"突破辽西北"战略的重要组成部分，也是辽西北经济可持续发展的基础，所以，必须确保用于生态环境建设和保护的资金到位。坚持经济建设与生态建设同步发展，应实行谁投资，谁经营，谁受益，允许继承、转让等长期不变的生态环境政策，坚持国家、集体、个人一起上，多层次、多形式、多渠道筹措资金。用于生态建设、水土保持等生态建设专项资金不得截留或挪用，保证及时足额到位、专项专用，并建立严格的审计制度和监督机制。要坚持生态建设与农民脱贫致富和农村公共服务体系改善相结合，生态建设的政策措施与解决群众生活和当地发展相配套，出台生态建设的优惠政策，积极吸引国内外资金、技术和人才，加快生态建设步伐，制定和完善有利于改善生态环境的政策，建立有偿使用自然资源和治理恢复生态环境的生态补偿制度，促进并保证生态环境保护和建设与资源开发利用同步进行。

（四）发展沙产业，促进经济发展和生态保护

由于受沙化、荒漠化形成原因及地方经济、土壤、气候、降水等因素的影响，辽西北地区已相继发展沙产业。辽西北沙化地区依托潜在的光热、风能以及土地等自然资源，在科尔沁沙区和荒漠化区，发展生态

经济型沙产业，其中，部分地区还处于生态型沙产业阶段，如彰武县的阿尔乡地区。目前，辽西北沙区已建成 11 万公顷加工型玉米生产基地、2 万公顷油料生产基地、2.7 万公顷蔬菜生产基地和 300 万头（只）畜产品养殖基地，形成了具有一定规模和区域优势的繁、制种等优势农作物产业带。

尽管如此，辽西北沙产业仍然需要改进已有的沙产业模式。一是要制定以科学发展观为指导的辽西北沙产业综合发展规划。从全国到辽宁省及至辽西北，目前还没有一个几十年的长期沙产业发展战略规划，应以科学发展观为主导制定可从全局上调控整个沙区的产业设计和行业安排，同时也使下属区域的沙产业设计有章可循的沙产业规划，避免造成辽西北沙产业停留在学术界研究和地方、行业部门自发自然随意经营的层面上，要全面提高应用水平。二是要调整产业结构，突出特色产业建设，加大科技支撑。要实现沙产业高效益，选择产业路线、建立产业结构是关键，同时选择经济林、果树、中草药等特色产业生产模式，建立特色沙产业，形成有特色的支柱产业体系。围绕防沙治沙和沙产业的关键性技术难题，筛选一批科研项目，开展多部门、多学科、多层次的联合攻关，在关键技术上取得突破。三是要放宽直接融资限制，促进沙产业资本市场的发展。根据辽西北地区沙区经济特点和发展要求，要在全面预测和进行规划的基础上，制定沙产业金融政策，建立为沙产业开发直接融资的区域性资本中心市场，扩大融资渠道和融资能力。四是要加大扶持沙区生态资源利用型龙头企业成长。按照"放宽政策、放活经营、大胆扶持、放手发展"的思路，对发展势头好、潜力大、前景广阔的民营企业，在资金、技术、土地、人力等方面予以重点扶持，落实一定的优惠政策，使之真正成为带动区域经济发展、地方财政增收的实力企业。

（五）控制不合理利用资源行为

区域发展应以"注重质量、深挖潜力"为基本指导思想和方针。经济建设要立足高标准，兼顾生态环境，提高土地生产能力，发展节水农业和生态农业，加强对水资源的规划和保护工作。辽西北的开发应与水土资源潜力相适应、与社会发展需求相适应、与资金投入强度相适应、与生态环境承载力相适应。要根据区域水土资源潜力、人口增长趋势、经济发展以及生态环境要求，确定辽西北开发的先后顺序与规模。

针对区域薄弱环节进行保护、整治、修复、完善，以优化沙区生态系统，提高沙区整体功能以及生产能力和承载力。

通过影响辽西北生态环境的多因素分析，按照辽西北综合效益最大化和资源、生态环境、经济社会最佳协调的要求，提出对辽西北土地生态技术调控的层次、位点、途径与措施，从而促使辽西北生态环境趋优、系统功能增强。对辽西北生态要素调控，需要围绕辽西北生态环境建设要求，以生态农业为主导，从地力条件、生物种类、生态安全目标等自然生态要素，用途、结构、技术等资源利用要素以及投入水平、政策引导、战略决策等社会经济要素的调控入手，寻求多种生态要素的最佳组合方式，为辽西北生态环境的根本好转探索可行途径。沙区本身就是集自然和人文等诸多要素优化组合、高效产出的综合体。由于辽西北土地利用过程中涉及各个方面，通过对其横向和纵向的影响因子的规制，有利于沙化旱区的安全和稳定。

（六）实施辽西北生态保护政策和工程

随着"突破辽西北"战略的实施，辽西北的生态建设也被提到相当重要的位置，并且作为其可持续发展战略的重要组成部分。只有实现全方位的干旱区环境治理措施，才能使辽西北生态环境得到根本的改观。具体主要集中在退耕还林还草、生态防护林建设、荒漠植被保护、节水灌溉技术应用以及生态农业耕种制度建设等方面。

近年来，省政府加大了辽西北的生态建设投入力度，但先期欠账太多，任务依然艰巨。通过生态建设项目的实施，客观、合理、科学地对辽西北水土利用进行评价，掌握区域水土利用对生态环境的影响，及时调整水土利用行为或生态建设计划，促进生态环境良性循环和经济可持续发展，实现水土资源利用的经济、社会、生态效益综合最大化。

第四节 辽西北土地资源科学利用与发展可持续农业

辽西北土地资源利用主要围绕农牧业的生产展开。在所被利用的土地中，农、林、草地面积占83%，其中，耕地占农、林、草用地面积的61%。所以，农业是否持续发展决定了辽西北土地利用的科学性，并且辽西北生态环境与农业有着互动关系。脆弱的生态环境为辽西北农业提供了物质基础，同时又制约其发展；而可持续农业将促进脆弱的生态环境的恢复和重建，两者发展优劣都归结于辽西北水土资源利用的合理性。辽西北可持续农业是从可持续发展观出发，考虑区域生态环境的可持续发展，研究辽西北农业土地利用对周边环境的影响，使辽西北农业与生态系统一并高效、和谐、持续发展。

一　发展可持续农业的现实意义

（一）辽西北可持续农业涵盖并大于生态农业的概念

生态农业和可持续农业虽然概念不同，但意义有相同之处。对于沙化旱区农业来说，没有良好的生态环境，就不可能有可持续农业，可持续农业必须建立在良好生态系统循环的基础上。可持续农业的内涵大于生态农业，它是更高层次上对生态农业的丰富和发展。辽西北可持续农业是在生态农业基础上的进一步深化，是现代农业发展的趋势。辽西北可持续农业思想是在农业生产环境条件较为不利、部分资源相对有限、人类永续地获得生活必需品，并使农业生产持续发展下去的农业思想，即生态发展思想。这既是针对石油农业带来的生态环境不可持续性，同时又是为解决人口增加、生态环境压力等土地生态问题而提出的一种体现在农业、资源和生态环境的多方面、围绕辽西北生态环境持续性问题的对策。可持续农业并不是一味地强调生态环境而忽视经济、社会的因素，而应含有环境、生态、经济、社会等多维目标，否则便失去了可持续农业的意义。因此，可持续农业应该是在农业生产持续发展的前提下，强调社会和经济的协调一致，同时重视生态环境的治理和改善，三者同时兼顾。

（二）辽西北农业生态环境恶化，促使可持续农业构建

辽西北土地面积绝对数量大，相对可利用的土地数量少；土地利用受到水土资源不平衡因素的制约，绝大部分宜开垦的土地被早已耕种，剩下的是因限制因素难以开垦或可以开发但因水资源的短缺而不能充分利用的土地。人类长期以来对自然资源利用存在许多弊端：一是急功近利，只顾眼前利益；二是只重视提高生产量，忽视生态环境保护；三是工业废水污染农田、过量使用农药、污染土壤；四是广泛地使用地膜，给土壤带来了"白色污染"；五是过度开荒，致使草地退化，生物多样性减少，森林覆盖率降低，土地沙漠化加剧，影响和制约着辽西北农业

可持续发展。这些问题的化解，根本出路从构建辽西北可持续农业入手，采用可持续发展的农业新技术，合理利用水土资源，构建符合辽西北可持续农业政策体系，解决沙化旱区农业在社会效益、经济效益和生态效益不相协调的问题。

（三）辽西北可持续农业是高层次的现代农业的集合

从保护绿色植被和生态稳定出发，改造荒漠生态环境建立适合农业持续发展的人工生态系统，减弱干旱、风沙、盐碱危害及荒漠边缘地带的影响，是辽西北农业保护的一个层次。沙化旱区农业生态环境的持续稳定性是干旱区人类持续发展的首要条件，要求人们根据自然环境持续性的条件，不断调整自己的生产与生活方式，使自身利用的强度控制在生态环境容量许可的范围内，来确定农业生产规模、结构；并通过农业科学技术的运用，有效地提高资源利用率，促进土地资源利用方式的转变，形成合理的土地资源利用结构。

辽西北可持续农业是在现代社会向可持续发展社会过渡过程中，应用先进的现代农业技术，具备生物良种化、工具机械化、管理信息化、技术科学化、生态合理化、资源利用持续化和环境美化等特征，对现行农业的进一步完善。它体现了人与自然和谐统一的思想，是资源、环境、社会经济协调发展的农业体系。辽西北农业正由传统农业向现代化农业发展，但总体来看，仍处于半经验、半科学状态，未完全脱离传统农业范畴。

二 辽西北可持续农业发展对策

（一）调整与优化农业产业结构

优化农业产业结构是农业产业化的现实要求。辽西北农业产业化应以市场为导向，以发挥资源优势为重点，以发展生态农业和特色农业为核心，以提高林果业和畜牧业比重为切入点，以调整产业结构为突破口，实现土地资源的优化配置和农业持续发展。辽西北生态环境脆弱，农业结构调整应该把生态环境建设和发展林果业、畜牧业作为重中之重，加大农业投入力度，增加种植面积，合理布局产业结构，高质量、高档次、适度规模发展具有市场竞争力的瓜果等农产品。注重低产劣质果园改造，重视引进先进技术，发展果品深加工、储藏、保鲜，延长产业链，逐步推进辽西北农业产业化经营，走贸易创汇型农业的道路；大力发展农区畜牧业和城郊畜牧业，以农养牧，以畜促农，农区与牧区相结合，优势资源互补，一方面直接提供畜产品，增加经济效益；另一方面为农业提供有机肥料，促进农业向生态农业深层次发展。

在种植业结构调整中，应以调整粮食品种结构和质量结构为主，在提高粮食作物产量和质量上下功夫，正确处理好粮食、棉花和蔬菜的生产关系。在重点抓好小麦、玉米等粮食作物生产，主攻单产，提高品质，增加总产的同时，大力改造中低产田，提高复种指数，有效地增加农作物种植面积。在确保粮食安全的基础上，适当增加经济作物和饲料作物种植面积，土地利用结构由粮棉二元结构向粮、经、草、林多元结构转变，加快发展人工种植甘草、麻黄、肉苁蓉、贝母等中药材，并建立一定规模的人工生产基地，在稳定农业发展的同时，畜牧业、林业、草业需要有更大的发展；通过农业产业结构的调整，建立有利于生态效益提高的土地资源利用模式；正确处理好种植业、林带和草地建设三者之间的关系是辽西北可持续发展的关键，优化农、林、牧三者之间的比例关系，以及多元复合农业生产结构，为产业化经营提供多样化的农产品。

（二）开展农业科技革命，提高土地资源有效经济供给

通过科技进步、提高单位面积土地生产力来发展经济，而不能以盲目开垦荒地来追求短期经济效益为目的。科技是第一生产力，是实现辽西北高效、持续农业的有力保障。农业科技革命可以扩大土地这一稀缺资源的供给数量，通过科技进步可以利用目前我们尚未利用的土地、弃耕和撂荒土地，盘活存量土地，更为广泛地回收污染物质，提高土地的有效利用率，将品质和肥力较低的低产土地转变为高产优质土地，更为经济地开发和利用资源。用较为丰富的资源替代稀缺资源，以缓解对稀缺资源的需要，以增加土地的有效经济供给。重点推行以水土资源优化配置为中心、以改土为载体、以先进适用技术为手段，增强科技含量，加速中低产田改造以不断提高劳动生产率，从而促进规模经营，使农业再上一个新台阶。

农业技术进步对肥力、空间等土地资源，同样具有增加土地供给的功用。对于农田来说，第一，技术进步可以提高单位面积的产量。科学合理的土壤结构、优良的作物品种、新的耕作管理方法，均可使土地利用容量得以增加。实行保护性耕作法，减轻土地侵蚀，增加水分涵养能力，提高土壤肥力，是解决粮食安全、提高农产品产出率与保护土地之

间矛盾的有效途径之一。第二，新的节水技术、育种技术的运用，复种指数的提高，就等于耕地面积的扩充。第三，新技术的发明与采用，可以促使土地集约利用，增加新的土地供给量，如排水体系、节水农业等均可以使原来有障碍性限制因素的土地更新以适合于农业生产。第四，其他非农业的科技革命也可影响农业土地供给，如农业机械代替畜力耕作，节省了牲畜草料并腾出土地为其他作物之用等，实际上，等于扩大了农业用地的供给。

（三）加强农业生产外部环境保护和治理，构建农业安全保障体系

以生态科学为指导，利用自然生态系统中各要素之间的相互关系，合理配置农业生产要素，加强生态建设，防止水土流失，加大种草种树力度，增加绿色植被；以防止土地沙漠化和农业环境污染为核心进行技术创新，加强水利设施建设；以节流为主，发展节水农业。研制适于不同作物、不同灌溉方式的自动控制系统，提高生产效率，形成农林牧副渔良性循环，保持大农业稳定发展。一方面以发展为前提，发展高效、优质的现代农业，确保区域粮食安全；另一方面培育农业的多种功能，提供多元化服务。

同时，通过农业的发展，提高农民生活水平和质量，改善生产和生活条件，全面建成小康社会，逐步形成农业资源安全保障体系。依据辽西北环境特征和农业资源结构，辽西北农业安全保护体系还应包括生态用水的合理配置、荒漠化防护体系建设、防护林体系建设以及政策支持体系，其相互作用、紧密联系，共同构成完整保障体系。辽西北农业安全保障体系建设涉及方方面面（见图4-5），通过横向和纵向相关因素的整合，才能达到整体效益的最大化，实现人口、经济、资源和环境高度协调发展和农业可持续发展。

（四）构建农业可持续发展体系模式

辽西北农业可持续发展体系是生态环境、农业经济和农村社会的持续发展体系，三者相互关联，不可分割。结合现实情况进行广泛研究，寻求事物运动、变化规律，制定综合性的改善措施，建立起节水灌溉、农业用地结构和布局合理、资源配置优化、整体功能强的高产优质高效的农业生产模式，可实现整体效益最大化以及水土资源高效利用、农业可持续发展（见图4-6）。因此，辽西北持续农业是一个农业生产与管理的综合体系，是在充分研究辽西北用地结构、资源配置状况、社会经

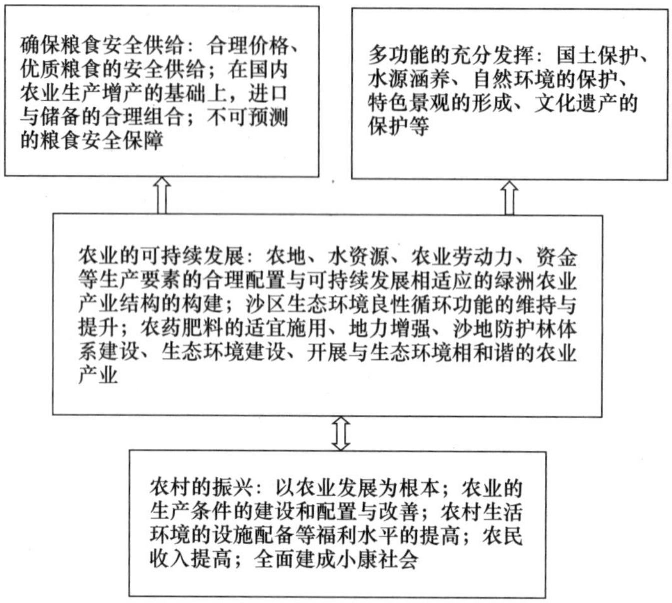

确保粮食安全供给：合理价格、优质粮食的安全供给；在国内农业生产增产的基础上，进口与储备的合理组合；不可预测的粮食安全保障
多功能的充分发挥：国土保护、水源涵养、自然环境的保护、特色景观的形成、文化遗产的保护等
农业的可持续发展：农地、水资源、农业劳动力、资金等生产要素的合理配置与可持续发展相适应的绿洲农业产业结构的构建；沙区生态环境良性循环功能的维持与提升；农药肥料的适宜施用、地力增强、沙地防护林体系建设、生态环境建设、开展与生态环境相和谐的农业产业
农村的振兴：以农业发展为根本；农业的生产条件的建设和配置与改善；农村生活环境的设施配备等福利水平的提高；农民收入提高；全面建成小康社会

图 4-5 辽西北可持续农业安全保障的关系

辽西北农业可持续发展体系模式
土地资源配置、空间布局研究
不同层次用地结构研究
水土平衡与可持续农业研究
经济发展与环境生态关系
沙漠化、盐渍化防治
土地开发途径时序
质量数量空间分布
合理用地结构调整
潜力开发持续利用
节水技术开发应用
生态农业技术体系
环境的经济评价与核算方法及相关法律体系建设
现状评价、程度成因分析、防治对策及法律等研究
规划、控制、协调、发展
资源可持续利用
可持续农业发展体系建设
环境经济评价体系建设
综合防治体系建设
水土资源高效利用、可持续农业发展

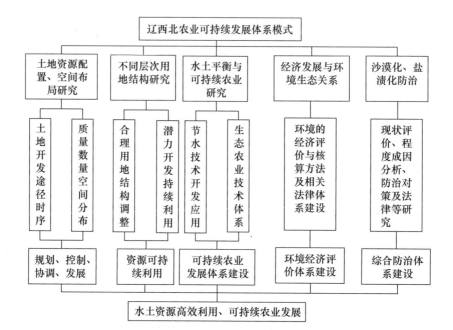

图 4-6 辽西北农业可持续发展体系模式

济与生态环境关系、具体治理和改善措施的基础上，依据生态学与经济学原理，采用先进的技术，实行最优化设计，充分合理利用资源，全面监测生态环境的变化，调整人们利用资源的行为和强度，使之有利于生态环境的良性循环，实现辽西北农业可持续发展。它是一项由"农业生态系统—农业工程与技术系统—农村社会系统"组成的复杂的系统工程。

（五）实施农业保护性耕作土地利用

辽西北地区属于旱作农区，存在水资源匮乏，旱灾频繁，生态环境恶化，土壤退化严重问题，对此，辽西北地区进行了大量的探索和研究工作，其中，保护性耕作技术在促进农业发展方面发挥了巨大的作用。辽宁省自 2001 年推广保护性耕作技术以来，实施面积 450 公顷，之后每年实施面积呈递增趋势，目前，有 7 个县成为农业部级保护性耕作示范区。尽管如此，保护性耕作在辽西北地区实行时间仍较为短暂，发展相对滞后，技术尚不成熟，加之该地区特殊的生态环境和生产条件，急需改善辽西北半干旱区保护性耕作的政策与外部环境。

保护性耕作，作为一项具有公益性质的技术措施，对改善辽西北沙化地区人们的生产和生活环境以及保护生态方面具有独特的作用，但许多种植者仍不愿意大面积应用。为此，首先，需要国家、省、市各级政府从社会发展的整体来认识和定位其地位与作用。保护性耕作技术的研究和推广，仍需要在政策上予以大力扶持，投入较大资金，并由政府出面组织推广工作和督导工作并配合试验示范以及广泛宣传和培训，来扩大保护性耕作的影响。其次，需要深入研究和推广保护性耕作技术措施，引导人们正确认识保护性耕作的地位和作用。要对保护性耕作的综合效益进行分析，使相关部门领导对保护性耕作有一个整体了解，看到该技术的优势以及它所带来的成效，并让种植农户认清保护性耕作的真正利益之所在，实现思想观念的转变。最后，保护性耕作也需要因地制宜，合理规划与布局。开展保护性耕作的地区范围和规模的大小，需要辽西北沙化地区所在的农业区划部门进行科学合理规划。在规划保护性耕作的区域范围时，土壤侵蚀严重的地区要优先，增产增效显著的地区要优先，容易实现规模化经营的地区要优先。

第五节　辽西北土地资源科学利用对策

一　辽西北土地资源科学利用的指导思想

坚定不移地执行合理利用土地和切实保护耕地的基本国策，继续实行世界上最严格的土地管理制度，不仅对农业用地，而且对生态保护区用地以及生态敏感区域也应实行特别保护。吃饭、建设与生态一并考虑，坚持"土地开发，生态先行"原则；坚持"稳发展、保生态、精利用"的土地资源科学利用方式，大力实行中低产田改造和土地整理，扩大耕地面积的经济供给。坚决控制没有水源保障的土地开发以及破坏或影响生态环境的开荒，以现有耕地的土地整理、居民点整理以及土地复垦为重点，以内涵挖潜为切入点，以改善区域生态环境和提升区域整体效益为突破口，更有效地保护和利用土地资源。

根据人口增长量，保持现有人均耕地占有水平，从根本上改善农业生产条件。调整农用土地利用结构，加大林草种植面积及比重，提高人工生态环境的质量，积极提高辽西北土地经济供给能力和区域经济承载力。土地利用结构调整模式应依据水土资源动态平衡及结构优化来构建，土地利用方式也应随之改变，由粗放变集约、由外延变内涵、由外部不经济变为内部经济，引导土地利用朝有利于持续利用的方向发展。

建立科学合理的土地利用功能分区，确定平原自然生态保护区，禁止在保护区内乱砍、滥伐和开垦土地。加大以治沙治碱为中心的土壤改良，对于受土层、土质限制以及坡度较大的低产田实行退耕还林还草。合理利用水资源，稳定和提高现有耕地产出率，优化农业内部用地结构。开展土地整理的林网化、条田化、机械化农业耕作基础设施建设，实行规模化、集约型的农业生产模式。对生态环境脆弱、不适合人类居住的地区，实施生态移民，并为这些移民的脱贫和贫困牧民定居提供必要的生产和生活条件，有效地保护生态环境。合理选择适宜和条件优良的区域开发土地，进行特色农产品基地建设，并严格按高产田标准建设基础设施。不断改善区域的生态环境，有效地发挥水土资源的生产潜力，最终达到水土资源合理利用的动态平衡和用地结构优化。

二 辽西北土地资源科学利用对策

土地利用既包含人类根据特定的社会经济条件所决定的利用方式和强度，又包含自然环境条件对土地利用的影响，人是调节和寻求平衡点的主体。

（一）加快中低产田改造和土地整理

辽西北分布有80%以上的中低产耕地、50%以上的中低产林地和64%的低质的荒漠草地。实践证明，对中低产田改造是提高农业综合生产能力与社会、经济和生态及综合效益，集约、持续利用土地资源的重要手段之一。根据调查，辽西北以提高耕地质量为目的的土地整理可新增加耕地11%。因此，辽西北农业土地资源利用应该从以中低产改造和开垦宜农荒地相结合转移到以中低产改造为主、尽量少开荒或不开荒，把提高农业综合生产能力与生态环境保护结合起来。

目前，我国耕地补充的主要形式是土地整理、土地复垦、土地开发，应坚持"积极推进土地整理、加大土地复垦力度和适度开发未利用土地"的方针。土地整理是土地利用率提高和土地利用集约化最为有效的手段之一。通过耕地整理与渠系、道路、林网、村庄的配套建设，促进经济增长方式转变；经济增长方式转变又要求搞好土地整理，这样，不仅可以改变中低产田的面貌，还可以提高耕地的质量，增加耕地面积，实现田成方、路成行、林成网、渠相连、旱能浇、涝能排，农田标准化、生产专业化、操作机械化和农艺规范化的农业可持续发展。

辽西北半干旱地区的土地沙漠化问题存在已久，导致土地取得的成本上升，并导致以农业为主要经济来源的人地矛盾的激化，对此，可实行协调人地关系、实现土地资源优化配置的土地整理模式来实现土地的科学利用。根据辽西北不同地域特点，地区类型可依次分为辽西走廊沿海平原区、辽西低山丘陵区和辽北平原低山区三个地域单元。针对不同区域进行分区土地整理，对于辽西走廊沿海平原区，要充分发挥其沿海优势，同时调整用地结构，优化配置城市土地，对闲置土地进行开发和权属调整，从而提高沙化土地的高效利用率。对于辽西低山丘陵地区，交通较为便利，地形地貌复杂。由于自然条件限制，造成农田和居民点分散，不利于保护性耕作技术的实施以及减轻劳动强度，可进行综合整治与农田基本的山、水、田、林、路、村的土地整理，提高土地产出率和保护生态环境，发展立体生态农业模式。对于辽北平原低山区，交通便利，人口密度高，地形相对平坦，耕地易于集中。土地整理的重点应突出土地节约利用，即农村居民点向中心村和小城镇集中，乡镇企业向工业园区集中，农田向规模经营集中。

在土地整理的过程中，要加强水利工程建设中的生态环境建设，并应该从长远考虑，主要将其用在解决长远恢复生态的项目上。如植树种草，即用来恢复生态。同时，在土地整理中，重点进行灌区改造，推广高效灌溉方式，对浪费水的渠道进行整治，对效益低的中低产田加速改进，科学合理地利用有限的资源，实现高效生态农业。在未利用土地开发过程中，应本着"开发与绿化同时进行"原则，在开垦荒地的同时，采取多种措施，激励用地单位积极恢复已被破坏的野生植被。

（二）发展节水集水农业

辽西北属于干旱缺水的地区，结合水土开发利用的实际情况，工程手段增水的困难较大，时间长，费用大。只有从节水节流上下功夫，大力发展节水灌溉技术，这也是国家鼓励投资的政策方向，易获得外源资金的支持。通过渠道防渗来减少渗漏，提高水的利用率，增加有效供水；通过膜上灌、管道灌、喷灌和微灌技术的引进与推广，达到田间节水，实现增水的目的，把节约下来的水资源，用到增加灌溉面积、改良草地以及扩大林地面积，提高沙区整体效益，防止土地退化。通过各种措施，以节流为重点，开发利用与保护治理并举，兼顾当前利益和长远利益、局部利益和整体利益，协调好各地区及各用水部门间的利益矛盾，以提高区域整体效益，促进水土资源的科学利用。

（三）调整产业结构，切实把基本农业用地和生态用地保护起来

辽西北土地资源开发利用应以生态环境保护为前提，这是社会经济可持续发展的需要。过去，我们在生态上已付出了沉重的代价，再也不能一味去追求以开垦、耕种为主要的土地利用目的，以牺牲生态为代价来换取粮食是不可取的。

应加大生态保护力度，因地制宜地进行生态建设，进行植被适宜性区划，采取措施，加快生态退化地区的改善与恢复。在农业生产中，把各种主要农副产品的生产基地纳入法定的保护范围，具体应包括高、中产耕地、园地、山区林地、人工林地、人工草地、人工鱼池等。同时，对于具有生态功能的荒漠草地、荒漠林等也应划定区域加以保护，如同保护耕地一样，保护我们的生命线。

在农业产业结构调整中，应做好退耕还林还草规划，加大对不适宜种植的耕地退耕还林还草的力度，及时将一些难以改造的低产耕地转为人工林地和草地，把人工草地建设与牧民定居结合起来，逐步将荒漠性草地、林地封育起来，禁牧禁伐，使生态环境真正得到改善。

（四）改革土地产权制度，促进生态建设的发展

对于辽西北沙区土地、光热资源相对丰富，而水资源和交通、资金、技术等要素缺乏，资源结构比例失调等现实状况，要以土地资源产权制度改革为契机，利用土地不可移动、空间不可转换等特性，采取"以无博有""以少换多"的资源开发利用新思路，以达到事半功倍的效果。通过利用国家耕地占补动态平衡、易地开发补偿指标置换的流转政策，解决辽宁省沿海经济发达地市甚至外省、市宜农后备资源匮乏、新增耕地数量不足、无法满足补偿所占用耕地数量的要求，将辽西北新增耕地置换成新增建设占用耕地补偿指标，出售给省内其他地市或其他省份。既支持发达地区的经济建设，同时也盘活辽西北沙区存量耕地资源，增加地区财政收入。这样，不仅能加强农业基础设施建设，带动区域经济发展，又为实现耕地总量动态平衡和粮食安全做出贡献，这一政策实施将对辽西北经济发展给予重要发展机遇。

在生态建设过程中，鼓励与环境改善相结合的开荒，从投资、经营期限、面积上给予积极的引导。我国虽然是土地公有制，但可以考虑将一定的待开发治理土地以低价或先期注入资金扶持的方式，承包、分租或批租给生态建设单位和个人使用，规定几十年不变，并且承包或承租者拥有充分的土地使用、转让和经营管理权。在治理开发的前期给予贷款、补贴、贴息政策等用于土地规划、水利基础设施建设。政府目的是先投钱，慢慢少投钱，然后不投钱，鼓励、稳定一部分人长时间甚至一生以种草种树、治理土地为业，等到土地治理开发产生明显经济效益时，政府再通过各种手段，鼓励承租者将所得到利润用于更大土地面积的治理开发，而并非收取利润，使土地生态建设形成滚动的循环运行机制。

（五）注重土地开发利用综合效益

科学利用土地资源的目标是土地资源得到合理配置，生态环境得到保护和改善。未利用土地资源应以水定地开发为农用地或生态建设用地。开发前一定要做好水土平衡的可行性研究，不能做今年开荒，明年

撂荒的劳而无功的事情。农业开发应从可持续发展的高度考虑,鼓励合理开发,加大对水土保持、植树造林和生物多样性的投入。对"宜农荒地"开发必须具有生态环境论证报告以及水资源保障方面的研究报告,特别要区分是"现实宜农荒地",还是"潜在宜农荒地"。"现实宜农荒地",只要开垦就可用于农业生产;"潜在宜农荒地"必须在气候条件、水利工程、生产耕作技术等条件改善后才可转化为"现实宜农荒地"。实际上有的"宜农荒地",虽是"现实宜农荒地",但对于沙区稳定来说,是生态功能保护地,要将其归入潜在的"宜农荒地"类,绝对不能轻易开发。

维持荒地状态或种植林草,是辽西北农业发展的重要内容,也是构成生态环境不可缺少的景观。对于荒地的农业开发,严格执行自治区《关于重申加强土地资源开源项目执行环境影响评价制度的意见》,实行环境影响报告书制度,执行"防治生态破坏及其他公害的设施与主体工程同时设计、施工及投产使用"的规定。对土地开发设计,要由环境保护部门进行环境影响评价,对环境管理审批权限要按明确规定执行。按照自然、经济规律进行宏观调控,不能盲目超越资源承载能力,以维护生态脆弱区的稳定性和资源的永续利用为前提。荒地资源开发过程应兼顾生态承受能力,充分对区域生态系统产生的不可预见影响进行科学分析,遵循自然规律,在保护中求开发,稳定中求发展。在追求经济效益的同时,注重生态效益和社会效益,防止掠夺性开发,实施"加强保护、综合开发、集约经营、永续利用"的方针。

(六)加强土地后备资源管理法律化建设

国家虽然有《土地管理法》《水土保持法》《水法》《草原法》《森林法》《环境保护法》等相关法律及土地利用总体规划,对破坏生态环境的乱开荒也有明确规定,但对具体开荒没有详细的、明确的管理细则,仍然存在漏洞。如哪些地可以开垦、哪些地不可以开垦,缺乏界定宜开垦的后备资源的标准和依据。对于如何开垦、利用、管理后备资源也没有明确规定。

因此,辽西北开垦土地需要立法规范。第一,从管理体制上,明确管理主体,统一管理,统一规划,整合目前各职能部门只依据各自行业的法律法规和政策、参与开垦管理等不相互协调的低效运行机制。第二,明确土地权属,增强依法用地意识,纠正乡、镇、村领导随意处置本行政辖区范围内的土地，甚至国有土地的做法，以及擅自签订开垦合同等行为。第三，无论是以农业综合开发，还是以生态建设为目的的土地开发，无开垦规划或开垦规划未经科学论证的不许开垦，而生态脆弱区应严禁开垦，没有水资源可行性研究和生态环境影响的研究报告也应禁止开垦，严格执行自治区土地资源开源项目的有关规定和管理审批权限。第四，建立开垦主体审查制度，对非农公司和社会团体，缺乏农业生产经验的，严格制止掠夺式经营行为。第五，加强用地的监管力度，利用先进技术手段，及时掌握土地变化动态，建立土地预警系统。

（七）建立辽西北土地资源应急储备体系

建立辽西北土地资源应急储备体系，可以说是耕地储备制度的重要组成部分，是保障区域粮食安全的重要举措之一。省政府应采用适当的补贴政策，为保障粮食安全，保护辽西北宜农荒地资源的可持续利用，储备具有一定产出能力的宜农荒地资源，为未来的粮食需求而开垦为耕地。

辽西北是辽宁省耕地后备资源的集中分布地，各地区都有自己的优势资源，是否需要开发、什么时候开发、开发出来如何利用和推向市场等，需要根据水土资源的平衡状态和未来农产品需求的变化等情况做出科学判断。因此，辽西北土地资源开发应在统一规划的基础上，对目前以生态保护为主的边缘地带限制开发。在一定的时期内，以内涵挖潜为主，发展集约节地型产业，重点放在低产田的改造上，对现有耕地进行综合整治，提高土地利用率和产出率。

结合土地开发整理以及农业产业结构调整，分期分批实行梯度开发，省政府应通过种种措施来调剂对区域土地资源的供求，以缓解资源供需波动对辽西北社会经济的影响。对于结构性后备资源或可流转的后备资源、有水源保证并兼顾生态功能的宜农荒地资源，当粮食危机或农产品供应紧张时，再对这些土地进行开垦耕作或进行粮食生产，在水资源保障下的辽西北一级潜力宜农荒地资源基本上可以做到当年开垦，当年收益。土地开发应采取水利先行，以生态环境保护和改善为前提，依据效益比较、先易后难、促进生态环境改善的原则，综合各种因素，对可垦宜农荒地资源进行勘测、规划、设计和生态环境评价，适时、适量地开发辽西北土地后备资源。

在市场经济条件下，资源供需面临国际国内资源供求波动的影响，政府的宏观调控能力应通过应急土地后备资源储备体系来实现。对于不同地区、不同自然条件的土地，土地开发的要求以及政策有其区别性，特别是水资源保障的地区应实行公共财政下的支持政策，改善生态环境条件和农业生产条件，对能开垦而因储备未开垦的机会成本，实行生态环境补偿机制。因此，辽西北土地资源利用，既应考虑区域整个生态环境的实际，又要考虑区域粮食安全。

第五章　辽宁省城市土地利用绩效评价与生态提升管理

第一节　绪论

一　研究背景

关于土地资源的高效合理利用、土地资源的保护与修复治理等逐渐得到国家相关政府部门的重视。为响应"十二五"规划提出的国土资源高效利用、人与自然和谐共处，国家相继推进了一系列土地政策和措施。近些年来，为解决土地利用过程中出现的各种问题，陆续出台了土地节约集约利用、加强资源配置中市场的作用、严格保护耕地资源等相关政策措施，城市土地的无序利用也造成了一系列问题。如：①"摊大饼"式的发展模式仍然是我国大多城市城市化的发展模式，郊区和农村土地被大量占用，但对其的使用程度却并不尽如人意。②城市土地利用结构不合理，不同土地利用类型比例失调。大部分城市用地被工业企业占据，而公交用地、公共绿地等土地却普遍吃紧，造成了城市交通拥堵、环境质量差等。③城市环境不断恶化。我国城市的粗放型增长模式，给城市环境承载力造成了巨大的负担，生态环境受到严重威胁。由此可见，研究城市土地合理利用问题具有深刻现实背景和很强的现实必要性。

二　国内外研究现状

（一）国外研究现状

20 世纪 70 年代起，随着 RS、GIS 和 GPS 技术的发展，使土地研究由土地清查走向土地评价的研究逐渐开展起来。1976 年，联合国粮食和农业组织（FAO）正式公布了《土地评价纲要》，这标志着世界上土地评价研究正如火如荼地开展并且趋向成熟，此时土地评价的对象仍然是农业用地。20世纪80年代以来，计算机技术、制图技术等的应用使土地利用评价研究有了更深入的发展。20世纪90年代以来，随着景观生态研究的发展，服务于城市景观生态、环境保护等的土地生态评价成为土地评价研究的新方向之一。

国外对城市土地利用绩效的评价研究主要集中在土地利用指标方面的研究。方塞卡和罗里（Fonseca and Rory）曾提出一套衡量土地开发效率的评价指标，包括密度、基地系数（容积率）、建筑密度、空地以及建筑高度和建筑后退距离等，并用图解法，分析确定土地的最大开发利用强度。国外城市土地利用中，粗放利用和集约利用的矛盾一直是关注及解决的重点，在具体土地利用配置过程中，不断总结经验教训，通过调整利用的强度，找寻最佳的土地利用方式。

（二）国内研究现状

在国内，对于土地利用分析与评价由来已久。土地利用分析评价在涉农领域的应用中，多集中于对区域土地质量评价、土地潜力评价、土地适宜性评价等；非农领域的应用则多体现在对区域土地建设适宜性评价、城市土地分等定级、评定城市基准地价、土地集约利用潜力评价以及城市集约利用程度评价等方面。

基于土地资源利用的多层次性和多宜性、区域资源禀赋的差异性以及发展目标的多元性等特征，如何运用一种监控评价机制来合理评估土地利用绩效，已成为理论和实践领域所面临的重要课题，诸多学者从不同角度进行了探讨。

在指标体系方面，比较典型的研究有基于经济、效益、效率、公平的"4E"城市土地利用绩效评价框架，有土地利用结构/集约度、利用程度、效率、效益的绩效评价体系，有利用程度、效率、可持续性、管理的绩效评价体系，有结构配置效应、经济效应和公平配置效应三个层次城市土地供给制度绩效评价体系，也有土地效益、土地利用效率和创新功能三维度高新技术产业区的土地利用绩效模型，还有从土地覆被角度评估城市系统的环境功能等。

在研究方法上，多采用层次分析法、综合评价法、模糊数学法、空间相关分析、物元模型、TOPSIS模型、灰色关联分析、数据包络分析等方法。在研究区域尺度上则集中在全国、省级和地区等大中区域尺度上，针对县域范围等小区域尺度的研究还不多见。关于各地区土地利用绩效的研究，大多从城市土地利用角度展开，注重于城市土地发展能力的评估。上述研究在推动土地利用绩效理论研究深入和方法改进方面进行了积极有益的探索，为土地利用实践提供了多方面的指导，丰富了土地利用评价研究。

三 研究内容

本章以辽宁省为研究区域，从调整产业结构、转变城市发展方式，走绿色发展之路的城市发展目标出发，以城市土地生态管理为目标，收集辽宁省 2005—2014 年 14 个地级城市用地以及期间自然、社会、经济和环境方面数据。运用层次分析和熵权法，从土地利用自然生态、经济生态、社会生态和环境生态四个方面构建指标体系，得出辽宁城市土地利用绩效水平时序变化规律，找出影响城市土地利用绩效水平的主要制约因子。对辽宁省近 10 年城市土地利用绩效水平进行评价，在此基础上提出提升辽宁省城市土地利用绩效的生态管理措施。

四 辽宁省各城市概况

沈阳市位于辽宁省中部，以平原为主，山地、丘陵集中在东南部，辽河、浑河、秀水河等途径境内，属温带半湿润大陆性气候。沈阳市是辽宁省的省会城市，东北地区的政治、金融、文化、交通、信息中心，是我国最重要的重工业基地之一。

大连市位于辽东半岛南端，地处黄渤海之滨，是东北、内蒙古连通华北、华东以及世界各地的海上门户，大连市是国家五个计划单列市之一，也是辽宁省沿海经济带的金融中心、东北亚国际航运中心和东北地区最大的港口城市。

鞍山市位于辽宁省中部，全市总面积 9252 平方千米，总人口 339.6 万。

抚顺市位于辽宁省东部，是我国重要的煤炭基地之一，为省石油基地。

本溪市地处辽宁东部山区，为著名煤铁之城。

丹东市地处中朝边境，位于辽宁省东南部，是全省重要的轻工业城市，是一座以商贸、物流、旅游为主体的"沿江、沿海、沿边"城市。

锦州市位于辽宁省西南部，总面积 10301 平方千米，建成区面积 52 平方千米，锦州市地产丰饶，为现代港口城市。

营口市位于辽东半岛西北部，是辽宁省商品粮和优质粮生产基地。

盘锦市位于辽宁省西南部，辽河三角洲中心地带。自然资源丰富，经济发展潜力较大，地下石油资源丰富，中国第三大油田——辽河油田坐落于此。

阜新市位于辽宁省西部，处于东北亚和环渤海地区的中心地带，是一座新兴的工业城市。

辽阳市位于辽宁省中部，总面积4741平方千米，地区生态环境较好。

铁岭市地处辽宁省北部，属于沿海省份的内陆地区，全市区域面积1.3万平方千米，盛产多种农作物和经济作物。

朝阳市位于辽宁省西部，四面环山，矿产资源丰富，具有丰富的农副产品资源，是全省棉、油、杂粮的重点产区。

葫芦岛市位于辽宁省西南部，总面积10415平方千米，产业基础雄厚，现以形成石油化工，有色冶金、机械造船和能源电力四大支柱产业。

第二节　辽宁省城市土地利用绩效评价

一　数据来源

沈阳市、大连市、鞍山市、抚顺市、本溪市、丹东市、锦州市、营口市、阜新市、辽阳市、盘锦市、铁岭市、朝阳市、葫芦岛市的2006—2015年各城市经济年鉴、2006—2015年《中国统计年鉴》以及2006—2015年《中国城市统计年鉴》。

二　指标体系的构建

从自然生态、社会生态、经济生态和环境生态四方面，选取25个指标构建辽宁城市土地利用绩效评价指标体系（见表5-1）。

三　熵权法评价步骤

（一）数据标准化处理

运用极差标准化方法指标进行标准化处理：

（1）当评价指标为正向指标时，其计算公式为：

$$X'_{ij} = \frac{X_{ij} - X_{min}}{X_{max} - X_{min}} \qquad (5-1)$$

表 5 - 1 　　　　辽宁省城市土地利用绩效评价指标体系

辽宁城市土地利用绩效评价指标体系	经济生态	地均固定资产投资（万元/平方千米）	正性指标
		地均 GDP（万元/平方千米）	
		第二产业占 GDP 比重（%）	
		第三产业占 GDP 比重（%）	
		地均社会消费品零售总额（万元/平方千米）	
		在岗职工年平均工资（元）	
		住宅开发建设投资额（万元）	
		商业营业用房开发建设投资额（万元）	
		其他房地产开发建设投资额（万元）	
	社会生态	地均从业人数（万人/平方千米）	中性指标
		人均城市道路面积（平方米）	
		地均用水量（万吨/平方千米）	
		地均用电量（万千瓦时/平方千米）	
		建成区人口密度（人/平方千米）	
		城市建设用地面积占市区面积比重（%）	
	自然生态	平均气温（℃）	中性指标
		平均相对湿度（%）	
		平均降水量（毫米）	
		日照时数（小时）	
		空气质量二级以上的天数（天）	
	环境生态	建成区绿化覆盖率（%）	正向指标
		污水处理厂集中处理率（%）	
		工业固体废弃物综合利用率（%）	
		生活垃圾无害化处理率（%）	
		工业废气排放量（亿标立方米）	

式中，$i = 1, 2, \cdots, m$，$j = 1, 2, \cdots, n$，m 为年份，n 为指标数；X'_{ij}、X_{ij} 为 i 年第 j 项指标标准值与实际值；$X_{\max}$ 为第 j 项指标的最大值；$X_{\min}$ 为第 j 项指标的最小值。

（2）当评价指标为负向指标时，其计算公式为：

$$X'_{ij} = \frac{X_{\max} - X_{ij}}{X_{\max} - X_{\min}} \tag{5-2}$$

（3）当评价指标为中性指标时，将其正向化后再采用正向指标标准化公式，转换为：

$$P_{ij} = \max(\,|X_{ij} - k| - |X_{ij} - k|\,) \tag{5-3}$$

式中，P_{ij} 为转换后的指标值，指标的适度值 $k = 1$。

（二）指标权重的确定

指标信息熵的计算公式为：

$$e_j = -k \sum_{i=1}^{m} Y_{ij} \ln Y_{ij} \qquad k = \frac{1}{\ln m}, Y_{ij} = \frac{X'_{ij}}{\sum\limits_{i=1}^{m} X'_{ij}} \tag{5-4}$$

式中，e_j 为第 j 项指标的信息熵，$0 \leqslant e_j \leqslant 1$；常数 k 与系统的样本数 m 有关；Y_{ij} 为 i 年第 j 项指标的比重；当 $X_{ij} = 0$ 时，$Y_{ij} = 0$。

指标差异性系数 d_j 的计算公式为：

$$d_j = 1 - e_j \tag{5-5}$$

指标权重 w_j 的计算公式为：

$$w_j = \frac{d_j}{\sum\limits_{j=1}^{n} d_j} \tag{5-6}$$

式中，w_j 为第 j 项指标的权重。

（三）综合得分的计算

单指标评价得分 s_{ij} 的计算公式为：

$$s_{ij} = w_j \times X'_{ij} \tag{5-7}$$

式中，s_{ij} 为 i 年第 j 项指标得分，w_j 为第 j 项指标的权重。

综合水平得分 s_i 的计算公式为：

$$s_i = \sum_{j}^{n} s_{ij} \tag{5-8}$$

式中，s_{ij} 为单指标评价得分，s_i 为第 i 年的综合得分。

第三节　评价结果分析

一　辽宁省城市土地利用绩效综合水平演变过程分析

（一）辽宁省城市土地利用绩效综合水平纵向比较分析

2005—2014 年，辽宁省各城市土地利用绩效水平变化状况不一。

沈阳市的土地利用绩效水平从 2005 年的 0.543 下降到 2014 年的 0.507，下降 6.65%。2005—2006 年、2007—2008 年、2009—2010 年、2011—2012 年、2013—2014 年，沈阳市城市土地利用绩效水平都呈上升趋势；剩余年份则相反。其中，2013 年为土地利用绩效水平最低值 0.489，2006 年为最高值 0.614（见图 5-1）。沈阳市作为辽宁省的省会城市，2005—2014 年土地利用的格局、方式等都发生了变化，导致其城市土地利用绩效水平的波动，且总体绩效水平有所下降。

大连市土地利用绩效水平 2005—2014 年不断发生变化，从 2005 年的 0.538 下降到 2014 年的 0.482，下降 10.48%，总体绩效水平有所下降。其中，2005—2006 年，土地利用绩效水平呈上升趋势，从 0.5380 上升到 0.611；2006—2007 年，土地利用绩效水平呈现下降趋势，从 0.611 下降到 0.559；2007—2008 年，又呈上升趋势，从 0.559 上升到 0.613；2008—2009 年又开始下降，降至 0.567；2009—2010 年开始回升，增长至 0.576；2010—2011 年，处于下降趋势，降至 0.517；2011—2012 年，又从 0.517 上升至 0.593；2012 年后一直处于下降趋势，降至 0.482（见图 5-1）。大连市作为辽宁省发展的前沿，土地利用作为其城市发展的载体，必然经历了很大的变化，2005—2014 年大连市土地利用绩效水平整体浮动不大，到总体水平有所下降。

鞍山市是东北地区最大的钢铁工业城市，城市土地作为承载其第二、第三产业发展的载体发挥了重要的作用。其土地利用绩效水平在 2009 年与 2012 年达到两个极值 0.522 与 0.577。2005—2014 年，鞍山市的土地利用绩效水平从 0.575 下降到 0.541，下降 6.04%（见图 5-1），其土地利用绩效水平虽增减不一，但上下浮动较小。

2005—2014 年，抚顺市土地利用绩效水平从 2005 年的 0.462 下降到 2014 年的 0.405，下降 11.32%。2005—2010 年，抚顺市土地利用绩效水平先下降后上升再下降再上升；2010 年之后，除 2014 年有小幅上升外，其余年份均处于下降趋势（见图 5-1）。

本溪市土地利用绩效水平从 2005 年的 0.375 上升到 2014 年的 0.383，上升 2.13%（见图 5-1）。2005—2006 年、2008—2010 年、2011—2013 年本溪市土地利用绩效水平呈上升趋势；2006—2008 年、2010—2011 年、2013—2014 年本溪市土地利用绩效水平呈下降趋势。近几年来，本溪市土地利用绩效水平虽在 2014 年有所下降，但整体发展向好。

2005—2008 年丹东市土地利用绩效水平较低；2009—2014 年土地利用绩效水平较高。2005—2014 年，丹东市土地利用绩效水平从 2005 年的 0.296 上升到 2014 年的 0.406，上升了 37.18%（见图 5 - 1），上升幅度较大。

锦州市土地利用绩效水平从 2005 年的 0.431 上升到 2014 年的 0.486，上升 12.78%。2008—2012 年，锦州市土地利用绩效水平发展趋向较好，并在 2012 年达到锦州市土地利用绩效水平的最大值 0.59（见图 5 - 1）。

2005—2014 年，营口市土地利用绩效水平从 2005 年的 0.409 上升到 2014 年的 0.433，上升 5.80%。2005—2007 年，其土地利用绩效水平逐年上升；2007—2008 年，土地利用绩效水平呈下降趋势；2008—2010 年，大幅上升；2010—2011 年，又开始下降，下降至 0.4430；2011—2012 年回升，2012—2013 年下降，2013—2014 年上升至 0.433（见图 5 - 1），营口市土地利用绩效水平总体发展较为平稳。

阜新市土地利用绩效水平从 2005 年的 0.389 上升到 2014 年的 0.464，上升 19.20%，增幅明显。2005—2006 年，其土地利用绩效水平从 0.389 上升到 0.413；2006—2008 年，土地利用绩效水平持续下降至 0.36；2008—2011 年，呈逐年上升趋势，2011—2013 年下降至 0.451，后又上升至 2014 年的 0.464（见图 5 - 1）。

2005—2014 年，辽阳市土地利用绩效水平在起止年份之间差距较小。2005 年为 0.444，2014 年为 0.437（见图 5 - 1）。2006—2007 年、2008—2009 年、2010—2011 年均呈现上升趋势；2005—2006 年、2007—2008 年、2009—2010 年、2011—2014 年均呈现下降趋势。近几年来，其土地利用绩效水平降幅明显。

盘锦市土地利用绩效水平从 2005 年的 0.686 上升到 2014 年的 0.784，上升 14.29%。2005—2014 年，盘锦市土地利用绩效水平虽有波动，但保持着较高的发展水平（见图 5 - 1）。

铁岭市土地利用绩效水平从 2005 年的 0.3 上升到 2014 年的 0.467，上升 55.62%。2005—2007 年，铁岭市土地利用绩效水平持续上升，上升至 0.433；2007—2008 年，由 0.433 下降至 0.321；2008—2009 年又开始增长，增至 0.429；2009—2010 年又处于下降趋势，降至 0.379。

自 2010 年后，开始回升，上升至 0.454，后又下降为 0.435（见图 5 -
1）。2013—2014 年，绩效水平小幅上升，上升至 0.467。铁岭市土地
利用绩效水平总体偏低，但近几年来，其绩效水平发展趋向好。

朝阳市土地利用绩效水平总体发展波动较小、水平偏低，但近几年
水平有所提高。其土地利用绩效水平从 2005 年的 0.326 上升到 2014 年
的 0.396，上升 21.28%，2007 年为土地利用绩效水平的最低值 0.27
（见图 5 -1）。

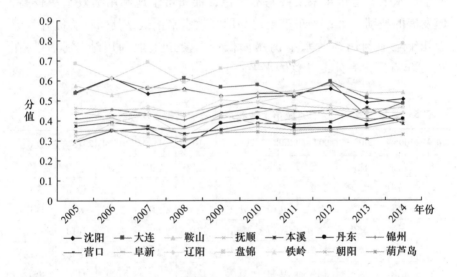

图 5 -1　辽宁省城市土地利用绩效综合水平得分

2005—2014 年，葫芦岛市土地利用绩效水平从 2005 年的 0.346 下
降到 2014 年的 0.328，下降 5.15%。2005—2006 年，从 0.346 上升到
0.354，后开始下降，下降至 2008 年的 0.305；2008—2010 年，从
0.305 上升到 0.343，后又下降至 0.335；2011—2012 年，从 0.335 上
升到 0.345；2012—2013 年，由 0.345 下降至 0.307，后又上升至
0.328（见图 5 -1）。葫芦岛市土地利用绩效总体变化不大，但其绩效
水平偏低。

（二）辽宁省城市土地利用绩效综合水平各城市间横向比较分析

表 5 -2 为 2005—2014 年辽宁省城市土地利用绩效水平排名次序，
显示了辽宁省各城市土地利用绩效综合水平的空间格局。2005—2014

年，盘锦市土地利用绩效水平除 2006 年和 2008 年外，均处于较高位次；2005—2014 年，葫芦岛、朝阳市土地利用绩效水平与其他城市相比，排名基本都处于末尾。大连市、鞍山市、沈阳市土地利用绩效水平基本处于前列，发展水平较高。阜新市土地利用绩效水平偏低，但近几年，略有提升；2005—2014 年，前期抚顺市土地利用绩效水平较高，但是，近年来发展略有下降；铁岭市土地利用绩效水平虽发展较慢但在最近几年提升较快；营口市、辽阳市土地利用绩效水平基本处于各城市的平均水平，这十年来发展基本平稳；锦州市土地利用绩效水平较高，但发展的波动性大；丹东市土地利用绩效水平偏低，其间有所提升，但近几年土地利用绩效水平仍然偏低；本溪市土地利用绩效水平除在 2013 年有所提升外，其总体水平较低。

表 5-2 　　　　　　　　　辽宁省城市土地利用绩效水平排名次序

排名	2005 年	2006 年	2007 年	2008 年	2009 年	2010 年	2011 年	2012 年	2013 年	2014 年
1	盘锦	沈阳	盘锦	大连	盘锦	盘锦	盘锦	盘锦	盘锦	盘锦
2	鞍山	盘锦	鞍山	盘锦	大连	大连	鞍山	大连	鞍山	鞍山
3	沈阳	大连	大连	沈阳	沈阳	鞍山	沈阳	锦州	大连	沈阳
4	大连	鞍山	沈阳	鞍山	鞍山	沈阳	辽阳	鞍山	沈阳	锦州
5	抚顺	锦州	辽阳	抚顺	辽阳	锦州	锦州	沈阳	本溪	大连
6	辽阳	抚顺	抚顺	辽阳	抚顺	抚顺	大连	辽阳	阜新	铁岭
7	锦州	营口	锦州	锦州	锦州	辽阳	阜新	阜新	辽阳	阜新
8	营口	辽阳	铁岭	营口	营口	营口	抚顺	铁岭	铁岭	辽阳
9	阜新	阜新	营口	阜新	铁岭	阜新	营口	营口	锦州	营口
10	本溪	本溪	本溪	本溪	阜新	丹东	铁岭	抚顺	抚顺	抚顺
11	葫芦岛	铁岭	阜新	铁岭	丹东	本溪	本溪	本溪	营口	丹东
12	朝阳	葫芦岛	丹东	葫芦岛	本溪	铁岭	丹东	丹东	丹东	朝阳
13	铁岭	朝阳	葫芦岛	朝阳	朝阳	朝阳	朝阳	朝阳	朝阳	本溪
14	丹东	丹东	朝阳	丹东	葫芦岛	葫芦岛	葫芦岛	葫芦岛	葫芦岛	葫芦岛

二　辽宁省城市土地利用绩效水平子系统分析

（一）经济生态系统分析

2005—2014 年，盘锦市土地利用绩效评价经济生态系统得分从

0.356 变化为 2014 年的 0.28（见图 5-2），其间，增减不一，但其经济系统均高于其他各城市。近几年，得分持续走低，主要是由于第三产业占 GDP 比重以及商业营业用房开发建设投资额的影响。

鞍山市土地利用绩效评价经济生态系统得分与其他各城市相比，分值相对较高，基本都保持在 0.2 以上。2005—2014 年，其经济生态系统得分从 2005 年的 0.288 变化到 2014 年的 0.206，2013 年为其最低值 0.191（见图 5-2）。由于第三产业占 GDP 比重较小、在岗职工年平均工资较低、商业营业用房开发建设投资效益不高。自 2009 年起，鞍山市土地利用绩效评价经济生态系统得分持续走低，仅在 2014 年有小幅度上升。

大连市土地利用绩效经济生态系统得分相对较高，2005 年经济生态系统得分为 0.24，2014 年为 0.227（见图 5-2），10 年期间发展变化较为稳定。

沈阳市土地利用绩效经济生态系统得分相对较高，从 2005 年的 0.205 变化到 2014 年的 0.192（见图 5-2）。2005—2014 年，土地利用绩效经济生态系统的得分较高，但是，在近几年持续下滑。其中，住宅开发建设投资额、商业营业用房开发建设投资额、其他房地产开发建设投资额是影响系统得分的最主要因素。

2005—2014 年，抚顺市土地利用绩效经济生态系统得分均处于平均水平之上，但近年来，其经济生态系统得分处于下降趋势，主要是地均 GDP、第三产业占 GDP 比重、在岗职工年平均工资等造成的影响。

锦州市土地利用绩效经济生态系统得分从 2005 年的 0.171 变化到 2014 年的 0.186，变化不大，与其他城市相比，基本处于中间水平（见图 5-2）。

营口市土地利用绩效经济生态系统得分普遍低于锦州市。2008—2012 年，经济生态系统基本处于增长趋势，发展形势良好。2013 年、2014 年相关指标均有下降，经济生态系统得分随之略有下降。

2005—2014 年，辽阳市土地利用绩效经济生态系统得分略低于以上几个城市，从 2005 年的 0.157 变化到 2014 年的 0.135（见图 5-2）。近年来，经济生态系统得分呈下降趋势，主要是由于地均 GDP、地均固定资产投资、地均社会消费品零售总额的影响。

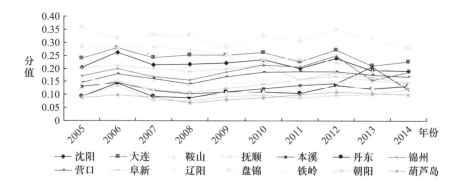

图 5 - 2　辽宁省城市土地利用绩效水平经济系统得分

　　阜新市土地利用绩效经济生态系统得分较其他城市相比，发展水平较低。尤其近几年来，经济生态系统得分持续下降，降至 2014 年的 0.147。其中，第三产业占 GDP 比重以及地均 GDP 分值较低是造成得分下降的主要原因。

　　2005—2014 年，本溪市土地利用绩效经济生态系统得分较低，除 2013 年达到经济生态系统得分的峰值 0.207（见图 5 - 2）外，其余年份均处于较低的发展水平。2008—2012 年，其经济生态系统得分提高较快。

　　铁岭市与丹东市土地利用绩效经济生态系统得分较为相似，总体发展水平较低。近几年发展趋势也较为相近，至 2014 年，两个城市的经济生态系统得分均有所提高，分别提高到 0.139 和 0.134（见图 5 - 2）。

　　葫芦岛市与朝阳市土地利用绩效经济生态系统得分与其他城市相比处于底端，得分偏低。2005—2014 年，葫芦岛从 0.088 变化到 0.101，朝阳市从 0.094 变化到 0.101（见图 5 - 2）。较低的经济发展速度导致葫芦岛市与朝阳市土地利用绩效经济生态系统得分偏低。

　　（二）社会生态系统分析

　　盘锦市与鞍山市土地利用绩效社会生态系统发展较好，分值较高，尤其是近几年提升较快。盘锦市从 2005 年的 0.159 提升到 2014 年的 0.276，鞍山市从 2005 年的 0.163 提升到 2014 年的 0.211（见图 5 - 3）。

　　大连市与沈阳市土地利用绩效社会生态系统发展趋势较为相近。近几年，两个城市社会生态系统的分值较前期相比，均有所下降，主要是由于建成区人口密度以及城市建设用地面积占市区面积比重造成的影响。

　　辽阳市土地利用绩效社会生态系统得分相对较高，2011年辽阳市社会生态系统得分达到峰值0.148。自2011年起，社会生态系统得分持续下滑，降至2014年的0.106（见图5-3）。主要原因是地均从业人数、地均用水量较少以及建成区人口密度不合理。

　　2005—2014年，本溪市土地利用绩效社会生态系统发展水平相对较高。这10年期间，从0.124变化为0.126（见图5-3），总体变化较小。

　　锦州市土地利用绩效社会生态系统得分相对较低，从2005年的0.101变化为2014年的0.119（见图5-3）。2009—2012年，社会生态系统得分增长速度较快。

　　2005—2014年，营口市土地利用绩效社会生态系统得分波动较小，2005年为0.103，2014年为0.115（见图5-3），发展水平相对偏低。其中，人均城市道路面积、地均用水量是其社会生态系统得分偏低的主要因素。

　　抚顺市土地利用绩效社会生态系统得分在2005—2014年前期较高，后期社会生态系统得分偏低，发展后劲不足，降至2014年的0.11。其中，地均从业人数、人均城市道路面积分值较低，影响了抚顺市土地利用绩效社会生态系统得分的提高。

　　2005—2014年，铁岭市土地利用绩效社会生态系统得分从2005年的0.068变化为2014年的0.11（见图5-3）。这10年期间，基本处于增长状态，但总体发展水平依然偏低。地均从业人数、地均用水量、地均用电量是造成其系统分值偏低的主要原因。

　　阜新市与丹东市土地利用绩效社会生态系统得分相对偏低。阜新市的社会生态系统得分从2005年的0.081变化为2014年的0.091，丹东市的社会生态系统得分从2005年的0.075变化为2014年的0.106（见图5-3）。由于人均城市道路面积较小以及城市建设用地面积占市区面积比重的失调，成为制约阜新市土地利用绩效社会生态系统效率提高的主要制约因素；地均用水量与地均用电量是制约丹东市土地利用绩效社会会生态系统效率提高的主要因素。

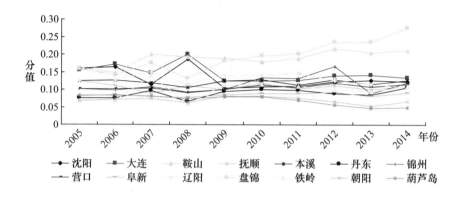

图 5-3　辽宁省城市土地利用绩效水平社会生态系统得分

　　葫芦岛市与朝阳市土地利用绩效社会生态系统得分与其他城市相比偏低。两个城市社会生态系统发展趋势相近。葫芦岛市从 2005 年的 0.083 变化到 2014 年的 0.049，朝阳市从 2005 年的 0.067 变化到 2014 年的 0.066（见图 5-3）。但葫芦岛市从 2010 年起开始下降，主要是由于地均从业人数、人均城市道路面积、地均用水量等指标的影响。

　　（三）自然系统分析

　　朝阳市与阜新市土地利用绩效自然生态系统得分的发展趋势较为接近。2005—2014 年，朝阳市从 2005 年的 0.118 变化为 2014 年的 0.112，阜新市从 2005 年的 0.097 变化为 2014 年的 0.1（见图 5-4）。2005—2014 年后期，两个城市土地利用绩效自然生态系统虽增减不一，但相比其他城市得分较高，总体发展效率高。

　　2005—2014 年，沈阳市土地利用绩效自然生态系统得分从 2005 年的 0.088 变化为 2014 年的 0.07（见图 5-4），分值下降幅度较大。2007 年，达到沈阳市土地利用绩效自然生态系统得分的峰值 0.093，2005—2014 年后期，系统绩效下降较多，主要是由于平均相对湿度、空气质量二级以上的天数的影响。

　　锦州市土地利用绩效自然生态系统得分相对较高，2005 年土地利用绩效自然生态系统得分为 0.094，2014 年为 0.071（见图 5-4）。但近几年来，系统得分略有下降。其中，日照时数与空气质量二级以上的天数是造成下降的主要原因。

铁岭市、辽阳市和葫芦岛市土地利用绩效自然生态系统得分相较于其他城市较好。铁岭市土地利用绩效自然生态系统得分从2005年的0.061变化为2014年的0.939（见图5-4），除2005年和2010年外，其余年份系统得分较高。2005—2014年，辽阳市土地利用绩效自然生态系统得分除2006年外，分值都较高。葫芦岛市土地利用绩效自然生态系统得分也基本较好。

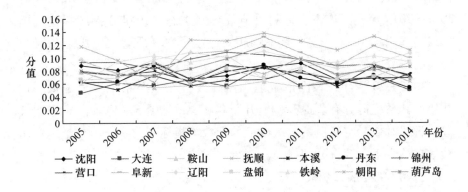

图5-4 辽宁省城市土地利用绩效水平自然系统得分

抚顺市土地利用绩效自然生态系统得分从2005年的0.079变化为2014年的0.063（见图5-4），整体发展上下浮动较大。2005—2014年，抚顺市土地利用绩效自然生态系统得分相较于其他三个系统，得分偏低，平均气温、平均相对湿度、平均降水量、日照时数、空气质量二级以上的天数等指标阻碍了抚顺市土地利用绩效自然生态系统得分的进一步提高。

2005—2014年，盘锦市土地利用绩效自然生态系统得分增长较快，尤其是近几年系统得分增长较快，增至0.093（见图5-4）。

2005—2014年前期，营口市土地利用绩效自然生态系统得分基本处于平均水平；2009—2013年，系统得分逐年下降，降至0.056，后又提升至0.076（见图5-4）。平均相对湿度、平均气温是造成营口市系统得分不高的主要原因。

本溪市土地利用绩效自然生态系统得分从2005年的0.064变化为

2014 年的 0.074（见图 5 - 4），其中，2008—2011 年、2012—2013 年，提升较快，其整体发展向好，但 2014 年略有下降。

2005—2014 年，丹东市土地利用绩效自然生态系统得分上下浮动较大，从 2005 年的 0.063 变化为 2014 年的 0.053（见图 5 - 4），系统得分相对偏低。受到平均降水量、平均相对湿度的制约，其系统分值相对低于其他城市。

大连市的土地利用绩效自然生态系统得分除在 2010 年达到峰值 0.088（见图 5 - 4）外，其余年份的系统得分相较于其他城市偏低。2011—2013 年，大连市土地利用绩效自然生态系统得分持续提高，但 2014 年又降至 0.05，主要是平均相对湿度、空气质量二级以上的天数产生的影响。

2005—2014 年，鞍山市土地利用绩效自然生态系统得分偏低。近几年，其系统得分有所提升，上升至 0.071（见图 5 - 4）。由于平均气温、日照时数、空气质量二级以上的天数等指标制约了鞍山市土地利用绩效自然生态系统得分的提高。

（四）环境系统分析

2005—2014 年盘锦市土地利用绩效环境生态系统得分从 2005 年的 0.105 变化为 2014 年的 0.135，相较于其他城市得分较高。

沈阳市土地利用绩效环境生态系统得分从 2005 年的 0.091 变化为 2014 年的 0.122（见图 5 - 5），其分值与辽宁省其他城市相比也相对较高。

大连市土地利用绩效环境生态系统得分相对较高，但近几年系统得分持续降低，降至 0.07（见图 5 - 5），主要是由于系统内各项指标均有所下降。

2005—2014 年前期，葫芦岛市土地利用绩效环境生态系统得分较高，后期发展后劲不足，略有下降，降至 0.092（见图 5 - 5）。污水处理厂集中处理率、工业固体废弃物综合利用率的降低是导致其系统分值下降的主要原因。

阜新市土地利用绩效环境生态系统得分从 2005 年的 0.092 变化到 2014 年的 0.127，在 2008 年、2014 年分别达到极值 0.065、0.127（见图 5 - 5），系统发展总体较好。

2005—2014 年，营口市土地利用绩效环境生态系统得分从 2005 年的0.083变化为2014年的0.073。2005—2014年前期，系统得分较高，后期系统得分有所下降，2013年达到最低值0.056（见图5-5）。由于建成区绿化覆盖率、污水处理厂集中处理率、生活垃圾无害化处理率、工业废气排放量等指标的影响，制约了后期系统得分的提高。

抚顺市土地利用绩效环境生态系统得分从2005年的0.057变化为2014年的0.093（见图5-5）。2005—2014年后期与前期相比，系统得分有很大提升。

2005—2014年，铁岭市土地利用绩效环境生态系统得分从2005年的0.054变化为2014年的0.124（见图5-5），系统得分提升较快。

辽阳市和锦州市土地利用绩效环境生态系统得分在2005—2014年后期都提升较快，总体发展水平较高。辽阳市土地利用绩效环境生态系统得分从2005年的0.061变化为2014年的0.09（见图5-5）；锦州市土地利用绩效环境生态系统得分从2005年的0.065变化为2014年的0.109（见图5-5）。

丹东市土地利用绩效环境生态系统得分波动较大，2005—2014年前期，增减不一，2005—2014年后期，系统得分向好。

本溪市土地利用绩效环境生态系统得分从2005年的0.056变化为2014年的0.063（见图5-5），分值相对较低。其中，工业固体废弃物综合利用率、工业废气排放量是影响其系统得分提高的主要因素。

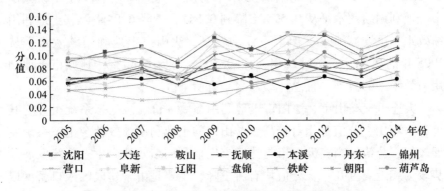

图5-5　辽宁省城市土地利用绩效水平环境系统得分

朝阳市土地利用绩效环境生态系统得分相对较低，2010—2014年，系统得分提高较快，上升至0.098（见图5-5）。但其土地利用绩效环境生态系统分值仍然较低，建成区绿化覆盖率、污水处理厂集中处理率影响了朝阳市土地利用绩效环境生态系统效率的提高。

鞍山市土地利用绩效环境生态系统得分偏低。2005—2014 年从 2005 年的 0.047 变化为 2014 年的 0.098（见图 5 - 5），其系统得分提升加快，但其发展水平相较于其他城市仍然偏低。

第四节　存在的问题与生态管理对策

城市土地利用绩效变化与城市社会发展、区域经济、自然及生态环境密切相关。

2005—2014 年，盘锦市土地利用绩效水平除 2005 年外，均处于较高位次。盘锦市土地利用绩效水平 2005—2014 年上升 14.29%，其间，土地利用绩效水平虽有波动，但保持着较高的发展水平，其经济生态、社会生态、自然生态、环境生态系统均发展较好。盘锦市自转型发展以来，定位于旅游城市，全面规划土地利用，促进了土地利用绩效有效提高。

大连市、鞍山市、沈阳市土地利用绩效水平基本处于前列，发展水平较高。大连市土地利用绩效水平从 2005 年的 0.538 下降到 2014 年的 0.482，下降 10.48%，总体绩效水平有所下降。2005—2014 年，鞍山市土地利用绩效水平从 0.575 下降到 0.541，下降 6.04%，其土地利用绩效水平虽增减不一，但上下浮动较小。沈阳市土地利用绩效水平从 2005 年的 0.543 下降到 2014 年的 0.507，下降 6.65%，其城市土地利用绩效水平的波动，且总体绩效水平有所下降。

大连市、鞍山市、沈阳市土地利用绩效评价经济生态系统得分与其他各市相比，分值都相对较高。鞍山市的土地利用绩效社会生态系统发展较好，分值较高；大连市与沈阳市土地利用绩效社会生态系统发展趋势较为相近。近几年，分值均有所下降，主要是由于建成区人口密度以及城市建设用地面积占市区面积比重造成的影响。大连市与沈阳市在合理控制人口规模、调整建设用地面积方面仍需努力。2005—2014 年，沈阳市、大连市土地利用绩效自然生态系统得分主要受到平均相对湿度、空气质量二级以上的天数产生的影响。鞍山市土地利用绩效自然生态系统得分偏低，由于平均气温、日照时数、空气质量二级以上的天数等指标制约了鞍山市土地利用绩效自然生态系统得分的提高。沈阳多为高污染、高能耗、高排放重工业产品生产基地；鞍山是东北地区最大的钢铁工业城市；大连以高新型经济产业、航运物流业与旅游业为主，三个城市的工业发展造成城市自然环境的破坏，尤其是沈阳、鞍山，严重的雾霾天气已经影响了人们的生产与生活。大连市土地利用绩效环境生态系统得分相对较高，但近几年来系统得分持续降低，下降至 0.07；鞍山市土地利用绩效环境生态系统得分偏低；沈阳市土地利用绩效环境生态系统得分与辽宁省其他城市相比相对较高。

锦州市土地利用绩效水平较高，但发展的波动性大。锦州市土地利用绩效水平从 2005 年的 0.431 上升到 2014 年的 0.486，上升 12.78%。锦州市土地利用绩效经济生态系统得分变化不大，与其他城市相比，基本处于中间水平；社会生态系统得分相对较低；自然生态系统得分相对较高，2005 年土地利用绩效自然生态系统得分为 0.094，2014 年为 0.071，但近几年来系统得分略有下降；环境生态系统得分较高。锦州市作为辽西中心城市对辽西发展有带动作用，通过增加政策支持、发展区域市场、完善基础设施建设、提高城市承载能力，为加快产业升级营造良好的环境，从而提高城市土地利用的产出与综合绩效。

营口市、辽阳市土地利用绩效水平基本处于城市的平均水平，近十年来发展基本平稳。2005—2014 年，营口市土地利用绩效水平从 2005 年的 0.409 上升到 2014 年的 0.433，上升 5.80%。2005—2014 年，辽阳市土地利用绩效水平从 2005 年的 0.444 变化为 2014 年的 0.437，近几年来，其土地利用绩效水平降幅明显。

2008—2012 年，营口市土地利用绩效经济生态系统得分基本处于增长趋势，发展形势良好。2013 年、2014 年相关指标均有下降，经济生态系统得分随之略有下降。2005—2014 年，营口市土地利用绩效社会生态系统得分波动较小，发展水平相对偏低。其中，人均城市道路面积、地均用水量是其社会生态系统得分偏低的主要因素。2005—2014年前期，营口市土地利用绩效自然生态系统得分基本处于平均水平，平均相对湿度、平均气温是造成营口市系统得分不高的主要原因。2005—2014 年，营口市土地利用绩效环境生态系统得分从 2005 年的 0.083 变化为 2014 年的 0.073，由于建成区绿化覆盖率、污水处理厂集中处理率、生活垃圾无害化处理率、工业废气排放量等指标的影响，制约了后期系统得分的提高。营口市是环渤海地区重要的临港工业基地与现代重化工产业基地，其城市开发区外延增长较快，城市土地利用集约程度暂时不高。应合理调整用地布局，提高土地集约利用度；加强生态环境保护建设，改善城市生态环境，有效增加绿地面积，提高绿化覆盖率，提高城市"三废"处理能力，促进城市经济社会生态的协调可持续发展。

2005—2014年，辽阳市土地利用绩效经济生态系统得分略低于以上几个城市。近年来，经济生态系统得分呈下降趋势，主要是由于地均GDP、地均固定资产投资、地均社会消费品零售总额的影响。辽阳市土地利用绩效社会生态系统得分相对较高，自2011年起，社会生态系统得分持续下滑，主要原因是地均从业人数、地均用水量较少以及建成区人口密度不合理。辽阳市土地利用绩效自然生态系统得分相较于其他城市较好。辽阳市土地利用绩效环境生态系统得分在2005—2014年后期都提升较快，总体发展水平较高。应严格实施土地用途管制，加强对土地资源的市场化配置，形成节约集约用地的"倒逼"机制，提高城市土地资源配置效率；降低人均建设用地面积，促进城市土地利用绩效水平不断提升。

2005—2014年，抚顺市土地利用绩效水平从2005年的0.462下降到2014年的0.405，下降11.32%。前期抚顺市土地利用绩效较好，但近来发展略有下降。抚顺市土地利用绩效经济生态系统得分在地均GDP、第三产业占GDP比重、在岗职工年平均工资等的影响下，处于下降趋势；社会生态系统得分在2005—2014年前期发展较好，后期社会生态系统得分偏低，发展后劲不足；自然生态系统得分相较于其他三个系统，得分偏低；环境生态系统得分有很大提升。抚顺市与沈阳市具有天然的地缘关系，借助其经济集聚与辐射功能，两个城市建成区相向发展。同时，抚顺市是中国十大重工业城市之一和北方最大的石油化工城市，作为具有百年煤炭开采历史的资源型城市，伴随着资源枯竭的压力，城市转型势在必行。抚顺市的城市转型已略有成效，但依然存在诸多问题。进一步转变经济发展方式，推动经济结构战略性调整，优化产业升级布局，增加城市吸纳就业人员的能力，降低经济发展对土地资源的过度消耗是城市转型发展的重要举措。

铁岭市土地利用绩效水平从 2005 年的 0.3 上升到 2014 年的 0.467，上升 55.62%，铁岭市土地利用绩效水平总体偏低。但近几年来，其绩效水平发展向好。铁岭市土地利用绩效经济生态系统得分总体较低；社会生态系统得分依然偏低，其中，地均从业人数、地均用水量、地均用电量是造成其系统分值偏低的主要原因；自然生态系统得分相较于其他城市相对较好；环境生态系统得分提升较快。应转变经济增长方式，推进城市产业升级，增加城市吸纳就业人员的能力，同时提高城市基础设施水平和土地集约利用，促进城市土地利用绩效水平不断提升。

阜新市土地利用绩效水平从 2005 年的 0.389 上升到 2014 年的 0.464，上升 19.20%，其土地利用绩效水平偏低，但近几年增幅明显。阜新市土地利用绩效经济生态系统得分较其他城市相比，发展水平较低，尤其近几年来，经济生态系统得分持续下降，其中，第三产业占 GDP 比重以及地均 GDP 分值较低是造成得分下降的主要原因；社会生态系统得分从 2005 年的 0.081 变化为 2014 年的 0.091，由于人均城市道路面积较小以及城市建设用地面积占市区面积比重的失调，成为制约阜新市土地利用绩效社会生态系统效率提高的主要制约因素；自然生态系统虽增减不一，但相比其他城市得分较高，总体发展效率高；环境生态系统得分从 2005 年的 0.092 变化到 2014 年的 0.127，总体发展较好。应优化建设用地结构和空间布局，促进经济产业结构优化调整。强化规划对经济社会发展及区域、产业、基础设施建设中的整体调控引导和综合空间管制作用，以节约集约用地为土地调控的重要目标。按照集约用地、集中发展、适度规模的要求，科学配置新增城镇建设用地，加强资源整合与共享，通过科学规划，引导调整区域产业布局。

丹东市土地利用绩效水平偏低。2005—2014 年有所提升，但近几年土地利用绩效水平仍然偏低。丹东市土地利用绩效经济生态系统得分总体较低；社会生态系统得分相对偏低，地均用水量与地均用电量是制约丹东市土地利用绩效社会生态系统效率提高的主要因素；自然生态系统得分上下浮动较大，受到平均降水量、平均相对湿度的制约，其系统分值相对低于其他城市；环境生态系统得分波动较大，增减不一，后期系统得分趋好。丹东市是以商贸、物流、旅游为主体的"沿江、沿海、沿边"城市，应坚持产业结构调整，加大公共服务设施尤其是水、电及城市排水管网建设，高度重视第三产业的发展及其对经济发展的推动作用。

本溪市土地利用绩效水平除在 2013 年有所提升外，其总体水平较低，从 2005 年的 0.375 上升到 2014 年的 0.383，上升 2.13%。本溪市土地利用绩效经济生态系统得分较低；社会生态系统发展水平相对较高；自然生态系统得分从 2005 年的 0.064 变化为 2014 年的 0.074，其中，2008—2011 年、2012—2013 年提升较快，其整体发展向好，但在 2014 年略有下降；生态系统得分分值相对较低，其中，工业固体废弃物综合利用率、工业废气排放量是影响其系统得分提高的主要因素。本溪市仍处于老工业基地城市和产业转型升级的关键时期，调整经济结构、协调土地利用与生态环境的关系仍十分艰巨。

2005—2014 年，葫芦岛市、朝阳市土地利用绩效水平与其他城市相比，排名基本都处于末尾。葫芦岛市土地利用绩效总体变化不大，但其绩效水平偏低；朝阳市土地利用绩效水平总体发展波动较小、水平偏低，但近几年水平有所提高。葫芦岛市与朝阳市土地利用绩效经济生态系统得分与其他城市相比处于底端，得分偏低；两个城市社会生态系统得分与其他各市相比偏低；葫芦岛市土地利用绩效自然生态系统得分相较于其他城市相对较好，朝阳市自然生态系统得分虽增减不一，但相比其他市得分较高，总体发展效率高；葫芦岛市土地利用绩效环境生态系统得分较高，后期发展后劲不足，略有下降，污水处理厂集中处理率、工业固体废弃物综合利用率的降低是导致其系统分值下降的主要原因。朝阳市土地利用绩效环境生态系统得分相对较低，建成区绿化覆盖率、污水处理厂集中处理率影响了朝阳市土地利用绩效环境生态系统效率的提高。葫芦岛市应进一步控制城市规模，优化空间布局，提高建设用地利用效率，转变城市发展和土地利用方式，同时，积极调整产业结构，优化城市功能，建设生态城市。朝阳市应大力推进产业结构调整升级，加快建设"五大基地"，打造工业"五大主导产业"。同时，积极改善城市生态环境，美化城市人居环境，增加城市绿地面积，提高城市土地污物处理利用能力。

第六章 辽宁省土地利用对生态环境影响效应研究

第一节 绪论

一 研究背景

人类通过持续利用土地（包括农用地、建设用地等）获取自己需要的服务和商品，除能给人类带来直观享受的经济产品产出、社会进步发展等显性的经济效益和社会效益之外，也一直在享受土地生态系统给予人类的隐性生态系统服务，包括气体调节、气候调节、水源涵养、土壤形成与保护、废物处理、生物多样性保护、娱乐文化等生态服务价值。然而，土地利用对生态环境的影响效应是一把"双刃剑"，利用好了，带来的是正向外部性和正面影响；利用不好，则带来的是负向外部性和不良影响。已有研究表明，土地利用行为对人类生存的生态环境包括大气环境、气候、水环境和土壤环境均有显著的影响。

由于土地利用对生态环境的影响效应包括上述诸多方面，为了量化和综合评价土地利用对生态环境的影响效应，国内外学术界对此进行了深入探讨，认为生态系统服务价值评估能综合反映出土地利用对生态环境的影响效应。生态系统服务是指通过生态系统的结构、过程和功能直接或间接得到的生命维持产品和服务。人类的可持续发展必须建立在地球生命维持系统、生物圈和生态系统服务功能等可持续发展的基础上。因此，研究土地利用对生态环境的影响效应，可以通过研究土地利用对生态生态系统服务价值的变化，从而引导资本开发的合理决策，避免损害生态系统服务的短期经济行为，从而有利于生态系统的保护，并最终有利于人类自身的可持续发展。

二 研究目的和意义

土地利用作为全球与区域生态环境变化最主要的作用方式,反映了人与自然之间相互影响与交叉作用,越来越成为事关生态环境和谐的最重要因素。土地利用类型、变化及其引起的生态系统服务价值损益是生态环境建设质量的一面"镜子",可以反映出土地利用对生态环境影响效应。通过对辽宁省土地利用的生态环境效应研究,掌握土地利用与生态环境关系规律,建设生态友好型土地利用模式,对促进辽宁省人与自然、环境的和谐发展有着重要理论意义。

辽宁省自"东北振兴"计划实施以来,社会经济发展取得了令人瞩目的成绩,生态环境建设得到不断重视和保护,然而也出现了一些问题,如近几年困扰辽宁省各级政府和普通百姓的雾霾。辽宁省近十年来经济发展是否以牺牲生态环境为代价?人类赖以生存的土地生态系统服务功能和价值是否得到了保护和提升?如何既保障经济社会发展的需求,又兼顾环境保护和生态建设?本章通过研究辽宁省土地利用变化及土地利用变化引起的生态系统服务价值损益,试图找出辽宁省土地持续利用和生态环境保护的有效途径,可以有效地回答上述三个问题。

三 土地利用生态服务价值研究进展

土地利用生态系统服务价值研究是近几年才发展起来的生态学研究领域,各国学者从不同的角度研究和评估土地生态系统服务价值,并发表了大量研究成果。1997年美国生态学家康斯坦扎·罗伯特(Constanza Robert)等在《自然》上发表了《全球生态系统服务功能价值与自然资本》,提出了基于土地利用覆被面积及其服务单价核算区域生态服务价值的研究方法,开启了生态服务价值评估核算的新纪元,已在国内外得到广泛应用。此后,生态系统服务的研究受到世界各领域的普遍关注,这方面与研究的进展为可持续发展提供了科学依据。如克罗特(Kreuter)等参考康斯坦扎的方法对美国得克萨斯州圣安东尼奥市1976—1991年间的生态系统服务价值进行了测算。安德鲁等以康斯坦扎的研究为基础,利用当地详细和准确的数据对巴西湿地的服务功能进行了定性评价。

20世纪90年代末,国外有关生态系统服务的概念及其价值理论、评估方法等开始引入国内,我国一些生态学者对生态系统服务价值及其评价方法进行了探索。白晓飞等(2004)对生态服务及其生态经济价值评价理论与方法进行了分析，并对中国陆地生态系统服务进行了评价。曹顺爱等（2006）根据康斯坦扎等的研究，按照面积比例对我国生态系统的服务功能经济价值进行了评估，得出我国生态系统服务功能的经济价值大约为 20 万亿元人民币。谢高地等（2003，2007）以康斯坦扎等对全球生态系统服务价值评估的部分成果为参考，综合对我国专业人士进行的生态问卷调查结果，先后两次建立了中国陆地生态系统单位面积服务价值表。我国的土地生态系统服务功能价值评估研究以谢高地的研究成果为代表，将土地利用生态系统服务价值评估研究分为价值当量、价值系数和区域修正三种类型，而且该方法体系在国内得到了广泛运用。因为相对于康斯坦扎提出的全球生态系统服务系数，经过国内生态学家进行修正的价值系数或当量适用于中国生态系统研究，而且更为准确。

综上所述，国内外当前土地利用变化对区域生态环境的影响效应研究更多地体现在自然科学领域，应用于社会科学领域的不多，对区域"土地利用—环境效应—体制响应"进行全面系统研究的成功案例还不常见，尤其将其提升为区域土地可持续利用和生态环境建设策略研究的更少。本章运用土地利用变化态势、幅度、速度（单一动态度和综合动态度）及程度模型分析辽宁各类用地的结构变化，并采用康斯坦扎生态系统服务价值评估方法和谢高地生态系统服务价值系数或当量，核算辽宁省自"东北振兴"计划实施十几年（2001—2013 年）来，土地利用变化引起的生态系统服务价值损益，考察土地利用对生态环境影响效应，并提出相应的土地利用和生态建设对策。

四 研究思路和研究内容

（一）研究思路

本章通过研究土地利用对土地生态系统服务价值损益的影响，考察土地利用对生态环境的影响效应。以辽宁省自"东北振兴"计划实施以来近十几年来的土地利用数据为研究对象，在对土地利用变化过程研究基础上，核算土地利用变化引起的生态系统服务功能和价值损益变化情况，得出土地利用对生态环境的影响效应。并有针对性地提出协调土地资源利用与生态环境建设路径，从而保障和支持辽宁省社会经济可持续发展。

（二）研究内容

1. 辽宁省自2001年以来土地资源利用变化

本章选取土地利用变化幅度、速度、程度和动态度等模型，从农用地（耕地、园地、林地、牧草地、其他农用地）、建设用地和未利用地视角分析辽宁省2001—2013年土地资源利用变化情况。土地利用变化数据来源于辽宁省国土资源厅提供的2001—2008年、2010年辽宁省土地利用变更调查资料和2013年辽宁省第二次全国土地调查数据。

2. 辽宁省自2001年以来生态系统服务价值损益情况

采用康斯坦扎提出的土地利用生态服务价值评估方法，根据谢高地提出的中国陆地生态系统单位面积服务价值系数和辽宁区域修正系数，分析各种用地类型的食物生产、原材料生产、气体调节、气候调节、水源涵养、土壤形成与保护、废物处理、生物多样性保护和娱乐文化九大生态服务价值，考察其增减损益变化情况。

3. 辽宁省土地资源利用与生态环境建设协调研究

如何合理利用土地，协调土地利用与生态建设和环境保护是本章研究的重点和最终目标所在。通过对近十年辽宁省土地资源利用变化及土地利用变化引起的土地生态系统服务价值增减研究，可以清晰地再现辽宁省近十年土地利用对生态环境的影响效应如何，是正向影响还是负向影响。若是正向，那么如何继续保持；若是负向，那么如何进行调整。为此，可以针对生态系统服务价值变化情况，有的放矢地提出土地利用与生态环境建设协调途径。

第二节　辽宁省土地利用变化研究

一　土地利用数据来源

在研究土地利用生态环境效应之前，我们先分析辽宁省土地利用变化特征。本章土地利用数据见表6-1。需要说明的是，由于数据获取的限制性，没有收集到2009年、2011年和2012年的变更调查数据，故不对这三年期间变化情况进行分析。

二　土地利用变化态势

根据表6-1的数据，可以得出2001—2013年辽宁省三大土地利用类型变化态势（见图 6-1）。由于土地利用变化幅度、速度和程度都分析到各类用地，为了不重复，土地利用变化态势仅从农用地、建设用地和未利用地三大类进行分析。

表 6-1　　　　2001—2013 年辽宁省土地资源利用情况　　　单位：公顷

年份	农用地	其中				
		耕地	园地	林地	牧草地	水域
2001	11248585.92	4163029.43	595122.31	5628437.65	373616.87	488379.65
2002	11247733.74	4139227.48	602270.49	5643448.06	373031.73	489755.98
2003	11249951.84	4073653.86	607036.07	5709378.03	369906.79	489977.09
2004	11237360.22	4098134.85	599339.27	5687866.17	352682.10	499337.83
2005	11228425.35	4090842.07	598210.61	5690142.53	349876.27	499353.86
2006	11231311.57	4085130.43	597728.86	5699975.06	348667.63	499809.59
2007	11229628.65	4085167.97	596948.04	5699385.62	348586.91	499540.11
2008	11227948.47	4085283.48	596333.85	5698568.43	348536.78	499225.93
2010	11534670.73	4080000	631470.73	5922500	404900	495800
2013	12154517.39	5041926.67	477753.33	5635253.33	452346.67	547237.39

年份	建设用地	其中			未利用地
		居民点及工矿用地	交通用地	水利设施用地	
2001	1317671.1	1097529.75	78834.96	141306.39	2240113.71
2002	1322823.94	1100431.4	80246.38	142146.16	2235813.05
2003	1326546.15	1104283.02	80255.82	142007.31	2229872.74
2004	1362841.92	1127435.44	87474.04	147932.44	2206168.59
2005	1370092.37	1133995.58	88158.973	147937.82	2207853.01
2006	1379635.28	1142042.32	89515.1	148077.86	2195423.87
2007	1391332.33	1152360.39	90904.27	148067.66	2185409.75
2008	1398821.53	1159087.86	91648.05	148085.62	2179600.73
2010	1433000	1190666.67	94234.99	148098.35	1838700
2013	1488783.05	1230140	109951.29	148691.77	1163070.28

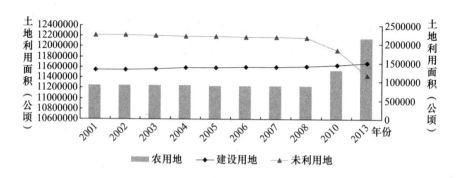

图 6-1 2001—2013 年辽宁省三大地利用类型变化态势

从图 6-1 可以看出，辽宁省农用地在 2001—2008 年总体上呈现减少趋势，然而，在 2002—2003 年和 2005—2006 年两段时间节点上，农用地略有增加，而且在 2008 年后呈现出快速增加趋势。建设用地一直呈现增加趋势，尤其在 2003 年之后，增加态势明显加快，说明随着国家实施"东北振兴"计划，刺激了建设用地需求。未利用地除个别年度基本持平外，总体上看，也一直保持下降态势，尤其在 2008 年后呈现急剧下降态势。农用地和未利用地在 2008 年后呈现"一增一减"变化明显的趋势，除地类之间确实发生转变之外，不能排除的可能原因是数据统计口径不一致所致。

三 土地利用变化幅度

土地利用变化幅度是指土地利用类型在面积方面的变化幅度，它反映不同类在总量上的变化。其计算公式为：

$$\Delta U = (U_b - U_a) \qquad (6-1)$$

式中，U_a、U_b 分别为研究期初和期末某一土地类型的面积，ΔU 为研究时段内某一土地类型的变化幅度。

利用上述数据，对辽宁省 2001—2013 年土地利用变化幅度逐年进行统计，得出表 6-2 的结果。

从表 6-2 中可以看出：

近十几年来，辽宁省农用地总量增加 905931.47 公顷，年均增加 75494.29 公顷。建设用地总量增加 171111.95 公顷，年均增加 14259.33 公顷。未利用地总量减少 1077043.43 公顷，年均减少 89753.62 公顷。可以看出，农用地和建设用地扩张均以占用未利用地为主。

表 6 – 2　　　　　　　2001—2013 年辽宁省土地利用变化幅度　　　　　单位：公顷

年份	农用地	其中				
		耕地	园地	林地	牧草地	水域
2001—2002	– 852. 18	– 23801. 95	7148. 18	15010. 41	– 585. 14	1376. 33
2002—2003	2218. 1	– 65573. 62	4765. 58	65929. 97	– 3124. 93	221. 11
2003—2004	– 12591. 62	24480. 99	– 7696. 8	– 21511. 85	– 17224. 69	9360. 74
2004—2005	– 8934. 87	– 7292. 77	– 1128. 66	2276. 36	– 2805. 83	16. 03
2005—2006	2886. 23	– 5711. 65	– 481. 75	9832. 53	– 1208. 63	455. 73
2006—2007	– 1682. 92	37. 55	– 780. 82	– 589. 44	– 80. 72	– 269. 49
2007—2008	– 1680. 19	115. 51	– 614. 19	– 817. 19	– 50. 13	– 314. 18
2008—2010	306722. 26	– 5283. 48	35136. 87	223931. 57	56363. 22	– 3425. 93
2010—2013	619846. 67	961926. 67	– 153717. 39	– 287246. 67	47446. 67	51437. 39
2001—2013	905931. 47	878897. 23	– 117368. 98	6815. 68	78729. 80	58857. 74
年均幅度	75494. 29	73241. 44	– 9780. 75	567. 97	6560. 82	4904. 81

年份	建设用地	其中			未利用地
		居民点及工矿用地	交通用地	水利设施用地	
2001—2002	5152. 84	2901. 65	1411. 42	839. 77	– 4300. 66
2002—2003	3722. 21	3851. 62	9. 44	– 138. 85	– 5940. 31
2003—2004	36295. 77	23152. 42	7218. 22	5925. 13	– 23704. 15
2004—2005	7250. 45	6560. 14	684. 93	5. 38	1684. 42
2005—2006	9542. 91	8046. 74	1356. 13	140. 04	– 12429. 13
2006—2007	11697. 05	10318. 07	1389. 17	– 10. 20	– 10014. 13
2007—2008	7489. 21	6727. 47	743. 78	17. 96	– 5809. 02
2008—2010	34178. 47	31578. 81	2586. 93	12. 73	– 340900. 73
2010—2013	55783. 05	39473. 33	15716. 30	593. 42	– 675629. 72
2001—2013	171111. 95	132610. 25	31116. 33	7385. 38	– 1077043. 43
年均幅度	14259. 33	11050. 85	2593. 03	615. 45	– 89753. 62

　　在农用地类型中，总体上看，除园地减少外，其他各类用地均呈现增长趋势，其中，耕地增加幅度最大，达 878897. 23 公顷，其次为牧草地和水域，分别增加 78729. 80 公顷和 58857. 74 公顷。

　　在建设用地类型中，居民点及工矿用地、交通用地与建设用地总体变化趋势一致，每年都在增加。水利设施用地除 2002—2003 年、2006—2007 年略有减少外，其他年度也逐年增加。总体上看，以居民点及工矿用地增加最多，达 132610. 25 公顷，其次为交通用地和水利设施用地，分别增加 31116. 33 公顷和 7385. 38 公顷。

四 土地利用变化速度

土地利用动态度可定量描述区域土地利用变化的速度，它对比较土地利用变化的区域差异和预测未来趋势都具有积极的作用。

（一）单一土地利用动态度

单一土地利用类型动态度可表达区域一定时间内某种土地利用类型的数量变化速度，其计算公式为：

$$R_s = \frac{U_b - U_a}{U_a} \times \frac{1}{T} \times 100\% \qquad (6-2)$$

式中，U_a、U_b 分别为研究期初及研究期末某一种土地利用类型的面积，T 为研究时段。当 T 设定为年时，R_s 为研究时段内某一土地利用类型的年变化率。

根据上述公式计算出各种土地利用类型变化的动态度，见表 6-3。

表 6-3 中数据正值表示研究期间该土地利用类型数量面积增加，负值则表示减少，数值绝对值的大小则表示增减变化速度快慢。从表 6-3 中结果可看出：

从年度动态度来看，除水利设施用地外，各类用地在 2008—2010 年或 2010—2013 年变化速率最快，其中，变化最剧烈的为园地，达 8.11%。另外，交通用地在 2008 年之前仍出现四次较快的增长，分别在 2001—2002 年、2003—2004 年、2005—2006 年、2006—2007 年。园地在 2001—2008 年，也发生两次较大调整。牧草地、水域、建设用地、居民点及工矿用地、水利设施用地和未利用地也均在 2003—2004 年出现一次较大的调整和波动，其中，递减速度最快的为牧草地，达 4.66%，增加速度最快的为水利设施用地，达 4.17%。而耕地和林地均在 2002—2003 年发生一次较大波动，其中，耕地动态度为 -1.58%，林地为 1.17%。农用地总量变化动态度表现相比各类农用地来说，较为平缓，可能是农业内部结构调整的缘故。

从总动态度来看，总动态度变化方向和总幅度变化方向一致。总动态值最大的为交通用地，其次为牧草地、耕地、园地、建设用地和居民点及工矿用地，说明辽宁省 12 年来土地利用结构调整较快，无论是农用地的耕地、园地，还是建设用地的居民点及工矿用地等均呈现明显的地类转换。

表 6 - 3　　　　2001—2013 年辽宁省单一土地利用变化动态度　　　单位:%

年份	农用地	其中				
		耕地	园地	林地	牧草地	水域
2001—2002	- 0.01	- 0.57	1.2	0.27	- 0.16	0.28
2002—2003	0.02	- 1.58	0.79	1.17	- 0.84	0.05
2003—2004	- 0.11	0.6	- 1.27	- 0.38	- 4.66	1.91
2004—2005	- 0.08	- 0.18	- 0.19	0.04	- 0.8	0
2005—2006	0.03	- 0.14	- 0.08	0.17	- 0.35	0.09
2006—2007	- 0.01	0	- 0.13	- 0.01	- 0.02	- 0.05
2007—2008	- 0.01	0	- 0.1	- 0.01	- 0.01	- 0.06
2008—2010	1.37	- 0.06	2.95	1.96	8.09	- 0.34
2010—2013	1.79	7.86	- 8.11	- 1.62	3.91	3.46
总动态度	0.67	1.76	- 1.64	0.01	1.76	1
年均动态度	0.25	0.49	- 0.41	0.13	0.43	0.44

年份	建设用地	其中			未利用地
		居民点及工矿用地	交通用地	水利设施用地	
2001—2002	0.39	0.26	1.79	0.59	- 0.19
2002—2003	0.28	0.35	0.01	- 0.1	- 0.27
2003—2004	2.74	2.1	8.99	4.17	- 1.06
2004—2005	0.53	0.58	0.78	0	0.08
2005—2006	0.7	0.71	1.54	0.09	- 0.56
2006—2007	0.85	0.9	1.55	- 0.01	- 0.46
2007—2008	0.54	0.58	0.82	0.01	- 0.27
2008—2010	1.22	1.36	1.41	0	- 7.82
2010—2013	1.3	1.11	5.56	0.13	- 12.25
总动态度	1.08	1.01	3.29	0.44	- 4.01
年均动态度	0.71	0.66	1.87	0.41	- 1.90

　　从年均动态度看，年均动态度和总动态度较为一致，年均动态度最大的仍为交通用地，达 1.87%。但两者之间也有一定的差异，总动态度反映的是 2001—2013 年总的变化速度，而年均动态度是该研究期间平均每年变化的速度。

（二）综合土地利用动态度

区域综合土地利用动态度可描述区域土地利用变化的速度，其计算公式为：

$$R_t = \frac{\sum_{i=1}^{n} |U_{bi} - U_{ai}|}{2\sum_{i=1}^{n} U_{ai}} \times \frac{1}{T} \times 100\%$$

$$= \frac{\sum_{i=1}^{n} |\Delta U_{in-i} - \Delta U_{out-i}|}{2\sum_{i=1}^{n} U_{ai}} \times \frac{1}{T} \times 100\% \qquad (6-3)$$

式中，U_{ai}、U_{bi} 分别为研究期初和期末第 i 类土地利用类型的面积，ΔU_{in-i} 为研究期间其他类型转变为 i 类型的面积之和，ΔU_{out-i} 为 i 类型转变为其他类型的面积之和；T 为研究时段。当 T 设定为年时，R_t 的值就是该研究区域土地利用年综合变化率。

根据上述公式计算出辽宁省综合土地利用动态度，见表 6-4。

表 6-4 　　　　　　2001—2013 年辽宁省综合土地利用动态度 　　　　　单位：%

时段	年度综合动态度									2001—2013年综合动态度	年均综合动态度
	2001—2002年	2002—2003年	2003—2004年	2004—2005年	2005—2006年	2006—2007年	2007—2008年	2008—2010年	2010—2013年		
变化参数	0.19	0.51	0.47	0.08	0.13	0.08	0.05	1.18	2.51	0.2	0.58

表 6-4 中数据表明，从年度综合土地利用动态度来看，辽宁省各类用地变化综合动态度最快的为 2010—2013 年，其余依次为 2008—2010 年、2002—2003 年和 2003—2004 年。正如前文分析，2008 年后，土地利用变化动态度急剧变化，除与土地利用类型转换有关外，可能还与数据统计口径有关。2002—2004 年快速变化可能由于 2003 年国家开始实施"东北振兴"计划，利好政策极大地刺激和释放了辽宁省土地开发利用的热潮。2001—2013 年辽宁省综合土地利用动态度为 0.2%，而年均综合动态度达 0.58%。说明辽宁省 12 年来，各类土地利用在以 0.58% 的速度发生变化。

五 土地利用变化程度

研究土地利用程度的变化，可以进一步认识土地利用变化的发展程度和驱动力系统的作用方式。一般采用一些间接指标来衡量土地利用程度，如土地利用率（已利用土地面积/土地总面积）、土地垦殖率（耕地面积/土地总面积）、土地农业利用率（农业用地面积/土地总面积）、土地建设利用率（建设用地面积/土地总面积）和林地覆盖率（林地面积/土地总面积）等。

经计算，将研究区域土地利用程度各项指标列于表 6 - 5。

表 6 - 5　　　　　2001—2013 年辽宁省土地利用程度　　　　　单位：%

年份	土地利用程度指标				
	土地利用率	土地垦殖率	土地农业利用率	土地建设利用率	林地覆盖率
2001	84.87	28.12	75.97	8.9	38.01
2002	84.9	27.96	75.97	8.93	38.11
2003	84.94	27.51	75.98	8.96	38.56
2004	85.1	27.68	75.90	9.2	38.41
2005	85.09	27.63	75.84	9.25	38.43
2006	85.17	27.59	75.85	9.32	38.5
2007	85.24	27.59	75.84	9.4	38.49
2008	85.28	27.59	75.83	9.45	38.49
2010	87.58	27.56	77.90	9.68	40.00
2013	92.14	34.05	82.09	10.06	38.06
2001—2013	7.27	5.94	6.12	1.16	0.05

从表 6 - 5 中可看出，辽宁省土地利用率较高，高于全国平均水平的 77.60%，且呈上升趋势，12 年增加了 7.27%。土地垦殖率远高于全国平均水平的 14.21%，2010 年前一直呈稳中有降态势，2013 年快速上扬（注：全国第二次土地调查数据表明，全国耕地面积增加 2 亿多亩，其中辽宁也增加较为明显）。土地农业利用率也高于全国平均水平的 65.88%，略呈下降趋势。土地建设利用率低于全国平均水平，但呈快速增长趋势，12 年增加了 1.16%。林地覆盖率远高于全国平均水平的 13.93%，2010 年前呈稳中有升的态势，2010—2013 年有所下降。

为了反映土地总体利用程度及其变化，可采用土地利用的综合分析方法，相对土地利用率、土地垦殖率等指标来说，能较好地反映一个地区的土地利用程度。刘纪远等从生态学角度出发，按照土地自然综合体在社会因素影响下的自然平衡状态将土地利用程度分为4级，并赋予分级指数（见表6-6）。土地利用程度综合指数的大小即可反映土地利用总体利用程度的高低，其计算公式为：

$$L_a = 100 \times \sum_{i=1}^{n} (A_i \times C_i), L_a \in [100, 400] \qquad (6-4)$$

式中，L_a 为土地利用程度综合指数，A_i 为第 i 级土地利用程度分级指数，C_i 为第 i 级土地利用程度分级面积百分比。

表6-6 土地利用类型分级

分级	未利用土地级	林、草、水用地级	农业用地级	城镇聚落用地级
土地利用类型	未利用地	林地、草地、水域	耕地	建设用地
分级指数	1	2	3	4

为了反映区域土地利用程度的变化量，可采用土地利用程度变化参数，其计算公式为：

$$\Delta L_{b-a} = L_b - L_a \qquad (6-5)$$

式中，L_b 和 L_a 分别是 b 时间和 a 时间区域土地利用程度综合指数。

根据上述公式，求得各时期的土地利用程度综合指数和土地利用程度变化参数，见表6-7。

表6-7 2001—2013年辽宁省土地利用程度综合指数和变化参数

年份	2001	2002	2003	2004	2005	2006	2007	2008	2010	2013
综合指数	230.79	230.72	230.37	231.19	231.22	231.4	231.62	231.77	234.49	246.31
时段（年）	2001—2002	2002—2003	2003—2004	2004—2005	2005—2006	2006—2007	2007—2008	2008—2010	2010—2013	2001—2013
变化参数	-0.06	-0.35	0.82	0.04	0.17	0.23	0.14	2.73	11.81	15.52

从表6-7的数据可看出，辽宁省土地利用程度综合指数除前两年略有下降外，从2003年开始逐年升高。其中，2010—2013年变化参数最大，达11.81。总体上看，12年期来，土地利用程度指数一共增加了15.52，说明辽宁省土地资源开发利用程度在逐渐加深。

第三节 辽宁省土地利用生态服务价值损益研究

一 生态服务价值计算方法

美国生态学者康斯坦扎等对全球 16 个生物地理群落的 17 种生态系统服务进行了评估，提出了生态系统服务价值（Eeosystem Services Value，ESV）的评价模式和全球生态系统类型对应的生态价值系数。其计算公式为：

$$E = \sum_{a=1}^{n} P_a S_a \tag{6-6}$$

式中，E 为研究区生态系统服务总价值，S_a 为研究区内土地利用类型 a 的面积，P_a 为单位面积上土地利用类型 a 的生态系统服务价值系数。

谢高地等认为，"中国的生态系统服务价值估算如果以康斯坦扎的模式进行是不恰当的，完全应该有根据地对其框架进行修正"，并提出了中国生态系统服务价值系数及辽宁省修正系数，得出辽宁省生态系统单位面积生态服务价值表（见表 6-8）。

表 6-8　　辽宁省生态系统单位面积生态服务价值　　单位：元/公顷·年

生态服务项目	农田	森林	草地	河流/湖泊	湿地	荒漠
食物生产	796.41	79.65	238.95	79.65	238.95	7.92
原材料生产	79.65	2070.54	39.78	7.92	55.71	0
气体调节	398.16	2787.3	637.11	0	1433.43	0
气候调节	708.75	2150.19	716.76	366.3	13617.81	0
水文调节	477.81	2548.35	637.11	16229.88	12343.68	23.85
废弃物处理	1306.08	1043.28	1043.28	14477.94	14477.94	7.92
保持土壤	1162.71	3105.81	1552.95	7.92	1361.79	15.93
维持生物多样性	565.38	2596.14	868.05	1982.97	1990.98	270.72
提供美学景观	7.92	1019.34	31.86	3456.18	4419.81	7.92
总计	5502.87	17400.6	5765.85	36608.76	49940.1	334.26

结合本章土地利用类型分类,按照表6-8的划分,在计算生态系统服务价值时,将耕地对应农田,园地取林地和草地平均值,林地对应森林,水域对应河流/湖泊,未利用土地对应荒漠。建设用地则采用段瑞娟等的研究成果,其生态系统服务价值的系数为-6554.83元/公顷·年。

二 区域生态服务价值变化

根据式(6-6),基于表6-8生态价值系数和表6-1土地利用数据,算出2001—2013年辽宁省区域土地利用区域生态系统服务功能价值及其总价值(见表6-9)。

表6-9　　2001—2013年辽宁省区域土地生态系统服务
功能价值及其总价值　　　　　　　单位:亿元

年份	耕地	园地	林地	牧草地	水域	建设用地	未利用地	总价值
2001	229.09	68.93	979.38	21.54	178.79	-86.37	7.49	1398.85
2002	227.78	69.76	981.99	21.51	179.29	-86.71	7.47	1401.10
2003	224.17	70.31	993.47	21.33	179.37	-86.95	7.45	1409.15
2004	225.52	69.42	989.72	20.34	182.80	-89.33	7.37	1405.84
2005	225.11	69.29	990.12	20.17	182.81	-89.81	7.38	1405.08
2006	224.80	69.24	991.83	20.10	182.97	-90.43	7.34	1405.85
2007	224.80	69.15	991.73	20.10	182.88	-91.20	7.30	1404.75
2008	224.81	69.07	991.59	20.10	182.76	-91.69	7.29	1403.92
2010	224.52	73.14	1030.55	23.35	181.51	-93.93	6.15	1445.28
2013	277.45	55.34	980.57	26.08	200.34	-97.59	3.89	1446.08
2001—2013	48.36	-13.60	1.19	4.54	21.55	-11.22	-3.60	47.23

从区域总生态系统服务价值来看,2001—2013年,辽宁省土地生态服务价值整体上呈现增加趋势,共增加了47.23亿元。从各用地类型生态服务价值来看,园地、建设用地和未利用地生态价值呈减少趋势,其中,建设用地生态价值一直为负值,且负值仍呈现增大趋势,而园地和未利用地生态服务价值的减少主要是这两种地类呈现出减少趋势。而耕地、林地、牧草地和水域的生态价值则呈现增加趋势,其中,耕地的生态服务价值的增长量远大于林地、牧草地和水域。这是因为,在这一

时段中，耕地面积增加了 87.89 万公顷，并且耕地的单位面积生态服务价值量也相对较大。

各类土地生态服务价值增加量的排序为：耕地 > 水域 > 牧草地 > 林地，而面积增加量排序为：耕地 > 牧草地 > 水域 > 林地，排序位置略有变化。这是因为，牧草地的面积增长仅仅略大于水域，然而，从单位面积生态服务价值来看，水域的单位面积生态服务价值量几乎是牧草地单位面积生态服务价值量的 6 倍。因此，辽宁省的水域生态服务价值增加量大于牧草地的生态服务价值增加量。

为了更全面地展示区域土地利用变化对生态服务价值的影响效应，本章针对耕地、园地、林地、牧草地、水域和未利用地 6 种用地类型（由于建设用地各项生态服务功能价值学术界并无统一研究结果，故本章暂不核算），分别核算其食物生产、原材料生产、气体调节、气候调节、水文调节、保持土壤、废弃物处理、维持生物多样性和提供美学景观 9 大生态功能服务价值，并考察其变化情况。

三　耕地各项生态功能服务价值变化

从耕地各项生态功能服务价值变化趋势来看（见图 6－2），耕地的食物生产、原材料生产、气体调节、气候调节、水文调节、土壤形成与保护、废弃物处理、生物多样性和提供美学景观 9 大生态功能价值从 2001—2010 年均呈现稳中有降趋势。说明这段时间，耕地数量在减少、耕地被占用的现象没有被遏制，耕地提供的无论是生产还是调节等生态功能均被削弱。2013 年，耕地各项生态功能均得到大幅提升，辽宁耕地面积大幅上扬（与统计数据可能有关）。

从图 6－2 中还可以看出，耕地的九项生态服务功能价值大小依次排序为：废弃物处理 > 保持土壤 > 食物生产 > 气候调节 > 维持生物多样性 > 水文调节 > 气体调节 > 原材料生产 > 提供美学景观，其与耕地单位面积各项生态功能价值顺序排序一致。

从耕地各项生态功能服务价值变化量来看（见表 6－10），12 年来辽宁耕地生态系统各项生态功能价值均增加，其变化量的大小依次为：废弃物处理 > 保持土壤 > 食物生产 > 气候调节 > 维持生物多样性 > 水文调节 > 气体调节 > 原材料生产 > 提供美学景观。该变化量大小依次顺序恰好与耕地各项生态功能价值顺序一致。

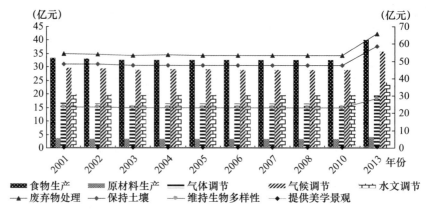

图 6 – 2   2001—2013 年辽宁省耕地各项生态功能服务价值变化趋势

表 6 – 10   2001—2013 年辽宁省耕地各项生态功能服务价值变化量

单位：亿元

研究期间	食物生产	原材料生产	气体调节	气候调节	水文调节	废弃物处理	保持土壤	维持生物多样性	提供美学景观
2001—2013 年	7	0.7	3.5	6.23	4.2	11.48	10.22	4.97	0.07

四 园地各项生态功能服务价值变化

从园地各项生态功能服务价值变化趋势来看（见图 6 – 3），与耕地相反，园地 9 项生态功能价值从 2001—2010 年均呈现稳中有升趋势；2010—2013 年，园地的各项生态服务功能价值均急速下降。说明园地面积前一时段稳步增长，而后一时段急剧减少。从图 6 – 3 还可以看出，园地 9 项生态服务功能价值大小依次排序为：保持土壤 > 维持生物多样性 > 气体调节 > 水文调节 > 气候调节 > 原材料生产 > 废弃物处理 > 提供美学景观 > 食物生产，其与园地单位面积各项生态功能价值顺序排序一致。

从园地各项生态功能服务价值变化量来看（见表 6 – 11），与耕地相反，12 年来辽宁园地生态系统各项生态功能价值均在下降，即变化量为负值，其变化量（绝对值）大小依次为：保持土壤 > 维持生物多样性 > 气体调节 > 水文调节 > 气候调节 > 原材料生产 > 废弃物处理 > 提供美学景观 > 食物生产。该变化量大小依次顺序与园地各项生态功能价值顺序一致。

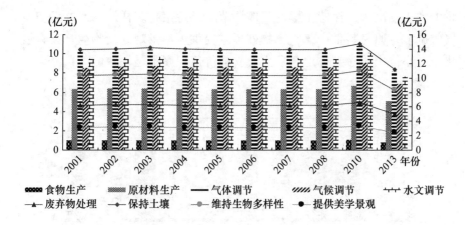

食物生产　　原材料生产　　气体调节　　气候调节　　水文调节
废弃物处理　　保持土壤　　维持生物多样性　　提供美学景观

图 6 - 3　2001—2013 年辽宁省园地各项生态功能服务价值变化趋势

表 6 - 11　2001—2013 年辽宁省园地各项生态功能服务价值变化量

单位：亿元

研究 期间	食物 生产	原材料 生产	气体 调节	气候 调节	水文 调节	废弃物 处理	保持 土壤	维持生物 多样性	提供美学 景观
2001—2013 年	-0.19	-1.24	-2.01	-1.68	-1.87	-1.22	-2.73	-2.03	-0.62

五　林地各项生态功能服务价值变化

从林地各项生态功能服务价值变化趋势来看（见图 6 - 4），与耕地一致，林地 9 项生态功能价值从 2001—2010 年也呈现稳中有升趋势；2010—2013 年，林地的各项生态服务功能价值有所下降。说明林地面积前一时段稳步增长，而后一时段有所减少。从图 6 - 4 还可以看出，林地 9 项生态服务功能价值大小依次排序为：保持土壤 > 气体调节 > 维持生物多样性 > 水文调节 > 气候调节 > 原材料生产 > 废弃物处理 > 提供美学景观 > 食物生产，其与林地单位面积各项生态功能价值顺序排序一致。可以发现，除个别顺序调换外，与园地 9 项生态服务功能价值排序较为一致，说明林地提供的生态价值与园地提供的生态价值较为吻合。

从林地各项生态功能服务价值变化量来看（见表 6 - 12），与耕地一致，12 年来辽宁林地生态系统各项生态功能价值有所上升，其变化量的大小依次为：保持土壤 > 气体调节 > 维持生物多样性 > 水文调节 > 气候调节 > 原材料生产 > 废弃物处理 > 提供美学景观 > 食物生产。该变化量大小依次顺序与林地各项生态功能价值顺序也是一致的。

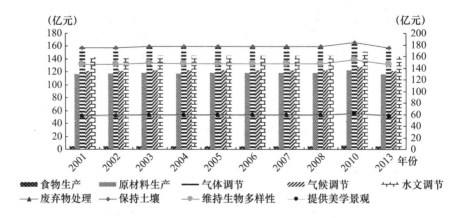

图6-4　2001—2013年辽宁省林地各项生态功能服务价值变化趋势

表6-12　2001—2013年辽宁省林地各项生态功能服务价值变化量

单位：亿元

研究 期间	食物 生产	原材料 生产	气体 调节	气候 调节	水文 调节	废弃物 处理	保持 土壤	维持生物 多样性	提供美学 景观
2001—2013年	0.01	0.14	0.19	0.15	0.17	0.07	0.21	0.18	0.07

六　草地各项生态功能服务价值变化

从草地各生态功能服务价值变化趋势来看（见图6-5），与前三种用地在2010年出现转折点不一致的是，草地9项生态功能价值变化趋势出现拐点是在2008年。2001—2008年草地各项生态功能价值稳中有降；2008—2013年，草地的各项生态服务功能价值快速回升。说明草地面积前一时段呈现下降趋势，而后一时段快速增加。从图6-5还可以看出，草地9项生态服务功能价值大小依次排序为：保持土壤 > 废弃物处理 > 维持生物多样性 > 气候调节 > 气体调节 > 水文调节 > 食物生产 > 原材料生产 > 提供美学景观，其与草地单位面积各项生态功能价值顺序排序一致。

从草地各项生态功能服务价值变化量来看（见表6-13），12年来辽宁草地生态系统各项生态功能价值有所增加，其变化量的大小依次为：保持土壤＞废弃物处理＞维持生物多样性＞气候调节＞气体调节＞水文调节＞食物生产＞原材料生产＞提供美学景观。该变化量大小依次顺序仍与草地各项生态功能价值顺序一致。

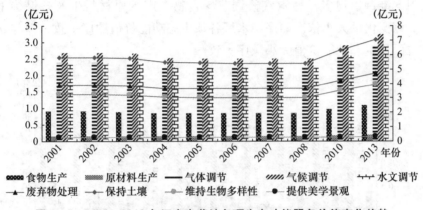

图6－5　2001—2013年辽宁省草地各项生态功能服务价值变化趋势

表6－13　2001—2013年辽宁省草地各项生态功能服务价值变化量

单位：亿元

研究 期间	食物 生产	原材料 生产	气体 调节	气候 调节	水文 调节	废弃物 处理	保持 土壤	维持生物 多样性	提供美学 景观
2001—2013年	0.19	0.03	0.5	0.56	0.5	0.82	1.22	0.68	0.03

七　水域各项生态功能服务价值变化

从水域各项生态功能服务价值变化趋势来看（见图6－6），除气体调节功能价值为零外，水域的其他8项生态服务功能价值变化较为平稳，2001—2010年有升有降、基本持平；2010—2013年上升趋势更为明显。说明水域面积前一时段呈现波动但较为平缓趋势，而后一时段增速加快。从图6－6还可以看出，水域8项生态服务功能价值大小依次排序为：水文调节＞废弃物处理＞提供美学景观＞维持生物多样性＞气候调节＞食物生产＞原材料生产＝保持土壤，其与水域单位面积各项生态功能价值顺序排序一致。

从水域各项生态功能服务价值变化量来看（见表6－14），除气体调节功能价值为零外（需要说明的是，原材料生产、保持土壤生态功能价值并不为零,由于以亿元为单位,且只保留两位小数,做了四舍五入,导致变化结果显示为零。而且这两项单位面积生态功能价值相同,均为7.92元/公顷·年),12年来辽宁水域生态系统各项生态功能价值有所增加,其变化量的大小依次为:水文调节>废弃物处理>提供美学景观>维持生物多样性>气候调节>食物生产>原材料生产=保持土壤。该变化量大小依次顺序与水域各项生态功能价值顺序一致,即与其单位面积生态功能价值大小顺序一致。

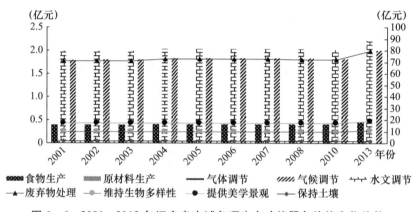

图6-6　2001—2013年辽宁省水域各项生态功能服务价值变化趋势

表6-14　2001—2013年辽宁省水域各项生态功能服务价值变化量

单位:亿元

研究 期间	食物 生产	原材料 生产	气体 调节	气候 调节	水文 调节	废弃物 处理	保持 土壤	维持生物 多样性	提供美学 景观
2001—2013年	0.05	0	0	0.22	9.55	8.52	0	1.17	2.03

八　未利用地各项生态功能服务价值变化

由于未利用地的原材料生产、气体调节和气候调节等生态功能价值为零,故这3项生态功能价值变化分析不作考虑。而且,未利用地还有3项单位面积生态功能价值相同,即食物生产、废弃物处理和提供美学景观均为7.92元/公顷·年,其变化趋势固然也同步一致。从未利用地各项生态功能服务价值变化趋势来看(见图6-7),未利用地的其他5项生态服务功能价值变化拐点和草地类似也出现在2008年,2001—2008年时间段稳中有降;2008—2013年时间段出现"断崖式"下降。

说明研究期间未利用地面积一直在下降，而且后一时段下降非常明显。从图 6－7 还可以看出，未利用地的 5 项生态服务功能价值大小依次排序为：维持生物多样性＞水文调节＞保持土壤＞食物生产＝废弃物处理＝提供美学景观，其与未利用地单位面积各项生态功能价值顺序排序一致。

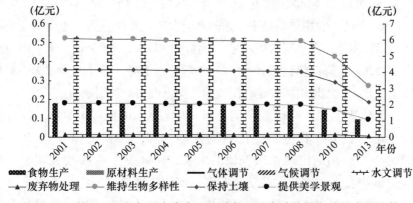

图 6－7　2001—2013 年辽宁省未利用地各项生态功能服务价值变化趋势

　　从未利用地各项生态功能服务价值变化量来看（见表 6－15），除原材料生产、气体调节和气候调节功能外，12 年来辽宁未利用地生态系统其他五项生态功能价值均减少，即变化量为负值，其变化量绝对值大小依次为：维持生物多样性＞水文调节＞保持土壤＞食物生产＝废弃物处理＝提供美学景观。该变化量大小依次顺序与未利用地各项生态功能价值顺序一致，也即与其单位面积生态功能价值排序一致。

表 6－15　　　　　　2001—2013 年辽宁省未利用地各项生态功能
服务价值变化量　　　　　　　　　　单位：亿元

研究期间	食物生产	原材料生产	气体调节	气候调节	水文调节	废弃物处理	保持土壤	维持生物多样性	提供美学景观
2001—2013 年	－0.09	0	0	0	－0.26	－0.09	－0.17	－2.92	－0.09

第四节　辽宁省土地持续利用与生态环境建设研究结论

　　通过对辽宁省 12 年来土地资源利用特征及生态服务功能价值变化

轨迹分析，我们可以从中找出一些普适性规律，以提出指导辽宁省土地资源持续利用与提升生态文明、生态环境的对策和建议。

一 关于土地资源利用变化特征的结论

通过第二节的分析，我们发现，在变化幅度上，辽宁省农用地 2001—2008 年呈现减少趋势，而在 2008 年后快速增加，12 年来总体增加619846.67 公顷。农用地类型中，除园地减少外，其他各类用地均呈现增长趋势。建设用地一直呈现增加趋势，总体增加 171111.95 公顷。未利用地总体上一直保持下降态势，尤其在 2008 年后急剧下降，总体减少 1077043.43公顷。为此，农用地增加和建设用地扩张均以占用未利用地为主。

在变化速度上，在研究期间，后一阶段即 2008—2013 年，各类用地变化速率提升，其中，变化最剧烈的为园地。前一阶段即 2001—2008 年，交通用地出现 4 次较快的增长，园地发生两次较大调整，其余地类也均发生一次较大波动和调整。变化速度最快的为交通用地，其次为牧草地、耕地、园地、建设用地和居民点及工矿用地，说明辽宁省12 年土地利用结构调整较快，无论是农用地的耕地、园地，还是建设用地的居民点及工矿用地等均呈现明显的地类转换。2001—2013 年，辽宁省综合土地利用动态度为 0.2%，而年均综合动态度达 0.58%。说明辽宁省 12 年来各类土地利用在以 0.58% 的速度发生变化。

辽宁省土地利用率、土地垦殖率、土地农业利用率和林地覆盖率均高于全国平均水平，土地建设利用率却低于全国平均水平，说明辽宁整体上还是以农业生产为主的省份。总体上看，12 年来，土地利用程度指数增加了 15.52，说明辽宁省土地资源开发利用程度逐渐加深。

二 关于土地生态系统服务价值损益的结论

2001—2013 年，辽宁省土地生态服务价值整体呈现增加趋势，共增加了 47.23 亿元。其中，耕地、林地、牧草地和水域的生态价值则呈现增加趋势，而且耕地生态价值的增长量远大于林地、牧草地和水域。然而，园地、建设用地和未利用地生态价值却呈减少趋势，其中，建设用地生态价值一直为负值，且负值仍呈现增大趋势，而园地和未利用地生态价值的减少主要是这两类土地面积在减少的缘故。

辽宁耕地生态系统各项生态功能价值均增加，其大小依次排序为：废弃物处理 > 保持土壤 > 食物生产 > 气候调节 > 维持生物多样性 > 水文调节 > 气体调节 > 原材料生产 > 提供美学景观。

园地生态系统各项生态功能价值均下降，其大小依次排序为：保持土壤＞维持生物多样性＞气体调节＞水文调节＞气候调节＞原材料生产＞废弃物处理＞提供美学景观＞食物生产。

林地生态系统各项生态功能价值有所上升，其大小依次排序为：保持土壤＞气体调节＞维持生物多样性＞水文调节＞气候调节＞原材料生产＞废弃物处理＞提供美学景观＞食物生产。

草地生态系统各项生态功能价值有所增加，其大小依次排序为：保持土壤＞废弃物处理＞维持生物多样性＞气候调节＞气体调节＞水文调节＞食物生产＞原材料生产＞提供美学景观。

水域生态系统各项生态功能价值有所增加，其大小依次排序为：水文调节＞废弃物处理＞提供美学景观＞维持生物多样性＞气候调节＞食物生产＞原材料生产＝保持土壤。

未利用地的主要生态服务功能价值均减少，其大小依次排序为：维持生物多样性＞水文调节＞保持土壤＞食物生产＝废弃物处理＝提供美学景观。

三　本章小结

通过对辽宁省土地资源及其对生态服务功能价值的影响分析，结果表明，农用地总量增加，促成了土地生态价值的增长；建设用地不断扩大，导致土地生态价值大幅削减。农用地和建设用地的增加，直接导致未利用地的急剧减少，也在一定程度上减少了土地生态服务价值。

尽管总体上看2013年结果表明，土地生态价值有所回升，但无论是土地利用还是土地生态都暴露出一些问题，如未利用地减少过多过快、建设用地扩张较快、农用地内部结构调整较为频繁，建设用地对生态影响效应价值为负值，且在不断加大，而且未利用地生态价值也在不断萎缩。

为此，我们认为，除农用地对生态环境呈现正面影响效应外，辽宁省的经济发展仍以土地粗放式利用为主，需要更新思想，提高环保意识，减缓农用地调整频率，提高建设用地集约度，合理规划开发未利用地，以实现土地资源持续利用与生态文明建设。

第七章 辽宁省土地利用与生态环境协调管理研究

第一节 绪 论

一 研究背景

中共十七大提出，到 2020 年，实现国内生产总值比 2000 年翻两番，全面建成小康社会，构建社会主义和谐社会的宏伟目标。到 2020年，跨越三个"五年计划"，是我国社会经济发展的"黄金时期"，社会经济的发展对土地利用提出了新要求。辽宁省自实施东北老工业基地转型和"东北振兴计划"以来，社会经济快速发展，同时也带来了一系列生态环境问题。强烈的土地需求将对土地利用的强度、方式、规模、布局等造成深远影响。和谐的小康社会要求显著提高居民生活环境，改变目前城镇交通混乱、垃圾污染严重、绿地面积少、居住环境差、生活服务设施不完善等问题。要求改变农村生活环境中产业结构不合理、城乡收入差距大、公用设施和卫生条件落后等一系列症状，这一系列问题和症状都需要发挥土地利用规划等调控手段来合理解决。如何根据国民经济发展趋势，促使土地资源的调配符合整体社会经济目标的要求是未来土地利用所要面临的巨大难题，是辽宁省社会经济持续健康发展亟待解决的问题。

二 研究综述

（一）国外研究状况

土地利用与生态环境的协调本质上是人地关系的协调，是土地可持续利用和社会可持续发展的基本组成部分。土地资源可持续利用的概念于 1990 年 2 月由印度农业研究会、美国农业部共同组织的"国际可持续土地利用系统研讨会"上首次提出，此后，土地可持续利用评价与研究成为土地科学研究的焦点。1991年9月在泰国清迈举行的"发展中国家持续土地利用评价国际研讨会"、1993年6月在加拿大莱斯布瑞召开的"21世纪持续土地管理国家研讨会"上各国专家多次就土地持续利用的概念、基本原则和评价纲要等问题进行深入探讨。1993年，FAO颁布的《可持续土地利用评价纲要》确定了土地可持续利用的基本原则、程序和评价标准，并初步建立了土地可持续利用评价在自然、经济和社会等方面的评价指标体系。此后，以《可持续土地利用评价纲要》为依据，国外许多学者根据各自研究区域的资源环境本底特征、社会经济状况和土地利用发展前景，就持续土地利用评价的指标体系和方法做了进一步研究。如J.杜曼斯基评价对加拿大萨斯喀彻温省的农业土地利用的可持续性研究，E.约翰等评价了肯尼亚莫卡科斯地区1930—1990年间土地利用的可持续性等，贝罗特朗等对委内瑞拉国家级水平上农业土地利用持续性的评价等。1997年8月，在荷兰恩斯赫德召开的"可持续土地管理和信息系统国际学术会议"，与会专家一致认为，衡量土地利用系统是否可持续，应当从自然资源、生态环境、社会经济、习俗等方面来考虑。指标选择应遵循数据的现成性、灵敏性和可量化性原则，并包括环境和技术、经济和社会三大类指标。

美国在土地利用规划中注重新技术的开发应用，大量采用地理信息系统技术及其与遥感和自动制图相结合的现代空间分析技术以及制图工具。空间数据与社会经济属性匹配较好，使规划编制的分析、研究提高了效率，为规划方案选择和调整创造了条件。基于可持续发展的土地利用规划制定了保护生态环境、维持生态平衡、提高了土地利用效率等政策。1970年，美联邦颁布了《国家环境政策法》，该法案中第102条规定：任何对人类环境产生重要影响的立法建设政策及联邦机构所要确定的重要行动进行环境影响评价。在此基础上，德国在规划内容上也采取了一系列措施来改变原有土地的劣势规划，因规划范围和等级的不同提出了项目规划及实施规划两种方案。联邦政府制定项目规划，地方政府完成项目的实施计划。联邦土地利用规划根据地方发展的需求制定宏观政策，发布指导战略，地方结合微观现状编制规划的实施方案，分解上级项目规划中提出的各类用地指标并将其落实到地块，利用规划中的纵向和横向相结合，统筹分配各业用地。有上级各部门之间相互协调，既能反映各行各业的需求，又能结合不同空间的活动和需求，综合了考虑社会、经济和生态环境建设等方面的效益，有利于土地利用和生态环境保护的和谐发展。

20 世纪 60 年代以来，美国、日本、英国、德国等在环境区划管理上先后采取了一系列行动，国外的区划一般是基于解决现存的某种环境问题而开展的，并且可能应用于环境规划以外的规划建设的指导中。国际上，生态环境功能区划开展较早，美国、加拿大、荷兰和新西兰等国，一般将生态区作为区划单元进行生态功能区划，确定不同生态地域和生态系统的主导功能，并以此引导区域社会、经济和生态的可持续协调发展。在 20 世纪 80 年代中期，美国国家环保局基于土壤、自然植被、地形和土地利用 4 个区域性特征，提出了水生态区功能区划的方法。它既体现了水生态系统空间特征的差异，又体现了水生态系统的完整性，而且还实现了从水化学指标向水生态指标管理的转变。2000 年，欧盟明确提出，要以水生态区和水体类型为基础来确定水体的参考条件，确定生态保护和恢复目标的淡水生态系统保护原则。瑞典在 2002 年通过设计敏感区以及边界进行大气环境功能分区，区划依据是不同区域空气污染浓度的差异，利用区划来控制和改善敏感城市环境中由严重的交通污染造成的大气污染问题，并应用于国家级、市级的区域规划之中。另外，综合性环境功能区划也在被采用，荷兰政府在第一个国家环境政策计划（MNP）中，针对多个环境问题的叠加效应，制定了综合环境功能区划，结合一套环境质量标准、污染削减措施以及土地利用法则，控制环境污染。国外环境分区与我们的环境功能区划所要达到的目标是相似的，都是在反映区域环境污染水平的基础上实行分区管理，为社会经济活动提供科学依据，从根本上改善区域环境质量状况。随着世界各国环境问题认识的提高，发展建立和完善环境功能区划制度，实施分区管理已成为环境保护的有效手段和主要途径。

对于土地利用与生态环境之间的关系，国外理论界的研究成果颇多，但多侧重于土地利用变化对生态环境的影响效应研究，如黙里和罗杰斯（K. S. Murray and D. T. Rogers）对密歇根州西南部 Rouge 河流流域的研究发现，改变土地利用形式，不仅会对浅含水层造成污染，而且也对整个 Rouge 河流的水质产生了恶劣影响。埃斯沃朗、冯和马斯顿

（H. Eswaran，I. Y. Fung，P. A. Maston）等从土地利用变化与大气中甲烷和二氧化氮浓度变化关系入手，指出土地利用变化是大气中甲烷和二氧化氮浓度增加的主要原因，由此引起的温室效应使全球气候变暖，并且变化幅度加大。穆尼（H. A. Mooney）等学者研究表明，土地利用方式的改进可以使土壤侵蚀得到减缓和控制，可以有效地防止生态环境恶化。

因此，国外在土地利用和生态环境建设不断发展，建立了比较完善的法律法规，也形成了一个完善的法律体系，对在生态环境保护和土地利用的协调有了更深刻的认识。

（二）国内研究状况

土地是重要的物质资源，土地利用变化与生态构建是全球环境变化的重要组成部分和主要原因之一。近年来，合理的土地利用和生态保护研究一直是国内地理自然科学研究的前沿与热点。土地作为生态的载体，土地利用结构的变化必将引起各种生态系统类型、面积以及分布的变化。随着经济社会的持续快速发展和工业化、城镇化进程的加快，土地利用问题显得更加尖锐而突出，如土地利用结构不合理、土地污染严重、土地利用率降低等，严重影响了社会经济与生态环境的协调发展。从土地可持续利用角度审查土地利用与生态环境之间的关系，已成为目前土地管理领域研究的重点问题。

国土资源部在《全国土地资源与生态环境状况分析》这个研究项目中指出，以全国土地资源利用与生态环境关系为出发点，从国家尺度上对全国土地资源利用时空变化的宏观规律进行系统研究，建立了土地资源利用时空变化，并同国家政策相呼应。对编制土地利用规划与土地利用有关的环境影响进行科学研究，为土地利用方式选择和土地利用分区布局提供科学的依据，同时为环境保护和经济发展综合决策提供有效的技术支持，促进地区土地资源持续、协调的利用，建立完善的生态体系。

在土地利用与环境保护方面的研究当首推环境功能区划。国内外在这方面做了大量的研究工作，其目的是实现环境保护分类指导、分区控制，并进一步优化国民经济发展格局，做到经济社会发展、土地开发利用与生态环境保护的协调。赵珂等以安阳市为例，探讨了土地生态适宜性评价在土地利用规划环境影响评价中的应用，利用土地生态适宜性与生态环境敏感性的关联关系和生态环境敏感性评价的结果,将安阳市划分为了6个土地生态适宜利用类型区,提出了相应的土地生态开发建议性措施,以协调土地利用与生态环境建设的关系。张秋玲等以河南省信阳市为例,通过土地利用对生态环境的影响分析,建立环境友好型土地利用模式,以保护和改善生态环境、节约与集约利用土地及可持续利用土地为原则和目标的土地利用方式,分析环境友好型土地利用模式在改善生态环境问题、提高土地利用率和土地生产力三个方面的效果,并对构建环境友好型土地利用模式提出了相应的对策和建议。

我国目前经济社会发展进入了国际化、工业化、城镇化、市场化的飞快发展阶段,资源与环境的和谐优化成为影响经济社会发展的主要因素,土地资源的合理和可持续利用极其重要。加快建立土地资源集约与节约和环境友好型社会是重中之重,土地利用规划将更加注重生态安全的可持续利用与发展。总的来说,我国土地利用规划还处于以土地适宜性评价为主的技术阶段向注重生态和谐保护的持续利用规划阶段初步转型阶段。

现阶段的主要任务之一,就是要落实和谐发展理念,寻求建立生态安全条件的土地利用规划模式。同时,与之协调的理论基础和管理机制方法也需要不断创新与开发。这样,才能大幅度调整土地利用的空间布局,才能使我国的土地利用与生态建设向安全的方向转移,才能让土地利用的经济、生态和社会三方面的综合效益全面提高。

从国外和国内土地利用与生态安全建设的分析研究,可以使我们更好地了解我国这方面建设与国外存在的差距。土地利用是生态环境变化的重要动力,我们只有有效地加强土地利用与生态的和谐建设管理,才能让我们美好家园有着清新的气息,才会让我们的物质生活更加美好。然而,为了实现土地利用经济的发展,同时又能保障生态的安全水平,就必须做好如下工作:

第一,严格保护生态型基础用地,构建生态良好的土地利用格局。

第二,加大土地生态环境整治力度,巩固生态退耕成果,恢复工矿废弃地生态功能,加强退化土地防治,综合整治土壤环境,积极防治土地污染。

第三,因地制宜改善土地生态环境,要把严格保护耕地特别是基本农田放在土地利用的优先地位,加强基本农田建设,大力发展生态农业。在保护生态环境前提下，重点优化交通、水利等基础设施用地结构，鼓励发展城镇集群和产业集聚。

第四，加强土地开发整理项目管理，开展整理复垦开发专项规划的环境评价，通过整理复垦开发项目的实施，改善土地生态环境。

第五，推行友好型土地利用模式，加强落实土地生态和环境保护的专项规划，实现土地资源整治和保护的目标。

三　研究目的

本章在分析辽宁省 2000 年以来土地利用结构、格局及动态变化的基础上，研究土地利用对生态环境所带来的影响及生态建设中的土地资源制约因素，判断今后友好型土地利用的生态功能界限，最终形成基于土地生态安全建设目标的友好型土地利用策略，为辽宁省今后发展战略选择和土地利用方案提供决策依据。

四　研究内容

1. 土地利用变化及其生态环境效应

通过对 2000 年以来土地利用情况以及相应的环境质量情况调查，对土地利用格局及变化进行研究，分析这一过程中所带来的生态环境影响，并弄清未来辽宁省土地利用中所需要重视的环境问题。

2. 土地利用与土地生态安全

从土地利用和经济发展造成的污染入手，分析辽宁省农业生产和非农经济建设对生态环境的压力，并建立社会经济发展和土地生态协调发展的效率评价体系，分析 2000 年以来辽宁省土地利用与生态效益协调发展的趋势。

3. 生态区土地用地分析

根据国家相关规定，对区域内受保护土地面积进行分区。探讨如何在未来土地利用过程中实现土地利用保护目标，并对生态用地的布局进行优化分析，充分发挥各生态区土地利用的生态环境效益。

4. 友好型土地利用的建议与措施

从面向今后辽宁省土地利用策略选择角度，筛选需要在今后工作中重点考虑的生态功能建设任务。并从协调土地利用与生态环境建设的角度，确定基于生态安全建设目标的土地利用策略，以便为今后辽宁省土地利用提供生态协调方案。

第二节　土地利用与生态效益分析

一　土地利用与生态环境效益分析

辽宁省社会经济发展，促进了辽宁省土地利用结构不断发生调整和变化。农业生产、工业生产、交通运输等一系列土地利用过程，都不同程度地造成了生态环境的影响。这一节将从历年土地利用结构及几大环境特征污染物排放量的角度，来探讨辽宁省近年来土地利用与生态环境之间的关系。

（一）农业生产与生态环境压力分析

农业生产过程中最大的环境问题就是因为化肥、农药的施用而导致的土壤面源污染。单位面积的化肥投入强度表征了当地土壤受污染情况，而农作物的产量与化肥投入之间的关系又表征了土壤的生产能力。辽宁省化肥投入强度与粮食单产比较如图7-1所示。

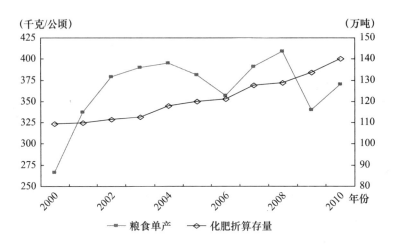

图7-1　辽宁省化肥投入强度与粮食单产比较

从整体趋势来看，根据2000—2010年粮食单产分析，辽宁省的粮食产量一直处于徘徊式稳定时期，且其间粮食单产没有较大的变化幅度，说明在目前生产能力下，耕地的粮食生产能力达到了一个相对稳定的水平。在同一个时期，单位面积的化肥投入量有较大幅度的增加，2010 年，其化肥投入折算存量为 140.1 万吨，是 2000 年的 1.28 倍，说明 2000 年以来，土壤的肥力不断增加，耕地生产能力得到提高。辽宁省 2000—2005 年粮食单产较 2006—2010 年有明显的上升趋势，而 2006—2010 年每公顷粮食单产水平来回摆动，说明农业化肥的增加并没有带来农业产出的同量增长，而且农业化肥投入相对过剩。化肥施用量的增加，一定程度上提升了土壤中污染元素的富集，增加了面源污染，提高了土壤中有毒有害物质的浓度，降低了农作物抵御病虫害的能力，对于农作物生产存在潜在危害。

（二）非农土地利用生态环境压力分析

1. 二氧化硫产生与土地利用及社会经济关系分析

二氧化硫是废气中包含的重要污染物，是酸雨形成的主要原因之一。从二氧化硫排放量与土地利用和社会经济变化之间的关系研究，可以反映土地利用对大气环境的影响。本章从二氧化硫的排放量与 GDP 和城镇村、独立工矿用及和交通用地的总面积年际变化率出发，分析土地利用变化所带来的二氧化硫排放量变化情况及趋势（见图 7 - 2）。

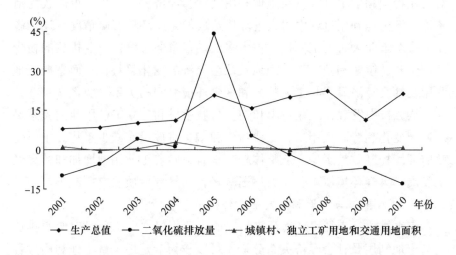

图 7 - 2　二氧化硫排放量与 GDP、居民点及独立工矿、交通用地边际分析

从二氧化硫与 GDP 年际变化率可以发现，自 2000 年起，随着 GDP 逐年增加，二氧化硫排放量增加后又不断下降而呈现倒 "V" 形。

2000—2005 年，随着 GDP 增加，二氧化硫排放量也随之增加，且增加趋势逐年上升，到 2005 年之后，辽宁省二氧化硫的排放量急剧下降，并低于 2001 年二氧化硫排放量，这与国家执行污染物排放总量控制政策有关。因此，社会经济发展和人民需求的增长会导致二氧化硫排放量增加，但国家政策控制及环保技术提高，可以不断更新、完善生产工艺，社会经济发展所付出的环境代价越来越小，生态环境将会不断得到改善。

二氧化硫与城镇村、独立工矿用地和交通用地的总面积分析也有类似的变化情况。2005 年之前，土地利用特别是独立工矿用地和交通用地利用程度提高，二氧化硫排放量也随之增加，出现了二氧化硫随土地利用增加而增加的情况，但这种增加趋势逐年变缓。2006 年之后，受国家政策影响，二氧化硫排放量随着用地利用增加而减少，说明非农建设土地利用并不一定会带来二氧化硫总量的不断增加，科学技术和环保政策等都可以使这种增加趋势不断下降。

2. 工业粉尘和烟尘产生与土地利用及社会经济关系分析

工业粉尘和烟尘也是表征大气环境污染情况的主要指标之一。通过对工业粉尘和烟尘排放量与土地利用及社会经济关系分析，可以较为清楚地了解土地利用过程中对大气环境造成的生态环境影响情况。辽宁省作为一个工业大省，工业排放占大多数。本章通过分析工业排放的粉尘和烟尘与城镇村和独立工矿用地及社会经济的变化趋势，从而掌握土地利用及社会经济发展与工业粉尘和烟尘环境之间的关系（见图 7 - 3）。

从分析中发现，工业粉尘和烟尘与城镇村和独立工矿用地的关系呈现逆向变化趋势。近年来，工业粉尘和烟尘排放量有减少趋势，主要受政府环境控制政策影响。从整体趋势来看，随着工业用地增加和社会经济发展，大气环境所承受压力逐渐减轻，大气环境质量有所改善。

3. 废水排放与土地利用及社会经济关系分析

废水排放是表征水环境污染情况的主要指标之一。通过对废水排放量与土地利用及社会经济关系分析，可以较为清楚地了解土地利用过程中对水环境造成的生态环境影响情况。辽宁省作为东北老工业基地，工业废水排放占大多数。本章通过分析废水排放与城镇村和独立工矿用地及社会经济的变化趋势，从而掌握土地利用及社会经济发展与水环境之间的关系（见图 7 - 4）。

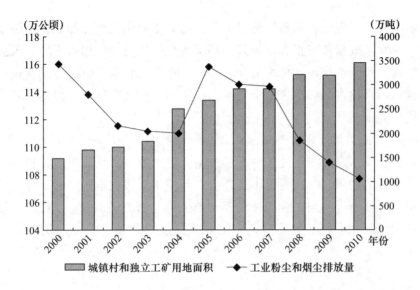

图 7 – 3　工业粉尘和烟尘排放量与城镇村和独立工矿用地年际变化分析

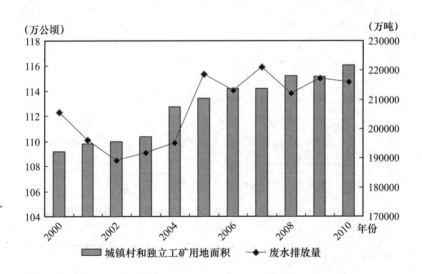

图 7 – 4　废水排放量与独立工矿用地年际变化分析

从图 7 – 4 可以发现，废水排放与社会经济、城镇村和独立工矿用地的关系整体上呈现同向变化趋势。近年来，废水排放呈现先减后增而后平稳变化的趋势，社会经济增长和工业建设的发展并没有导致废水排放的迅速增长，一方面受政府环境控制政策影响，另一方面也受制于区域水资源的有限性。从整体趋势来看，随着工业用地增加和社会经济发展，废水排放量依旧很大，但其水环境所承受压力趋于相对平稳。虽然辽宁省工业废水排放达标率为91.14%，但是，水体污染物可以通过食物链将污染物富集，危害水资源生态环境和人类食物健康，因此，其水环境压力依然严峻。

4. 工业固体废弃物产生与独立工矿用地及社会经济关系分析

工业固体废弃物在处置时不仅占用大量土地，而且其中包含很多对环境有害的物质，如果处置不当，会对环境带来很大危害。通过独立工矿用地和社会经济与工业固体废弃物产生量之间的关系分析，可以掌握土地利用和社会经济发展过程中工业固体废弃物发生量变化情况（见图7-5）。

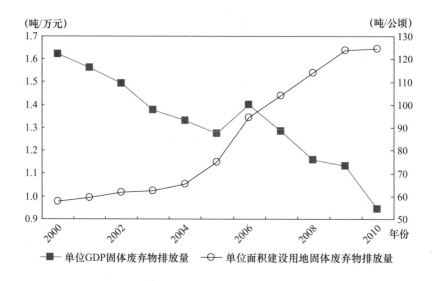

图 7-5　单位建设用地及单位 GDP 工业固体废弃物产生量分析

从图 7-5 可以发现，单位建设用地和单位 GDP 工业固体废弃物产生量呈现相反的发展趋势，2000—2010 年单位 GDP 工业固体废弃物产生量整体上呈现下降趋势。至 2010 年已经降至 0.94 吨/万元，仅仅为2000 年的 58.27%，说明其资源利用效率不断增加。但是，单位建设用地的工业固体废弃物产生量却呈现急剧上升趋势，至 2010 年增长到124.304 吨/公顷，是 2000 年的 2.16 倍。说明随着近年来土地的集约利用，单位建设用地工业固体废弃物的产生量也在不断增大，如果不加以妥善处理，其将会产生巨大的生态环境压力。

二 土地利用与生态效率数据包络分析

（一）数据包络分析简介

数据包络分析方法（Data Envelopment Analysis，DEA）是查尼斯（Charnes）等提出的一种线性数学规划方法。它利用多个决策单元（Decision Making Units，DMU）的输入和输出变量建立线性规划模型。

假定考察辽宁省土地利用 n 年土地利用效率，每年都有 s 个输出变量和 m 个输入变量，Y_{jk} 表示第 k 个被考察年第 j 个输出变量，X_{ik} 表示第 k 个被考察年第 i 个输入变量，则第 k 年土地利用总效率计算问题可以转化成如下线性规划问题：

$$\min\theta$$

$$\text{s. t.}\begin{cases} \sum_{j=1}^{n} X_j\lambda_j + S^- = \theta X_k \\ \sum_{j=1}^{n} Y_j\lambda_j - S^+ = \theta Y_k \\ \lambda_j \geqslant 0, j = 1,\cdots,n \end{cases} \quad (7-1)$$

上述模型被称为 C^2R 模型，是数据包络分析的最基本模型。θ 为第 k 年的土地利用总效率值，且 $0 \leqslant \theta \leqslant 1$。当 θ = 1 时，表示该年是效率前沿面上的点，因而该年的土地效率是有效的。将上式表示的线性规划求解 n 遍，即可得到被考察年的效率值。S^+ 和 S^- 为松弛变量。

C^2R 模型是在规模收益不变前提下得出的，模型得出的 θ 值对应于上面所定义的总效率，其含义是当第 k 年的产出水平保持不变（投入导向）时，如以样本中最佳表现的考察年为标准，实际所需要的投入比例。1 - θ 就是第 k 年多投入的比例，也就是可以减少（或称浪费）投入的最大比例。

规模收益不变的假设是指被考察年可通过增加投入等比例来扩大产出规模。也就是说，规模的大小不影响其效率。这一假设相当严格，在实际情况下很难满足。在这种情况下，规模收益不变的假设显然与实际差距较大。为了解决这一问题，通过在 C^2R 模型中增加一个凸性假设

$$\sum_{j=1}^{n} \lambda_j = 1 \text{ 。}$$

（二）指标体系建立

本章从 2000—2010 年辽宁省社会、经济和生态三个方面评价土地利用的环境效益。因为林地和水域等生态用地的特殊生态地位，在土地资源投入中将土地利用结构进行了适当调整，突出具有特殊效益的用地，将建设用地作为投入要素。为了强调人在市场经济中的各种社会经济活动对环境的影响，将 GDP 和第二、第三产业从业人员作为投入要素。为了突出农业生产的生态作用和农业生产对环境的影响，同时也强调耕地资源的重要性，将粮食生产作为投入要素，分类详见表 7 - 1。对生态效益的评价，选取废气排放量、废水排放量、二氧化硫排放量和工业固体废弃物产生量作为人类社会经济发展对生态环境产生的不利影响进行衡量（见表 7 - 2）。

表 7 - 1   2000—2010 年辽宁省社会经济投入

年份	建设用地（万公顷）	第二、第三产业从业人员（万人）	GDP（亿元）	粮食产量（万吨）
2000	131.60	1366.60	4669.10	1140.00
2001	132.60	1382.60	5033.10	1394.40
2002	132.20	1327.70	5458.20	1510.40
2003	132.60	1318.10	6002.50	1498.30
2004	136.30	1376.10	6672.00	1720.00
2005	137.00	1398.20	8047.30	1745.80
2006	137.90	1411.90	9304.50	1797.00
2007	137.96	1475.00	11164.30	1835.00
2008	139.13	1497.50	13668.60	1860.30
2009	139.10	1579.60	15212.50	1591.00
2010	140.14	1613.90	18457.30	1765.40

表 7 - 2   2000—2010 年辽宁省污染物排放量产出量

年份	废气排放量（亿标立方米）	废水排放（万吨）	工业固废（万吨）	二氧化硫排放量（万吨）
2000	9431.61	205622.25	7562.47	93.25
2001	10041.76	196009.23	7864.57	83.94

续表

年份	废气排放量 （亿标立方米）	废水排放 （万吨）	工业固废 （万吨）	二氧化硫排放量 （万吨）
2002	10461.57	189218.22	8146.26	79.25
2003	12774.09	191840.85	8249.98	82.29
2004	13014.96	195257.05	8878.56	83.10
2005	20903.25	218704.63	10241.83	119.75
2006	27195.04	212952.93	13012.62	125.91
2007	23945.92	220996.73	14341.81	123.38
2008	40218.90	212021.33	15841.42	113.07
2009	25211.19	217154.68	17221.41	105.14
2010	27088.70	215868.50	17419.57	91.40

（三）综合效率分析

数据包络分析方法是利用效益与投入比例来判断是否有效，即是希望投入越小而获得的收益越大，也就是总效益越大越好。生态的 DEA 选取的是环境有害物质排放量作为效益标准，因此，其效益则从相反方向衡量，即越小越好。通过 2000—2010 年土地利用所带来的社会、经济和生态效益 DEA 分析比较，来分析辽宁省这 11 年来社会经济发展和土地利用所带来的生态环境变化情况（见表 7-3）。

表 7-3　　2000—2010 年辽宁省社会经济和土地利用对生态
环境影响的综合分析

年份	2000—2001	2001—2002	2002—2003	2003—2004	2004—2005
DEA 效率值	0.88	0.97	1.00	0.96	1.00
年份	2005—2006	2006—2007	2007—2008	2008—2009	2009—2010
DEA 效率值	1.00	0.90	1.00	0.85	0.87

从表 7-3 可以看出，2002 年、2005 年、2006 年、2008 年社会经济和土地利用对生态环境的影响是有效的，说明辽宁省社会经济不断发

展对工业化和城市化的副产品——"三废"污染有加重的趋势。也就是说，其生态环境有恶化的趋势。但是，其他年份的 DEA 效率值是无效的，说明辽宁省经济增长和社会发展并没有引起生态环境恶化，因此，这些相对无效年份土地利用所带来的环境效益是令人满意的。2010年，辽宁省社会经济发展和土地利用对生态环境影响的 DEA 效率值为0.87，小于 1。说明其间虽然辽宁省的工业化和城市化建设进程不断加快，但是，由于国家污染物排放总量控制政策的实施、新能源新技术的不断利用和生态环境治理的不断投入，其污染物的排放量有了大幅度削减，其生态环境朝着好的方向发展。但是，我们也要看到 2000—2010年社会经济和土地利用对生态环境影响的 DEA 效率值的往复变化，说明社会经济发展对生态环境的压力并没有得到根治，面临的压力依然相当严峻。

第三节 生态和谐的土地利用与管理措施

一 生态建设目标

在辽宁省土地利用过程中需要重点考虑生态建设问题。筛选关键性生态问题主要考虑两个方面的要求：一是辽宁省土地利用结构和格局变化直接引发的环境问题，必须通过今后的土地利用调整加以解决；二是尽管问题的产生与土地利用变化没有直接联系，但这些问题的解决能够显著缓解或补偿今后土地利用变化带来的显著负生态影响。根据上述两点要求，确定今后在土地利用过程中应着重考虑以下生态保护、恢复与建设要求，确保辽宁省生态安全保障体系建设目标的顺利达成。

（一）土地生态安全格局建设

耕地面积的增加和建设用地的扩大主要占用了水域、坑塘等用地，且布局随意性大，景观破碎度高，严重影响了建设用地集约利用，导致农业用地容易受到建设用地所产生污染物的污染。应该从整个辽宁省土地生态安全角度出发，在土地利用中考虑如何进行合理的空间布局调整，通过土地整理、"挂钩"、中心村建设等手段，对各种用地格局重新进行空间布局和安排，确保土地生态安全的良性发展。

（二）生态敏感区的保护

景观生态学的相关理论研究证实，区域性生态安全格局构建过程中，生态敏感区到生态资源整体结构与功能连接或局部生态功能完善与否的敏感区保护，是生态安全保障体系建设目标能否达成的关键点或关键区。从目前的情况来看，辽宁省有三类生态敏感区的保护工作应引起足够的重视：第一类是湿地自然保护区，关系到整个辽宁省的水环境和特有珍稀动植物的保护；第二类是风景区建设，该区域植被覆盖良好，对辽宁省起到了重要的环境调节作用；第三类是耕地，辽宁省耕地比重大，但是，化肥和农药的施用造成的污染较大，如不积极进行调整和改善，将对农产品质量和粮食安全造成很大的安全隐患，威胁土地生产安全。

（三）建成区绿地建设

通过城镇建设区内部的绿地建设，提高辽宁省生态用地总量和面积比重，就成为今后城镇生态安全体系构建和改善人居环境的主要途径。辽宁省目前缺乏核心支撑性绿地斑块，绿地结构和功能不完善。今后针对上述绿地建设缺陷，在城区和镇区建设过程中，合理规划和设计绿地建设工作，并努力使城市绿地与各种自然和农业植被资源形成合理的结构与功能衔接，无疑将极大地改善辽宁省的整体生态安全状况。

二　生态环境建设的土地利用与管理措施

（一）土地开发利用原则

针对辽宁省的实际情况，在未来土地开发利用中，应该遵循如下六项原则：①优先安排农业用地；②农业用地内部优先安排耕地；③非农业建设用地内部优先安排交通、水利、能源、原材料、科技成分含量高、环保型等重点建设项目，其他建设项目，按照国家产业政策和供地政策等相关法规安排；④各类用地的扩大以内涵挖潜为主，集约利用，提高土地产出率；⑤林、果、牧、渔业用地确需扩大，应充分利用坑塘、水毁地，除改善生态环境的必要用地外，其他均不得占用耕地，保护优质耕地；⑥建设用地确需扩大的，应尽量占用存量地、闲置地，占用劣质土地，特别应控制占用耕地数量。

（二）做好土地生态保护的基础工作

在土地利用现状详细调查的基础上，研究编制土地生态功能区划，并相应地制定土地生态保护规划，指导经济布局和生态建设，为辽宁省的经济发展提供生态决策依据。同时，将土地生态系统安全维护目标和要求纳入各项开发建设规划，将生态保护和可持续发展的思想贯彻开发建设的各个环节，建立符合辽宁省情况的生态保护与建设机制。

在土地利用结构调整过程中，纳入土地环境容量的研究方法和成果，优化土地利用结构，严格控制耕地非农化速度，提高建设用地集约利用水平，遏制其盲目扩张势头。并引导条件允许的未利用地开发建设，加大林业建设和水土保持工作，扩大森林覆盖面积。同时，做好生态脆弱区、敏感区的土地生态建设与恢复。

（三）友好型土地利用功能分区

受生态环境与经济技术条件影响，以可持续发展的方向和重大措施相似性为基本原则，并按照尽量与行政界限吻合的准则，在目前土地利用生态环境空间分异基础上，结合辽宁省相关规划和本书的研究成果，并根据省域自然资源配置、生态环境和第一、第二、第三产业的地域分布情况，辽宁省土地利用划分成以下六个生态经济区。

1. 辽东山地生态区

辽东山地生态区，包括抚顺、本溪、丹东大部，铁岭、沈阳、辽阳、鞍山和营口东部山区，面积约 4.49 万平方千米。该区域是辽宁省地势最高的区域，水资源丰富，森林覆盖率超过 50%，生物多样性丰富，其主导生态功能为水源涵养与生物多样性保护。

针对其森林质量不高和矿产资源过度开采等原因，其环境保护与治理对策：一是禁止天然林商业性采伐，禁止和限制不合理的农业活动，封山育林，培育针阔叶混交林，保护生物多样性，增强水源涵养能力。二是加强浑太源头、大伙房、观音阁、汤河等饮用水源保护区和生态功能保护区建设。三是严格限制水源涵养区、生物多样性重要区、地质灾害易发区、水土流失严重区的矿产资源开发活动，加大对露天坑、废石场、尾矿库、矸石山的生态恢复力度。四是科学放养柞蚕，采取生物与工程措施，积极治理蚕场；对沙化严重的蚕场，实行退蚕还林。五是加大小城镇污水处理厂等环境基础设施建设，提高城镇污水垃圾收集处理水平。六是开展小流域综合治理。

2. 辽东半岛生态区

辽东半岛生态区，包括大连市全部、丹东市和营口市的部分区域，面积约 1.88 万平方千米。主导生态功能为森林生态系统恢复与水土保持，支撑城镇发展。该区环境保护与治理对策：一是强化封山育林，加大水保林与海防林建设力度，加强矿山开发的生态环境监管、地质灾害防治和矿山环境的修复，增强水源涵养和水土保持功能。二是全面建设节水型社会，提高用水效率，严格限制地下水开采，遏制海水入侵。三是重点加强碧流河水库、英那河水库等饮用水源保护区及生态功能区建设，依法关停碧流河等饮用水源保护区内的矿产资源开采等违规建设项目。四是引导大连、丹东、营口等沿海地区按照循环经济理念合理发展，减少污染物排放，加强沿海湿地和生物多样性保护。

3. 辽河平原生态区

辽河平原生态区，包括铁岭、沈阳、辽阳、鞍山大部，锦州、营口一部分，抚顺、本溪城区和近郊，面积约3.44万平方千米。主导生态功能是支撑城镇发展、农产品生产和自然湿地保护。该区环境保护与治理对策：一是加大中部城市群环保基础设施建设和城市环境综合整治力度，严格控制大气、水等污染物排放和污染效应叠加，加快环保模范城市和生态市、生态县的创建。向滨海转移产业要实现技术提升，建立循环产业链，完善污染物集中处理设施。二是加强节约用水，适度提高沈阳、鞍山、辽阳等城市的调入水量，降低地下水开采量，逐步恢复地下水位。对原生铁、锰超标地下水以非饮用利用为主，严格处理达标后方可供饮用。三是加强本溪、抚顺、沈阳、铁岭等采煤沉陷区、尾矿库、排土场治理和生态恢复。四是加强农田、路网等防护林建设，开展柳河、绕阳河流域综合整治，减少河水含沙量、防治土壤盐渍化和沙化。五是加强南部滨海平原入海口湿地保护，严格控制对自然湿地的占用，降低油气污染。六是整治规模化畜禽养殖污染，发展生态农业，降低农用化学品施用强度，控制农业面源污染等。

4. 辽西北沙地生态区

辽西北沙地生态区，地处北方农牧交错地带，科尔沁沙地南缘，包括昌图县西部、康平县全部、阜新和朝阳市北部，面积约1.51万平方千米。主导生态功能是土地沙化控制。该区环境保护与治理对策：一是在康平、彰武地区，进一步强化"三北"防护林建设和科尔沁沙地治理，林草结合，完善林网，就地封沙，遏制沙丘南移。二是在阜新县北部、朝阳市北部地区实行封山育林育草，大力营造灌木林和混交林，构建防风挡沙绿色屏障。三是在建平县北部实行退耕还林还草，禁止破坏草地和超载过牧，恢复天然植被，防治因风蚀产生的沙化。四是在风沙严重、环境十分恶劣的地区，实施生态移民，退耕退牧还草。

5. 辽西丘陵生态区

辽西丘陵生态区，包括朝阳、锦州、阜新、葫芦岛的全部或部分地区，面积约 3.17 万平方千米。主导生态功能是水土保持。该区环境保护与治理对策：一是实施山水林田路综合治理，加强"三北"防护林建设，实施退耕还林还草，加大封山育林育草力度，降低退化草场载畜量，退化严重的草场要禁牧封育，恢复植被。二是加强城市生活和工业污染治理，控制农业面源污染，保护白石和阎王鼻子等水库水质。高氟地区实施高氟水改造工程。通过水源涵养与加强节水，增加地下水补给。禁止乱开滥挖无序采矿行为，严格限制乌金塘水库等饮用水源地上游的矿产资源开发，加强废弃矿场植被恢复。三是制定相应政策，鼓励环境脆弱地带的人口向基础设施比较完备的城镇集聚。四是重点加强锦州、葫芦岛等地区冶炼、造纸、石油化工等行业的污染治理，避免发展旅游业带来的生态问题，防范环境风险。

6. 近岸海域与岛屿生态区

近岸海域与岛屿区，包括丹东、大连、营口、盘锦、锦州、葫芦岛海岸带，海岸线长 2920 千米，毗邻海域总面积约 6.8 万平方千米。主导生态功能是滨海湿地和海岸带保护。该区环境保护与治理对策：一是加强海洋自然保护区、海洋特别保护区建设和海洋渔业资源保护，进一步完善海防林体系，保护海岸植被。二是制定辽宁省海岸带利用规划，引导海岸带有序开发，严禁非法采砂、超采地下水，严格控制滩涂围垦和围填海活动，清理整治弃养虾池等人工设施和挖沙等破坏活动，部分地区退耕还苇，恢复滨海湿地环境。三是陆海联动、以海定陆，控制陆源污染物排放，限制海上排污。四是制定沿海渔业养殖规划，严格审批渔业养殖项目，清理取缔超载养殖。五是加强岛屿生态保护与恢复。

三 土地生态安全政策建议

土地生态安全的政策建议是建立土地生态安全体系，包括土地生态安全组织管理系统，土地生态安全法律与政策配套系统，土地生态安全管理信息系统，土地生态安全监测、评估与预警系统，土地生态安全资金保障系统等。就现阶段情况而言，辽宁省可以着重做好以下六个方面的工作：

（一）切实推进生态省建设

辽宁省是一个中国东北部的重要省份，在经济、交通、能源、农业等方面有着举足轻重的作用。辽宁省应立足于自身优势和特点，并通过经济结构调整，大力发展生态经济，逐步实现产业的生态化和生态的产业化，积极促进自身及整个辽宁省的生态省建设，在中国东北生态建设中发挥应有的作用。

（二）建立生态安全监测、预警系统

建立土地生态安全监测、预警系统，可以提高对土地生态安全危机发生的预见能力。加强土地生态监测网站建设，利用计算机技术、GIS技术和 RS 技术等先进手段，建立土地生态安全信息数据库并结合智能决策技术，构建土地生态安全的预警系统，及时掌握和发布土地生态安全的动态变化情况和发展趋势，为有关部门提供决策依据。

（三）开展土地生态保护宣传

提高辽宁省人民的自我环境保护意识，积极以身作则，保护我们赖以生存的自然生态环境。古人云："欲先治国，必先立法，欲先执法，必先化民。"因此，要大力宣传土地生态保护重要性，加强土地生态环境警示教育，提高公众环境意识，树立土地生态安全观念，提高决策者的环境与发展综合决策能力以及公众参与和监督的积极性。

（四）完善土地生态保护法律体系

健全土地生态保护的法律体系，一方面，要完善现有的法律，加强执法力度，以法制的约束力来治理土地生态安全问题，有规划地合理开发土地资源以维护土地生态系统安全。另一方面，需要对现行法律、行政规章、政策及措施进行有效的调整、修改、补充和完善，以适应变化了的形势和人们对土地生态环境保护的需求。如有可能的话，应尽快出台土地生态安全法规，对破坏土地生态安全的行为做出明确的规定，对违法者要进行严厉处罚。制定土地生态安全法，以弥补现有土地管理法中土地生态保护的不足。

（五）加强土地总体规划的编制

坚持"在保护中开发、在开发中保护"的原则，以内涵挖潜为重点，以确保耕地面积，特别是基本农田不减少，提高耕地质量为目的，发挥市场机制的作用，提高土地利用率。非农业建设占用耕地量，相应地做好土地开发整理专项规划，实现耕地的占补平衡，保持辽宁省耕地总量动态平衡。在编制和审查城镇建设规划中，城镇建设用地规模必须科学预测，严格核定，其规划期限应与土地利用总体规划的期限一致，其用地规模要与土地利用总体规划确定的用地规模衔接。小城镇规划的建设用地规模审核工作也应加强。小城镇的发展只能以现有布局为基础，重点发展市区和规模较大的建制镇，不允许"遍地开花"。一是不得在基本农田上开展对土壤耕作层造成永久性破坏的生产经营活动；二是从严控制建设占用耕地；三是不得以生态退耕为名进行非农业开发建设。这三项措施对生态环境都将会有很大的改善，特别是对土壤环境有很好的改善作用。土地利用与生态环境之间存在不可分割的联系，土地利用不合理是环境恶化的重要根本原因，因此，要改善环境，不能只停留在治理阶段，更重要的是，要从预防入手，制定科学合理的土地利用政策、方针等。

（六）建立生态环境补偿机制

建立生态环境补偿机制是走可持续发展道路的战略选择。生态环境补偿是指对生态环境产生破坏或不良影响的生产者、开发者、经营者应对环境污染、生态破坏进行补偿，对环境资源由于现在的使用而放弃的未来价值进行补偿。生态环境补偿的手段包括：要求生产者、开发者、经营者支付信用基金，缴纳意外收益、生态资源、排污等税费，由政府组织实施环境项目支持、生态保护工程、发展新兴替代产业等。

参考文献

[1] Adams, J. B. , Sabol, D. E. and Kapos, V. et al. , Classification of Multispectral Images Based on Fractions of endmembers – Application to Land – cover Xhange in the Brazilian Amazon, *Remote Sensing of Environment*, 1995, 52 (2): 137 – 154.

[2] Adegoke, J. O. , Sr, R. P. and Carleton, A. M. , Observational and Modeling Studies of the Impacts of Agriculture – Related land Use Change on Planetary Boundary Layer Processes in the Central U. S. , *Agricultural and Forest Meteorology*, 2007, 142 (2 – 4): 203 – 215.

[3] Al – Sharif, A. A. A. and Pradhan, B. , Monitoring and Predicting Land use Change in Tripoli Metropolitan City Using an Integrated Markov Chain and Cellular Automata Models in GIS, *Arabian Journal of Geosciences*, 2014, 7 (10): 4291 – 4301.

[4] Amini, A. , Ali, T. M. and Ghazali, A. H. B. et al. , Impacts of Land – Use Change on Streamflows in the Damansara Watershed, Malaysia, *Arabian Journal for Science & Engineering*, 2011, 36 (5): 713 – 720.

[5] Anderson – Teixeira, K. J. and Delucia, E. H. , Altered Belowground Carbon Cycling Following Land – use Change to Perennial Bioenergy crops, *Ecosystems*, 2013, 16: 508 – 520.

[6] Ayres, R. U. , Ayres, L. W. and Warr, B. , Energy, Power and Work in the US Economy, 1900 – 1998, *Energy*, 2003, 28 (3): 219 – 273.

[7] Azar, C. , Holmberg, J. and Karlsson, S. , Decoupling – past Tends and Prospects for the Future, Ministry of the Environment of Swedey, 2002.

[8] Bai, Z. F. and Lu, Q. Q. , Ecological Effects Analysis of Land Use Change in Coal Mining area Based on Ecosystem Service Valuing: A

Case Study in Jiawang, *Environmental Earth Science*, 2013, 68 (6): 1619 – 1630.

[9] Baloch, M. A., Ames, D. P. and Tanik, A., Hydrologic Impacts of Climate and Land – use Change on Namnam Stream in Koycegiz Watershed, Turkey, *International Journal of Environmental Science and Technology*, 2015, 12 (5): 1481 – 1494.

[10] Behera, M. D., Chitale, V. S. and Shaw, A. et al., Wetland Monitoring, Serving as an Index of Land Use Change – A Study in Samaspur Wetlands, Uttar Pradesh, India, *Journal of the Indian Society Remote Sensing*, 2012, 40 (2): 287 – 297.

[11] Bellmann, K., Huttl, R. F. and Bradshaw, A. D., Towards to A System Analytical and Modeling Approach for Integration of Ecological, Hydrological, Economical and Social Components of Disturbed Regions, *Landscape and Urban Planning*, 2000, 51 (2 – 4): 75 – 87.

[12] Bieger, K., Hormann, G. and Fohrer, N., The Impact of Land Use Change in the Xiangxi Catchment (China) on Water Balance and Sediment Transport, *Regional Environmental Change*, 2015, 15 (3): 485 – 498.

[13] Braimoh, A. K. and Osaki, M., Land – use Change and Environmental Sustainability, *Sustainability Science*, 2010, 5 (1): 5 – 7.

[14] Chen, C. E. and Huang, W. L., Land use Change and Landslide Characteristics Analysis for Community – based Disaster Mitigation, *Environmental Monitoring Assessment*, 2013, 185 (5): 4125 – 4139.

[15] Corella, J. P., Amrani, A. E. and Sigro, J. et al., Recent Evolution of Lake Arreo, Northern Spain: Influences of Land use Change and Climate, *Journal of Paleolimnology*, 2011, 46 (3): 469 – 485.

[16] Costanza, R., dArge, R. and Groot, R. et al., The Value of the World's Ecosystem Services and Natural Capital, *Nature*, 1977, 387 (15): 253 – 260.

[17] Cui, H., Zhou, X. and Guo, M. et al., Land use Change and Its Effects on Water Quality in Typical Inland Lake of Arid Area in China, *Journal of Environmental Biology*, 2016, 37 (4): 603 – 609.

[18] Dahlhaus, P. G. , Evans, T. J. and Nathan, E. L. et al. , Groundwater – level Response to Land – use Change and the Implications for Salinity Management in the West Moorabool River Catchment, Victoria, Australia, *Hydrogeology Journal*, 2010, 18 (7): 1611 – 1623.

[19] Daily, G. C. , Nature Services: Societal Dependence on Natural Ecosystems, Washington D. C. : Island Press, 1997.

[20] Dewan, A. M. and Yamaguchi, Y. , Land use and Land Cover Change in Greater Dhaka, Bangladesh: Using Remote Sensing to Promote Sustainable Urbanization, *Applied Geography*, 2009, 29 (3): 390 – 401.

[21] Diakoulaki, D. and Mandaraka, M. , Decomposition Analysis for Assessing the Progress in Decoupling Industrial Growth from CO_2 Emissions in the EU Manufacturing Sector, *Energy Economics*, 2007, 29 (4): 636 – 664.

[22] Dimitriou, E. and Moussoulis, E. , Land Use Change Scenarios and Associated Groundwater Impacts in A Protected Peri – urban Area, *Environmental Earth Sciences*, 2011, 64 (64): 471 – 482.

[23] Du, Y. Y. and Ge, Yong, Lakhan, V. C. et al. , Comparison Between CBR and CA Methods for Estimating Land use Change in Dongguan, China, *Journal of Geographical Science*, 2012, 22 (4): 716 – 736.

[24] Dunn J. B. , Mueller, S. and Kwon, H. Y. et al. , Land – use Change and Greenhouse gas Emissions from Corn and Cellulosic Ethanol, *Biotechology for Biofuels*, 2013, 6 (1): 51.

[25] Ebanyat, P. , Ridder, N. D. and Jager A. D. et al. , Drivers of Land use Change and Household Determinants of Sustainability in Smallholder Farming Systems of Eastern Uganda, *Population & Environment*, 2010, 31 (6): 474 – 506.

[26] Ehrlich, P. R. and Daily, G. C. , Population Extinction and Saving Bio – diversity, *Ambio*, 1993, 22 (2 – 3): 64 – 68.

[27] English, J. , Tiffen, M. and Mortimore, M. , Land Resource Management in Machakos District, Kenya, 1930 – 1990, *World Bank Environment Paper*, 1994, 17 (3): 41 – 49.

[28] Erazo, J. S. , Landscape Ideologies, Indigenous Governance, and

Land use Change in the Ecuadorian Amazon, 1960 – 1992, *Human Ecology*, 2011, 39 (4): 421 – 439.

[29] Eswaran, H. , Beinroth, F. H. and Virmani, S. M. , Resource Management Domains: A Biophysical Unit for Assessing and Monitoring Land Quality, *Agriculture, Ecosystems and Environment*, 2000, 81 (2): 155 – 162.

[30] Farleya, K. A. , Ojeda – Revahb, L. and Atkinsona, E. E. et al. , Changes in Land Use, land Tenure, and Landscape Fragmentation in the Tijuana River Watershed Following Reform of the Ejido Sector, *Land Use Policy*, 2012, 29 (1): 187 – 197.

[31] Feng, Y. X. , Luo, G. P. and Lu, L. et al. , Effects of Land use Change on Landscape Pattern of the Mans River Watershed in Xinjiang, China, *Environmental Earth Sciences*, 2011, 64 (8): 2067 – 2077.

[32] Flores, L. A. and Martinez, L. I. , Land Cover Estimation in Small Areas Using Ground Survey and Remote Sensing, *Romote Sensing Environment*, 2000, 74 (2): 240 – 248.

[33] Fonseca, R. , Performance Criteria for Evaluating the Efficiency of Land use Development Proposals on Urban Sites, *International Journal for Housing Science and Its Applications*, 1981, 5 (3): 185 – 194.

[34] Fung, I. Y. , John, J. and Lerner, J. , Three Dimensional Model Synthesis of the Global Methane Cycle, *Journal of Geophysical Research*, 1991, 96: 13033 – 13065.

[35] Geneletti, D. , Bagli, S. and Napolitano, P. et al. , Spatial Decision Support for Strategic Environmental Assessment of Land Use Plans. A Case Study in Southern Ltaly, *Environmental Impact Assessment Review*, 2007, 27 (5): 408 – 423.

[36] Geoghegan, J. , Accounting for Carbon Stocks in Models of Land – use Change: An Application to Southern Yucatan, *Region Environmental Change*, 2010, 10 (3): 247 – 260.

[37] Ghafouri, M. , Land use Change and Nutrients Simulation for the Siah Darvishan Basin of the Anzali Wetland Region, Lran, *Bulletin of Environmental Contamination and Toxicology*, 2010, 84 (2): 240 – 244.

[38] Hagos, S. , Leung, L. R. and Xue, Y. K. et al. , Assessment of Un-
certainties in the Response of the African Monsoon Preciptation to Land
use Change Simulated by A Regional Model, *Climatic Dynamics*,
2014, 43 (9): 2765 – 2775.

[39] Hemmavanh, C. , Ye, Y. M. and Yoshida, A. , Forest Land Use
Change at Trans – Boundary Laos – China Biodiversity Conservation Ar-
ea, *Journal of Geographical Sciences*, 2010, 20 (6): 889 – 898.

[40] Hergoualc, H. K. and Verchot, L. V. , Greenhouse Gas Emission Fac-
tors for Land Use and Land – use Change in Southeast Asian Peatlands,
Mitigation and Adaptation Strategies for Global Change, 2014, 19
(6): 789 – 807.

[41] Hou, X. Y. , Wu, L. and Lu, X. et al. , Effect of Time – duration on
the Performance of the Spatial – markov Model for Land Use Change
Forecasting, *Journal of the Indian Society of Remote Sensing*, 2014, 43
(2): 287 – 295.

[42] Hu, X. S. , Wu, C. Z. and Hong, W. et al. , Impact of Land – use
Change on Ecosystem Service Values and Their Effects Under Different
Intervention Scenarios in Fuzhou City, China, *Geosciences Journal*,
2013, 17 (4): 497 – 504.

[43] Hulatt, C. J. , Kaartokallio, H. and Asmala, E. et al. , Bioavailabiliy
and Radiocarbon age of Fluvial Dissolved Organic Matter (DOM) from
a Northeron Peatland – dominated Catchment: Effect of Land – use
Change, *Aquatic Sciences*, 2014, 76 (3): 393 – 404.

[44] Jenerette, G. D. and Potere, D. , Global Analysis and Simulation of
Land – use Change Associated with Urbanization, *Landscape Ecology*,
2010, 25 (5): 657 – 670.

[45] Jha, P. , De, A. and Lakaria, B. L. et al. , Soil Carbon Pools, Min-
eralization and Fluxes Associated with Land Use Change in Vertisols of
Central India, *National Academy Science Letters*, 2012, 35 (6):
475 – 483.

[46] Jjumba, A. and Dragicevic, S. , High Resolution Urban Land – use
Change Modeling: Agent city Approach, *Applied Spatial Analysis and*

Policy, 2012, 5 (4): 291 – 315.

[47] Kasperson, J. X., Kasperson, R. E. and Turner, B. L., Regions at Risk – comparisons of Threatened Environments, *Global Environmental Change*, 1995, 7 (2): 192 – 193.

[48] Kim, S. M., Jang, T. I. and Kang, M. S. et al., GIS – based Lake Sediment Budget Estimation Taking Into Consideration Land Use Change in an Urbanizing Catchment Area, *Environmental Earth Science*, 2014, 71 (5): 2155 – 2165.

[49] Kloverpris, J. H. and Mueller, S., Baseline Time Accounting: Considering Global Land Use Dynamics When Estimating the Climate Impact of Indirect Land Use Change Caused by Biofuels, *The International Journal of Life Cycle Assessment*, 2013, 18 (2): 319 – 330.

[50] Koomen, E., Koekoek, A. and Dijk, E., Simulating Land – use Change in a Regional Planning Context, *Applied Spatial Analysis & Policy*, 2011, 4 (4): 223 – 247.

[51] Krausmann, F., Haberl, H. and Schulz, N. B. et al., Land – use Change and Socio – economic Metabolism in Austria – Part I: Driving Forces of Land – use Change: 1950 – 1995, *Land Use Policy*, 2003, 20 (1): 1 – 20.

[52] Kreuter, U. P., Harris, H. G. and Marlock, D. M. et al., Change in Ecosystem Service Values in the San Antonio Areas, Texas, *Ecological Economics*, 2001, 39 (3): 333 – 346.

[53] Krishna, Bahadur K. C., Linking Physical, Economic and Institutional Constraints of Land Use Change and Forest Conservation in the Hills of Nepal, *Forest Policy and Economics*, 2011, 13 (8): 603 – 613.

[54] Kuang, W. H., Spatio – temporal Patterns of Intra – urban Land Use Change in Beijing, China Between 1984 and 2008, *Chinese Geographical Science*, 2012, 22 (2): 210 – 220.

[55] Lambin, E. F., Geist, H. J. and Land – use and Land – cover Change, *Ambio*, 2006, 32 (23): 308 – 324.

[56] Lee, D. K., Park, C. and Tomlin, D., Effects of Land – use – change Scenarios on Terrestrial Carbon Stocks in South Korea, *Land-*

scape and Ecological Engineering, 2015, 11 (1): 47 – 59.

[57] Levasseur, A., Lesage, P. and Margni, M. et al., Assessing Tempo-rary Carbon Sequestration and Storage Projects Through Land Use, Land – use Change and Forestry: Comparison of Dynamic Life Cycle Assessment with ton – year Approaches, *Climatic Change*, 2012, 115 (3): 759 – 776.

[58] Leys, A. J. and Vanclay, J. K., Stakeholder Engagement in Social Learning to Resolve Controversies Over Land – use Change to Plantation Forestry, *Regional Environmental Change*, 2011, 11 (1): 175 – 190.

[59] Li, D., Li, X. and Liu, X. P. et al., CPU – CA Model for Large – scale Land – use Change Simulation, *Chinese Science Bulletin*, 2012, 57 (19): 2442 – 2452.

[60] Li, H. X., Liu, G. H. and Fu, B. J., Estimation of Regional Evapo-transpiration in Alpine Area and Its Response to Land Use Change: A Case Study in Three – river Headwaters Region of Qinghai – Tibet Plat-eau, China, *Chinese Geographical Science*, 2012, 22 (4): 437 – 449.

[61] Li, J. Z., Feng, P. and Chen, F. L., Effect of Land Use Change on Flood Characteristics in Mountainous Area of Daqinghe Watershed, China, *Natural Hazards*, 2014, 70 (70): 593 – 607.

[62] Li, J. Z., Feng, P. and Wei, Z. Z., Incorporating the Data of Differ-ent Watersheds to Estimate the Effects of Land Use Change on Flood Peak and Volume Using Multi – linear Regression, *Mitigation and Ad-aptation Strategies for Global Change*, 2013, 18 (8): 1183 – 1196.

[63] Li, Na, Wang, G. X. and Liu, G. S. et al., The Ecological Implica-tions of Land Use Change in the Source Regions of the Yangtze and Yellow Rivers, China, *Regional Environmental Change*, 2013, 13 (5): 1099 – 1108.

[64] Liao, C. H., Chang, C. L. and Su, C. Y., Correlation between Land – use Change and Greenhouse gas Emissions in Urban Areas, *Internation-al Journal of Environmental Science and Technology*, 2013, 10 (6):

1275 - 1286.

[65] Liu, D. L., Li, B. C. and Liu, X. Z. et al., Monitoring Land Use Change at a Small Watershed Scale on the Loess Plateau, China: Applications of Landscape Metrics, Remote Sensing and GIS, *Environmental Earth Sciences*, 2011, 64 (8): 2229 - 2239.

[66] Liu, J. Y., Zhang, Z. X. and Xu, X. L. et al., Spatial Patterns and Driving Forces of land use Change in China During the Early 21st Century, *Journal of Geographical Sciences*, 2010, 20 (4): 483 - 494.

[67] Liu, M., Hu, Y. M. and Zhang, W. et al., Application of Land - use Change Model in Guiding Regional Planning: A Case Study in Hun - Taizi River Watershed, Northeast China, *Chinese Geographical Science*, 2011, 21 (5): 609 - 618.

[68] Liu, Y. G., Zeng, X. X. and Xu, L. et al., Impacts of Land - use Change on Ecosystem Service Value in Changsha, China, *Journal of Central South University*, 2011, 18 (2): 420 - 428.

[69] Luo, Y., Yang, S. T. and Zhao, C. S. et al., The Effect of Environmental Factors on Spatial Variability in Land Use Change in the High - sediment Region of China's Loess Plateau, *Journal of Geographical Sciences*, 2014, 24 (5): 802 - 814.

[70] Lupatini, M., Jacques, R. J. and Antoniolli, Z. I. et al., Land - use Change and Soil Type are Drivers of Fungal and Archaeal Communities in the Pampa Biome, *World Journal of Microbiology and Biotechnology*, 2013, 29 (2): 223 - 233.

[71] Maes, J., Barbosa, A. and Baranzelli, C. et al., More Green Infrastructure is Required to Maintain Ecosystem Services Under Current Trends in Land - use Change in Europe, *Landscape Ecology*, 2015, 30 (3): 517 - 534.

[72] Mamat, Z., Yimit, H. and Eziz, A. et al., Oasis Land - use Change and Its Effects on the Eco - environment in Yanqi Basin, Xinjiang, China, *Environmental Monitoring Assessment*, 2014, 186 (1): 335 - 348.

[73] Martin, J., Splitting times for Markov Processes and A Generalized

Markov Property for Diffusions. *Probability Theory and Related Fields*, 1974, 30 (1): 27 – 43.

[74] Maston, P. A. and Vitousek, P. M. , Ecosystem Approach to A Global Nitrous Oxide Budget, *Bioscience*, 1990, 40: 667 – 672.

[75] Meshesha, D. T. , Tsunekawa, A. and Tsubo, M. et al. , Land – use Change and Its Socio – Environmental Impact in Eastern Ethiopia's Highland, *Regional Environmental Change*, 2014, 14 (2): 757 – 768.

[76] Meyer, W. B. and Turner, B. L. II, *Changes in Land Use and Land Cover: A Global Perspective*, Cambridge University Press, 1994.

[77] Mitsuda, Y. and Ito, S. , A review of Spatial – explicit Factors Determining Spatial Distribution of Land Use, *Landscape and Ecological Engineering*, 2011, 7 (1): 117 – 125.

[78] Mooney, H. A. , Vitousek, P. M. and Matson, P. A. , Exchange of Material S Between Terrestrial Ecosystem and the Atmosphere, *Science*, 1987, 238 (4829): 926 – 932.

[79] Moore, N. , Alagarswamy, G. and Pijanowski, B. , East African food Security as Influenced by Future Climate Change and Land use Change at Local to Regional Scales, *Climatic Change*, 2012, 110 (3): 823 – 844.

[80] Moser, S. C. , A Partial Instructional Module on Global and Regional Land Use/cover Change: Assessing the Data and Searching for General Relationship, *Geojournal*, 1996, 39 (3): 241 – 283.

[81] Msuha, M. J. , Carbone, C. and Pettorelli, N. et al. , Conserving Biodiversity in a Changing World: Land use Change and Species Richness in Northern Tanzania, *Biodivers Conserv*, 2012, 21 (11): 2747 – 2759.

[82] Murray, K. S. and Rogers, D. T. , Groundwater Vulnerability, Brown Field Redevelopment and Land Use Planning, *Journal of Environmental Planning & Management*, 1999, 42 (6): 801 – 906.

[83] Nahuelhual, L. , Carmona, A. and Aguayo, M. et al. , Land use Change and Ecosystem Services Provision: A Case Study of Recreation and Ecotourism Opportunities in Southern Chine, *Landscape Ecology*,

2014, 29 (2): 329 – 344.

[84] Ni, J. P. and Shao, J. A. , The Drivers of Land Use Change in the Migration Area, Three Gorges Project, China: Advances and Prospects, *Journal of Earth Science*, 2013, 24 (1): 136 – 144.

[85] Nian, Y. Y. and Li, X. , Zhou, J. et al. , Impact of Land Use Change on Water Resource Allocation in the Middle Reaches of the Heihe River Basin in Northwestern China, *Journal of Arid Land*, 2014, 6 (3): 273 – 286.

[86] Niu, J. and Sivakumar, B. , Study of Runoff Response to Land Use Change in the East River Basin in South China, *Stochastic Environmental Research and Risk Assessment*, 2014, 28 (4): 857 – 865.

[87] Nordic Council of Ministers, Measuring Sustainability and Decoupling: A Survey of Methodology and Practice, Copenhagen: Nordic Council of Ministers, 2006: 43 – 44.

[88] North, D. C. , 1990, *Institutions Change and Economic Performance*, Cambridge University Press, New York.

[89] OECD, Indicators to Measure Decoupling of Environmental Pressures for Economic Growth, Paris: OECD, 2002.

[90] OECD, OECD – China Seminar on Environmental Indicators Proceedings, Paris: OECD, 2005.

[91] Oijen, M. V. and Thomson, A. , Toward Bayesian Uncertainty Quantification for Forestry Models Used in the United Kingdom Greenhouse Gas Inventory for Land Sse, Land Use Change, and Forestry, *Climatic Change*, 2010, 103 (1): 55 – 67.

[92] Onyango, V. and Gazzola, P. , Regional Spatial Planning as A Tool for Addressing and Injustices and Mitigating Land Clashes: the Case of Kenya, *International Development Planning Review*, 2011, 33 (2): 147 – 167.

[93] Owrangi, A. M. , Lannigan, R. and Simonovic, S. P. , Interaction Between Land – use Change, Flooding and Human Health in Metro Vancouver, Canada, *Natural Hazards*, 2014, 72 (2): 1219 – 1230.

[94] Palomo, I. , MartíN – López, B. and Zorrilla – Miras, P. et al. , De-

liberative Mapping of Ecosystem Services within and Around Donana National Park (SW Spain) in Relation to Land Use Change, *Regional Environmental Change*, 2014, 14 (1): 237 – 251.

[95] Peter, B. and Jens, L. H. , Super Efficiency Evaluations Based on Potential Slack, *European Journal of Operational Research*, 2004, 152 (1): 14 – 21.

[96] Polasky, S. , Nelson, E. and Pennington, D. et al. , The Impact of Land – use Change on Ecosystem Services, Biodiversity and Returns to Landowners: A Case Study in the State of Minnesota, *Environmental and Resource Economics*, 2011, 48 (2): 219 – 242.

[97] Potthast, K. , Hame, R. U. and Makeschin, F. , Land – use Change in a Tropical Mountain Rainforest Region of Southern Ecuador Affects Soil Microorganisms and Nutrient Cycling, *Biogeochemistry*, 2012, 111 (1 – 3): 151 – 167.

[98] Prato, T. , Clark, A. S. and Dolle, K. et al. , Evaluating Alternative Economic Growth Rates and Land Use Policies for Flathead County, Montana, *Landscape and Urban Planning*, 2007, 83 (4): 327 – 339.

[99] Pratt, A. C. , Social and Economic Drivers of Land Use Change in the British Space Economy, *Land Use Policy*, 2009, 26 (S1): 109 – 114.

[100] Qasim, M. , Hubacek, K. and Termansen, M. et al. , Modelling Land Use Change Across Elevation Gradients in District Swat, Pakistan, *Regional Environmental Change*, 2013, 13 (3): 567 – 581.

[101] Quillen, A. K. , Gaiser, E. E. and Grimm, E. C. , Diatom – based Paleolimnological Reconstruction of Regional Climate and Local Land – use Change From A Protected Sinkhole Lake in Southern Florida, USA, *Journal of Palelimnology*, 2013, 49 (1): 15 – 30.

[102] Quisthoudt, K. , Adams, J. and Rajkaran, A. et al. , Disentangling the Effects of Global Climate and Regional Land – use Change on the Current and Future Distribution of Mangroves in South Africa, *Biodiversity Conservation*, 2013, 22 (6): 1369 – 1390.

[103] Rebecca, A. L. and Indrajeet, C. , A Quantitative Approach to Evaluating Ecosystem Service, *Ecological Modelling*, 2013, 257 (24):

57 – 65.

[104] Rescia, A. J., Willaarts, B. A. and Schmitz, M. F., Changes in Land Uses and Management in Two Nature Reserves in Spain: Evaluating the Social – ecological Resilience of Cultural Landscapes, *Landscape and Urban Planning*, 2010, 98 (1): 26 – 35.

[105] Riebsame, W. E., Parton, W. J. and Galvin, K. A. et al., Integrated Modeling of Land use and Cover Change, *Bioscience*, 1994, 44 (5): 350 – 356.

[106] Ruchi, B., Syed, A. H. and Bidyut, K. M. et al., An Assessment of Ecosystem Services of Corbett Tiger Reserve, India, *The Environmentalist*, 2010, 30 (4): 320 – 329.

[107] Seeber, C., Hartmamnn, H. and Wei, X. et al., Land Use Change and Cuses in the Xiangxi Catchment, Three Gorges Area Derived from Multispectral Data, *Journal of Earth Science*, 2010, 21 (6): 846 – 855.

[108] Sen, O. L., Bozkurt, D. and Vogler, J. B. et al., Hydro – climatic Effects of Future Land – cover/land – use Change in Montane Mainland Southeast Asia, *Climatic Change*, 2013, 118 (2): 213 – 326.

[109] Short, A. G., Governing Change: Land – use Change and the Prevention of Nonpoint Source Pollution in the North Coastal Basin of California, *Environmental Management*, 2013, 51 (1): 108 – 125.

[110] Singh, C. K., Shashtri, S. and Mukherjee, S. et al., Application of GWQI to Assess Effect of Land Use Change on Groundwater Quality in Lower Shiwaliks of Punjab: Remote Sensing and GIS Based Approach, *Water Resources Management*, 2011, 25 (7): 1881 – 1898.

[111] Skonhoft, A. and Solem, H., Economic Growth and Land – use Changes: The Declining Amount of Wilderness Land in Norway, *Ecological Economics*, 2001, 37 (2): 289 – 301.

[112] Sohl, T. L., Loveland, T. R. and Sleeter, B. M. et al., Addressing Foundational Elements of Regional Land – use Change Forecasting, *Landscape Ecology*, 2010, 25 (2): 233 – 247.

[113] Song, W., Chen, B. M. and Zhang, Y., Land – use Change and Socio –

economic Driving Forces of Rural Settlement in China from 1996 to 2005, *Chinese Geographical Science*, 2014, 23 (5): 1 – 14.

[114] Song, X. Q., Ouyang, Z. and Li, Y. S. et al., Cultivated Land Use Change in China, 1999 – 2007: Policy Development Perspectives, *Journal of Geographical Sciences*, 2012, 22 (6): 1061 – 1078.

[115] Lo, S. P., The Application of an ANFIS and Gray System Method in Turning Tool – failure Detection, *The International Journal of Advanced Manufacturing Technology*, 2002, 19 (8): 564 – 572.

[116] Su, C. H., Fu, B. J. and Lu, Y. H. et al., Land Use Change and Anthropogenic Driving Forces: A Case Study in Yanhe River Basin, *Chinese Geographical Sciences*, 2011, 21 (5): 587 – 599.

[117] Sun, Y., Tong, S. T. Y. and Fang, M. et al., Exploring the Effects of Population Growth on Future Land Use Change in the Las Vegas Wash Watershed: An Integrated Approach of Geospatial Modeling and Analytics, *Environment, Development Sustainability*, 2013, 15 (6): 1495 – 1515.

[118] Tapio, P., Towards a Theory of Decoupling: Degrees of Decoupling in the EU and the Case of Road Traffic in Finland Between 1970 and 2001, *Transport Policy*, 2005, 12 (2): 137 – 151.

[119] Timilsina, G. R. and Mevel, S., Biofuels and Climate Change Mitigation: A CGE Analysis Incorporating Land – use Change, *Environmental and Resource Economics*, 2013, 55 (1): 1 – 19.

[120] Tokgoz, S. and Laborde, D., Indirect Land Use Change Debate: What Did We Learn? *Current Sustainable Renewable Energy Reports*, 2014, 1 (3): 104 – 110.

[121] Tone, K., A Slacks – based Measure of Super – efficiency in Data Envelopment Analysis, *European Journal of Operational Research*, 2001, 130 (3): 498 – 509.

[122] Trisurat, Y., Alkemade, R. and Verburg, P. H., Projecting Land – use Change and Its Consequences for Biodiversity in Northern Thailand, *Environmental Management*, 2010, 45 (3): 626 – 639.

[123] Turner, B. L. II., Kasperson, R. E. and Meyer, W. B. et al.,

Two Types of Global Environmental Change: Definitional and Spatial Scale Issues in Their Human Dimensions, *Global Environmental Change*, 1990, 1 (1): 14 –22.

[124] Turner, B. L. II, Clark, W. C. and Kates, R. W. et al., The Earth As Transformed by Human Action – global and Regional Changes in the Biosphere Over the Past 300 Years, Cambridge University Press With Clark University, Cambridge, 1991.

[125] Ulrich, K., On the Global Limit Behavior of Markov Chains and of General Nonsingular Markov Processes, *Probability Theory and Related Fields*, 1966, 6 (4): 302 –316.

[126] Valbuena, D., Verburg, P. H. and Bregt, A. K. et al., An Agent – based Approach to Model Land – use Change At A Regional Scale, *Landscape Ecology*, 2010, 25 (2): 185 –199.

[127] Vanwey, L. K., Guedes, G. R. and D'Antona, A. O., Out – Migration and Land – Use change in Agricultural Frontiers: Insights From Altamira Settlement Project, Populaiton & Environment: 2012, 34 (1): 44 –68.

[128] Vehmas, J., Kaivo – oja, J. and Luukkanen, J., Comparative De – Link and Re – link Analysis of Material Flows in EU – 15 Member Countries, Wuppertal: Con Account Conference, 2003.

[129] Vehmas, J., Linking Analyses and Environmental Kuznets Curves for Aggregated Material Flows in the EU, *Journal of Cleaner Production*, 2007, 15: 1662 – 173.

[130] Verburg, P. H., Berkel, D. B. V. and Doom, A. M. V. et al., Trajectories of Land use Change in Europe: A Model – Based Exploration of Rural Futures, *Landscape Ecology*, 2010, 25 (2): 217 –232.

[131] Verburg, P. H., Steeg, J. V. D. and Veldkamp, A. et al., From Land Cover Change to Land Function Dynamics: A Major Challenge to Improve Land Characterization, *Journal of Environmental Management*, 2009, 90 (3): 1327 –1335.

[132] Vicente, J., Randin, C. F. and Goncalves, J. et al., Where Will Conflicts Between Alien and Rare Species Occur After Climate and Land –

Use Change? A Test With a Novel Combined Modelling Approach, *Biological Invasions*, 2011, 13 (5): 1209 – 1227.

[133] Wang, J. , Cheng, Q. and Chen, J. , A GIS and Remote Sensing – Based Analysis of Land Use Change Using the Asymmetric Relation Analysis Method: A Case Study From the City of Hangzhou, China, *Mathematical Geoscience*, 2011, 43 (4): 435 – 453.

[134] Wang, Y. Y. , Kockelman, K. M. and Damien, P. , A Spatial Autoregressive Multiomial Probit Model for Anticipating Land – use Change in Austin, Texas, *the Annals of Regional Science*, 2014, 52 (1): 251 – 278.

[135] Wei, J. , Zhou, J. and He, X. B. et al. , Decoupling Soil Erosion and Human Activities on the Chinese Loess Plateau in the 20th Century, *Ecological Indicators*, 2007, 7 (1): 123 – 132.

[136] Weizsacker, E. U. , Lovins, A. B. and Lovins, L. H. , Factor Four. Doubling Wealth – Halving Resource Use, London: Earthscan, 1997.

[137] Wiley, M. J. , Hyndman, D. W. and Pijanowski, B. C. et al. , A Multi – Modeling Approach to Evaluating Climate and Land Use Change Impacts in a Great Lakes River Basin, *Hydrobiogia*, 2010, 657 (1): 243 – 262.

[138] Wyman, M. S. and Stein, T. V. , Modeling Social and Land – Use/Land – Cover Change Data to Assess Drivers of Smallholder Deforestation in Belize, *Applied Geography*, 2010, 30 (3): 329 – 342.

[139] Xue, X. , Liao, J. and Hsing, Y. et al. , Policies, Land Use, and Water Resource Management in an Arid Oasis Ecosystem, *Environmental Management*, 2015, 55 (5): 1036 – 1051.

[140] Yihdego, Y. and Webb, J. A. , Modeling of Bore Hydrographs to Determine the Impact of Climate and Land – use Change in a Temperate Subhumid Region of Southeastern Australia, *Hydrogeology Journal*, 2011, 19 (4): 877 – 887.

[141] Yihdego, Y. and Webb, J. , An Empirical Water Budget Model as a Tool to Identify the Impact of Land – Use Change in Stream Flow in

Southeastern Australia, *Water Resource Management*, 2013, 27 (14): 4941 – 4958.

[142] Yousefi, S. , Khatami, R. and Mountrakis, G. et al. , Accuracy Assessment of Land Cover/Land Use Classifiers in Dry and Humid Areas of Lran, *Environmental Monitoring and Assessment*, 2015, 187 (10): 641.

[143] Zhou, Q. M. , Li, B. L. and Chen, Y. M. , Remote Sensing Change Detection and Process Analysis of Long – Term Land Use Change and Human Impacts, *AMBIO*, 2011, 40 (7): 807 – 818.

[144] Zhu, H. Y. , Underlying Motivation for Land use Change: A Case Study on the Variation of Agricultural Factor Productivity in Xinjiang, China, *Journal of Geographical Science*, 2013, 23 (6): 1041 – 1051.

[145] Zhu, J. , Super – Efficiency and DEA Sensitivity Analysis, *European Journal of Operational Research*, 2001, 129 (2): 443 – 455.

[146] Zhu, L. K. , Meng, J. J. and Mao, X. Y. , Analyzing Land – Use Change in Farming – Pastoral Transitional Region Using Autologistic Model and Household Survey Approach, *Chinese Geographical Science*, 2013, 23 (6): 716 – 728.

[147] Zhu, Z. Q. , Liu, L. M. and Chen, Z. T. et al. , Land – Use Change Simulation and Assessment of Driving Factors in the Loses Hilly Region – A Case Study as Pengyang County, *Environmental Monitoring & Assessment*, 2010, 164 (1 – 4): 133 – 142.

[148] 白杨、郑华、庄长伟等:《白洋淀流域生态系统服务评估及其调控》,《生态学报》2013 年第 3 期。

[149] 摆万奇、赵士洞:《土地利用和土地覆盖变化研究模型综述》,《自然资源学报》1997 年第 2 期。

[150] 摆万奇:《深圳市土地利用动态趋势分析》,《自然资源学报》2000 年第 2 期。

[151] 班茂盛、方创琳、刘晓丽等:《北京高新技术产业区土地利用绩效综合评价》,《地理学报》2008 年第 2 期。

[152] 鲍桂叶:《不同变化信息提取方法在土地利用动态遥感监测中的应用》,《测绘通报》2003 年第 8 期。

[153] 贲克平:《土地资源科学利用及其治理政策评价》,《学会月刊》2002 年第 3 期。

[154] 曹顺爱、冯科、江华:《经济发达地区土地利用生态服务价值评价研究》,《资源开发与市场》2009 年第 6 期。

[155] 曹银贵、程烨、袁春等:《典型区耕地变化与 GDP 值变化的脱钩研究》,《资源开发与市场》2007 年第 7 期。

[156] 陈百明、杜红亮:《试论耕地占用与 GDP 增长的脱钩研究》,《资源科学》2006 年第 5 期。

[157] 陈百明:《试论中国土地利用和土地覆被变化及其人类驱动力研究》,《自然资源》1997 年第 2 期。

[158] 陈百明:《中国土地利用与生态特征区划》,气象出版社 2003 年版。

[159] 陈春阳、戴君虎、王焕炯等:《基于土地利用数据集的三江源地区生态系统服务价值变化》,《地理科学进展》2012 年第 7 期。

[160] 陈浮、陈刚、包浩生等:《城市边缘区土地利用变化及人文驱动力机制研究》,《自然资源学报》2001 年第 3 期。

[161] 陈亮明、张毅川、冯磊等:《城郊工业废弃地旅游开发 SWOT 分析及其景观规划》,《水土保持研究》2008 年第 6 期。

[162] 陈茂强:《SWOT – CLPV 理论及应用》,《浙江工商职业技术学院学报》2005 年第 4 期。

[163] 陈士银、周飞、吴雪彪:《基于绩效模型的区域土地利用可持续性评价》,《农业工程学报》2009 年第 6 期。

[164] 陈佑启、P. H. Verburg、徐斌等:《中国土地利用变化及其影响的空间建模分析》,《地理科学进展》2000 年第 2 期。

[165] 陈佑启、杨鹏:《国际上土地利用/土地覆盖变化研究的新进展》,《经济地理》2001 年第 1 期。

[166] 仇方道、沈正平、张敬等:《基于脱钩模型的煤炭城市可持续发展动态分析》,《地域研究与开发》2011 年第 3 期。

[167] 邓华、段宁等:《"脱钩"评价模式及其对循环经济的影响》,《中国人口·资源与环境》2004 年第 6 期。

[168] 丁文斌、徐通:《粮食主产省粮食生产投入要素效率 DEA 分析》,《西北农林科技大学学报》(社会科学版)2007 年第 4 期。

[169] 董胜君、白雪峰、付青山:《辽宁西北部地区土地沙漠化成因及防治对策》,《沈阳农业大学学报》(社会科学版) 2006 年第 1 期。

[170] 董文、张新、池天河:《我国省级主体功能区划的资源环境承载力指标体系与评价方法》,《地球信息科学学报》2011 年第 2 期。

[171] 杜红亮、陈百明等:《基于脱钩分析方法的建设占用耕地合理性研究》,《农业工程学报》2007 年第 4 期。

[172] 杜娟:《中国北方旱区保护性耕作技术效果及其问题和对策》,硕士学位论文,中国农业大学,2005 年。

[173] 范月娇:《基于遥感和 GIS 一体化技术的三峡库区土地利用变化研究》,《地理科学》2002 年第 5 期。

[174] 冯艳芬、王芳等:《基于脱钩理论的广州市耕地消耗与经济增长总量评估》,《国土与自然资源研究》2010 年第 1 期。

[175] 符国基:《海南岛综合环境功能区划研究》,《海南大学学报》2001 年第 1 期。

[176] 傅伯杰、陈利顶、马克明:《黄土丘陵区小流域土地利用变化对生态环境的影响》,《地理学报》1999 年第 3 期。

[177] 傅伯杰、张立伟:《土地利用变化与生态系统服务:概念、方法与进展》,《地理科学进展》2014 年第 4 期。

[178] 高雪、任学慧:《城市化进程中土地利用结构的时序变化及驱动力——以辽宁省为例》,《资源开发与市场》2010 年第 10 期。

[179] 高志刚、韩延龄:《主成分分析方法在区域经济研究中的应用——以新疆为例》,《干旱区地理》2001 年第 2 期。

[180] 葛全胜、戴君虎、何凡能等:《过去 300 年中国土地利用、土地覆被变化与碳循环研究》,《中国科学》(地球科学) 2008 年第 2 期。

[181] 顾晓薇、王青、刘敬智等:《环境压力指标及应用》,《中国环境科学》2005 年第 3 期。

[182] 关伟、王雪等:《大连市土地利用变化的人文因素》,《地理研究》2009 年第 4 期。

[183] 郭贯成、邹伟:《土地政策参与宏观调控的 SWOT 分析》,《国土

资源科技管理》2012 年第 2 期。

[184] 郭琳、严金明等:《中国建设占用耕地与经济增长的退耦研究》,
《中国人口·资源与环境》2007 年第 5 期。

[185] 郭荣中、杨敏华:《长株潭地区生态系统服务价值分析及趋势预
测》,《农业工程学报》2014 年第 5 期。

[186] 何昌垂:《21 世纪空间遥感与信息发展的机遇与挑战》,《遥感
信息》1996 年第 3 期。

[187] 贺秀斌、文安邦、张信宝等:《农业生态环境评价的土壤侵蚀退
耦指标体系》,《土壤学报》2005 年第 5 期。

[188] 黄春、邓良基:《城乡土地协同调控的 SWOT 分析及应对策略》,
《农村经济》2012 年第 5 期。

[189] 黄凤、吴世新、唐宏:《基于遥感与 GIS 的新疆近 18 年来 LUCC
的生态环境效应分析》,《中国沙漠》2012 年第 5 期。

[190] 黄海峰、李博等:《北京经济发展中的"脱钩"转型分析》,
《环境保护》2009 年第 28 期。

[191] 黄伟:《美国现代土地利用规划的发展及其启示》,《中国土地科
学》2002 年第 6 期。

[192] 黄云凤、崔胜辉、石龙宇:《半城市化地区生态系统服务对土地
利用/覆被变化的响应——以厦门市集美区为例》,《地理科学进
展》2012 年第 5 期。

[193] 贾华、祝国瑞、佐滕洋平等:《土地利用变化研究中的细胞自动
机与灰色局势决策》,《武汉测绘科技大学学报》1999 年第
2 期。

[194] 江晓波、孙燕、周万村等:《基于遥感与 GIS 的土地利用动态变
化研究》,《长江流域资源与环境》2003 年第 2 期。

[195] 姜玉林:《辽宁西北部地区土地沙化成因及防治对策》,《杂粮作
物》2008 年第 2 期。

[196] 金雄兵、濮励杰、罗昀等:《县市级尺度土地利用与土地覆盖变
化初步研究》,《土壤》2003 年第 3 期。

[197] 孔祥丽、王克林、陈洪松等:《广西河池地区土地利用变化与社
会经济发展水平关系的典范对应分析》,《自然资源学报》2007
年第 1 期。

[198] 李保杰、顾和和、纪亚洲：《矿区土地复垦景观格局变化和生态效应》，《农业工程学报》2012 年第 3 期。

[199] 李灿、张凤荣等：《基于熵权 TOPSIS 模型的土地利用绩效评价及关联分析》，《农业工程学报》2013 年第 5 期。

[200] 李坚明、黄宗煌、孙一菱等：《台湾二氧化碳排放"脱钩"指标之建立与评估》，《台湾经济论衡》2006 年第 4 期。

[201] 李晓兵：《NOAA/AVHRR 数据在土地覆盖变化研究中的应用》，《地学前缘》1997 年第 4 期。

[202] 李效顺、曲福田、郭忠兴等：《城乡建设用地变化的脱钩研究》，《中国人口·资源与环境》2008 年第 5 期。

[203] 李秀彬：《全球环境变化研究的核心领域——土地利用/土地覆盖变化的国际研究动向》，《地理学报》1996 年第 6 期。

[204] 李屹峰、罗跃初、刘纲等：《土地利用变化对生态系统服务功能的影响——以密云水库流域为例》，《生态学报》2013 年第 1 期。

[205] 李正、王军、白中科等：《贵州省土地利用及其生态系统服务价值与灰色预测》，《地理科学进展》2012 年第 5 期。

[206] 李忠锋、王一谋、冯毓荪等：《基于 RS 与 GIS 的榆林地区土地利用变化分析》，《水土保持学报》2003 年第 2 期。

[207] 李忠民、庆东瑞等：《西部地区经济增长与地质灾害损失"脱钩"实证研究》，《兰州学刊》2010 年第 3 期。

[208] 李周、于法稳：《西部地区农业生产效率的 DEA 分析》，《中国农村观察》2005 年第 6 期。

[209] 梁继、王建、王建华：《基于光谱角分类器遥感影像的自动分类和精度分析研究》，《遥感技术与应用》2002 年第 6 期。

[210] 刘海猛、石培基、王录仓等：《低碳目标导向的兰州市土地利用结构优化研究》，《中国土地科学》2012 年第 6 期。

[211] 刘纪远：《西藏自治区土地利用》，科学出版社 1992 年版。

[212] 刘江：《中国资源利用战略研究》，中国农业出版社 2002 年版。

[213] 刘盛和、何书金等：《土地利用动态变化的空间分析测算模型》，《自然资源学报》2002 年第 5 期。

[214] 刘卫东、单娜娜、肖平：《利用 SWOT 方法分析县级土地利用的

方向》，《华中师范大学学报》（自然科学版）2007 年第 3 期。

[215] 刘焱序、李春越、任志远等：《基于 LUCC 的生态型城市土地生态敏感性评价》，《水土保持研究》2012 年第 4 期。

[216] 刘怡君、王丽、牛文元等：《中国城市经济发展与能源消耗的脱钩分析》，《中国人口·资源与环境》2011 年第 1 期。

[217] 刘竹、耿涌、薛冰等：《基于"脱钩"模式的低碳城市评价》，《中国人口·资源与环境》2011 年第 4 期。

[218] 龙花楼、李秀彬：《长江沿线样带土地利用格局及其影响因子分析》，《地理学报》2001 年第 4 期。

[219] 卢亚灵、蒋洪强、王金南等：《环境功能区划与主体功能区划关系的思考》，《环境保护》2010 年第 20 期。

[220] 鲁春阳、文枫、杨庆媛：《基于改进 TOPSIS 法的城市土地利用绩效评价及障碍因子诊断——以重庆市为例》，《资源科学》2011 年第 3 期。

[221] 陆钟武、王鹤鸣、岳强等：《脱钩指数：资源消耗、废弃物排放与经济增长的定量表达》，《资源科学》2011 年第 1 期。

[222] 罗格平、周成虎、陈曦：《干旱区绿洲土地利用与覆被变化过程》，《地理学报》2003 年第 1 期。

[223] 骆培聪、董芙蓉、李婷婷：《基于中观尺度的福州市城市居住用地集约利用评价》，《沈阳师范大学学报》（自然科学版）2008 年第 4 期。

[224] 吕建树、吴泉源、张祖陆等：《基于 RS 和 GIS 的济宁市土地利用变化及生态安全研究》，《地理科学》2012 年第 8 期。

[225] 马立平：《多元线性回归分析》，《北京统计》2000 年第 10 期。

[226] 马立平：《由多指标向少数几个综合的转化——主成分分析法》，《北京统计》2000 年第 8 期。

[227] 缪海鹰、杨子生等：《滇西北高寒山区土地利用变化与社会经济发展的关系研究》，《中国农学通报》2011 年第 8 期。

[228] 倪苏敏、刘萍：《多元线性回归分析方法在计划决策系统中的应用》，《北京联合大学学报》1994 年第 3 期。

[229] 倪燕：《基于 SWOT - CLPV 矩阵模型的高校图书馆业务外包工作研究》，《现代情报》2011 年第 12 期。

［230］ 宁建新：《企业核心能力的构建与提升》，中国物资出版社 2002 年版。

［231］ 潘竟虎、郑凤娟：《甘肃省县域土地利用绩效的空间差异测度及 其机理研究》，《西北师范大学学报》（自然科学版）2011 年第 1 期。

［232］ 潘耀忠、陈志军等：《基于多元遥感的土地利用动态变化信息综 合监测方法研究》，《地球科学进展》2002 年第 2 期。

［233］ 彭佳捷、周国华、唐承丽等：《长株潭城市群环境压力与经济发 展脱钩研究》，《热带地理》2011 年第 3 期。

［234］ 任斐鹏、江源、熊兴等：《东江流域近 20 年土地利用变化的时 空差异特征分析》，《资源科学》2011 年第 1 期。

［235］ 施毅超、牛高华、赵言文等：《长江三角洲地区土地利用变化与 经济发展的关系》，《经济地理》2008 年第 6 期。

［236］ 石磊、张天柱等：《贵阳市循环经济发展度量的研究》，《中国人 口·资源与环境》2005 年第 5 期。

［237］ 石垚、王如松、黄锦楼等：《中国陆地生态系统服务功能的时空 变化分析》，《科学通报》2012 年第 9 期。

［238］ 史纪安、陈利顶、史俊通等：《榆林地区土地利用/覆被变化区 域特征及其驱动机制分析》，《地理科学》2003 年第 4 期。

［239］ 史培军、陈晋、潘耀忠：《深圳市土地利用变化机制分析》，《地 理学报》2000 年第 2 期。

［240］ 史培军、宫鹏、李小兵等：《土地利用/覆盖变化研究的方法与 实践》，科学出版社 2000 年版。

［241］ 宋金平、赵西君、王倩：《北京市丰台区土地利用变化及社会经 济驱动力分析》，《中国人口·资源与环境》2008 年第 2 期。

［242］ 宋乃平：《黄土高原水土保持林区遥感综合研究》，中国科学技 术出版社 1990 年版。

［243］ 宋伟、陈百明、陈曦炜：《常熟市耕地占用与经济增长的脱钩评 价》，《自然资源学报》2009 年第 9 期。

［244］ 孙海红、王殿金、吴德东等：《辽宁省沙产业发展现状及发展趋 势》，《防护林科技》2009 年第 4 期。

［245］ 谭少华、倪绍祥：《20 世纪以来土地利用研究综述》，《地域研

究与开发》2006 年第 5 期。

[246] 唐华俊、陈佑启、E. Ranst：《中国土地资源可持续利用理论与实践》，中国农业科技出版社 2000 年版。

[247] 唐启义：《数理统计在植保试验研究中的应用——第七讲　多元线性回归分析》，《中国植保导刊》2001 年第 12 期。

[248] 唐莹、郭浩然、韩东旭：《辽宁城市土地利用综合绩效时空分异与优化对策》，《资源开发与市场》2014 年第 2 期。

[249] 田光进、张增祥、王长有等：《基于遥感与 GIS 的海口市土地利用结构动态变化研究》，《自然资源学报》2001 年第 6 期。

[250] 田理：《辽西地区发生夏旱》，《辽宁日报》2009 年 7 月 25 日。

[251] 汪东、朱坦：《基于数据包络分析理论的中国区域工业生态效率研究》，《生态经济》2011 年第 4 期。

[252] 汪奎、邵东国、顾文权等：《中国用水量与经济增长的脱钩分析》，《灌溉排水学报》2011 年第 3 期。

[253] 王波、唐志刚、濮励杰等：《区域土地利用动态变化及人文驱动力初步研究——以无锡市马山区为例》，《土壤》2001 年第 2 期。

[254] 王崇梅、毛荐其等：《"脱钩"理论在烟台开发区循环经济发展模式中的应用》，《科技进步与对策》2010 年第 2 期。

[255] 王崇梅等：《中国经济增长与能源消耗脱钩分析》，《中国人口·资源与环境》2010 年第 3 期。

[256] 王放、丁文斌、王雅鹏：《粮食主产区农民增收与粮食安全耦合分析》，《西北农林科技大学学报》（社会科学版）2007 年第 5 期。

[257] 王海涛、娄成武、崔伟：《辽宁城市化进程中土地利用结构效率测评分析》，《经济地理》2013 年第 4 期。

[258] 王海涛、衣九妹：《辽宁省土地利用结构变化轨迹及驱动机制分析》，《东北大学学报》（社会科学版）2014 年第 5 期。

[259] 王宏志：《我国利用遥感数据提取土地利用现状信息的技术进展》，《国土资源遥感》2000 年第 4 期。

[260] 王虹、王建强、赵涛等：《我国经济发展与能源、环境的"脱钩""复钩"轨迹研究》，《统计与决策》2009 年第 17 期。

[261] 王劲峰、李连发、葛咏等：《地理信息空间分析的理论体系探

讨》,《地理学报》2000 年第 1 期。

[262] 王惊涛、郝春晖:《数据包络分析（DEA）理论综述及展望》,
《科技情报开发与经济》2009 年第 19 期。

[263] 王良健、包浩生、彭补拙:《基于遥感与 GIS 的区域土地利用变化的动态监测与预测研究》,《经济地理》2000 年第 2 期。

[264] 王良健、刘伟、包浩生:《梧州市土地利用变化的驱动力研究》,
《经济地理》1999 年第 4 期。

[265] 王美岚:《灰色模型参数辨识的新方法》,《烟台师范学院学报》
（自然科学版）2002 年第 3 期。

[266] 王树海、徐文君:《辽宁省土地沙化现状及治理对策》,《防护林科技》2006 年第 1 期。

[267] 王思远、刘纪远、张增祥等:《中国土地利用时空特征分析》,
《地理学报》2001 年第 6 期。

[268] 王秀兰、包玉海:《土地利用动态变化研究方法探讨》,《地理科学进展》1999 年第 1 期。

[269] 王秀兰:《土地利用/土地覆盖变化中的人口因素分析》,《资源科学》2000 年第 3 期。

[270] 王友生、余新晓、贺康守等:《基于土地利用变化的怀柔水库流域生态服务价值研究》,《农业工程学报》2012 年第 5 期。

[271] 王玉波、唐莹:《国外土地利用规划发展与借鉴》,《人文地理》
2010 年第 3 期。

[272] 韦亚平、赵民、汪劲柏:《紧凑城市发展与土地利用绩效的测度》,《城市规划学刊》2008 年第 3 期。

[273] 魏慧、李永实:《区域土地节约和集约利用评价方法探讨》,《沈阳师范大学学报》（自然科学版）2007 年第 3 期。

[274] 魏英林、李淑芬、顾延雄等:《辽宁省土地整理现状及分析》,
《河北农业科学》2008 年第 5 期。

[275] 吴健平:《区域土地利用/土地覆被遥感调查》,华东师范大学出版社 1999 年版。

[276] 吴薇:《应用遥感和 GIS 技术进行西北区域土地资源调查》,《中国沙漠》2000 年第 20 期。

[277] 吴一洲、吴次芳、罗文斌等:《浙江省城市土地利用绩效的空间

格局及其机理研究》，《中国土地科学》2009 年第 10 期。

[278] 夏广锋、周昊、朱悦等：《辽宁省沙化土地现状及防治措施》，《内蒙古林业调查设计》2008 年第 1 期。

[279] 谢高地、成升魁：《人口增长胁迫下的全球土地利用变化研究》，《自然资源学报》1999 年第 3 期。

[280] 邢兆凯：《辽西北土地荒漠化成因与防治对策》，《辽宁农业科技》2002 年第 5 期。

[281] 徐建华：《现代地理学中的数学方法》，高等教育出版社 1996 年版。

[282] 徐岚、赵羿：《利用马尔柯夫过程预测东陵区土地利用格局的变化》，《应用生态学报》1993 年第 3 期。

[283] 徐丽芬、许学工、罗涛等：《基于土地利用的生态系统服务价值当量修订方法——以渤海湾沿岸为例》，《地理研究》2012 年第 10 期。

[284] 许月卿、崔丽、孟繁盈：《大城市边缘区土地利用变化与社会经济发展关系分析》，《中国农业资源与区划》2008 年第 4 期。

[285] 许月卿：《河北省耕地数量动态变化及驱动因子分析》，《资源科学》2001 年第 5 期。

[286] 许振成、张修玉、胡习邦等：《全国环境功能区划的基本思路初探》，《改革与战略》2011 年第 9 期。

[287] 薛丽霞、王佐成、赵纯勇：《基于 GIS 的重庆市北部新区土地利用变化状况及过程》，《重庆师范学院学报》（自然科学版）2003 年第 1 期。

[288] 阎建忠、刘秀华、王玄德：《土地利用/覆盖变化的指标研究——以北碚区为例》，《西南农业大学学报》2000 年第 6 期。

[289] 颜长珍：《西北区域土地资源类型 TM 影像解译标志的建立》，《中国沙漠》1999 年第 3 期。

[290] 杨贵军：《土地利用动态遥感监测中变化信息的提取方法》，《东北测绘》2003 年第 1 期。

[291] 杨恍、刘湘南、王平等：《松嫩沙地土地利用变化的社会经济驱动机制分析——以吉林省前郭县为例》，《东北师范大学学报》2002 年第 1 期。

[292] 杨克、陈百明、宋伟等：《河北省耕地占用与 GDP 增长的"脱钩"分析》，《资源科学》2009 年第 11 期。

[293] 杨璐嘉、李建强、梅卫威等：《四川省建设占用耕地与经济发展的脱钩分析》，《国土与自然资源研究》2011 年第 4 期。

[294] 杨秀春：《辽西北地区土地荒漠化研究及其进展》，《灾害学》2008 年第 2 期。

[295] 叶宝莹、黄方、刘湘南等：《土地利用/覆被变化的驱动力模型研究——以嫩江中上游地区为例》，《东北师范大学学报》（自然科学版）2002 年第 1 期。

[296] 叶剑平：《土地科学导论》，中国人民大学出版社 2005 年版。

[297] 叶庆华、刘高焕、姚一鸣等：《黄河三角洲新生湿地土地利用变化图谱》，《地理科学进展》2003 年第 2 期。

[298] 易本胜、李万顺：《美军战略净评估方法分析》，《军事运筹与系统工程》2012 年第 3 期。

[299] 于法稳：《经济发展与资源环境之间脱钩关系的实证研究》，《内蒙古财经学院学报》2009 年第 3 期。

[300] 于兴修、杨桂山：《中国土地利用/覆被变化研究的现状与问题》，《地理科学进展》2002 年第 1 期。

[301] 宇振荣：《集约化农区县域种植业土地利用变化驱动力研究》，《中国土地科学》2001 年第 4 期。

[302] 岳耀杰、闫维娜、王秀红等：《区域生态退耕对生态系统服务价值的影响——以宁夏盐池为例》，《干旱区资源与环境》2014 年第 2 期。

[303] 张佰林、杨庆媛、鲁春阳等：《不同经济发展阶段区域土地利用变化及对经济发展的影响》，《经济地理》2011 年第 9 期。

[304] 张超：《地理信息系统》，高等教育出版社 1994 年版。

[305] 张风荣：《中国土地资源及其可持续利用》，中国农业大学出版社 2000 年版。

[306] 张惠远、赵昕奕、蔡运龙等：《喀斯特山区土地利用变化的人类驱动机制研究——以贵州省为例》，《地理研究》1999 年第 2 期。

[307] 张莉：《基于 SWOT - CLPV 分析的中日珍珠产业比较研究》，

《农业经济问题》2008 年第 10 期。

［308］张明：《土地利用结构及其驱动因子的统计分析——以榆林地区为例》，《地理科学进展》1997 年第 4 期。

［309］张秋玲、李东敏、邵哑杰等：《基于环境友好型模式的土地利用与生态环境协调研究》，《安徽农业科学》2009 年第 23 期。

［310］张新长、杨大勇、潘琼等：《城市边缘区耕地变化的发展预测分析研究》，《中山大学学报》（自然科学版）2002 年第 3 期。

［311］张镱锂、聂勇、吕晓芳：《中国土地利用文献分析及研究进展》，《地理科学进展》2008 年第 6 期。

［312］张运华：《中国农业生产效率分析》，《统计与决策》2007 年第 4 期。

［313］张舟、吴次芳、谭荣：《生态系统服务价值在土地利用变化研究中的应用："瓶颈" 和展望》，《应用生态学报》2013 年第 2 期。

［314］赵庚星、李强、李玉环等：《GIS 支持下的马尔柯夫链模型模拟垦利县土地利用空间格局变化》，《山东农业大学学报》1999 年第 4 期。

［315］赵珂、吴克宁、朱嘉伟等：《土地生态适宜性评价在土地利用规划环境影响评价中的应用》，《中国农学通报》2007 年第 6 期。

［316］赵荣、陈丙咸：《地理信息系统和遥感结合的现状及发展趋势》，《遥感技术与应用》1991 年第 3 期。

［317］赵锐锋、姜朋辉、陈亚宁等：《塔里木河干流区土地利用/覆被变化及其生态环境效应》，《地理科学》2012 年第 2 期。

［318］赵淑玲：《城市边缘区土地可持续利用理论与实证》，石油工业出版社 2008 年版。

［319］赵小汎、曹志宏、韩英：《SWOT - CLPV 在土地利用与经济发展互动关系研究中的运用》，《干旱区资源与环境》2013 年第 11 期。

［320］赵小汎、陈文波、代力民：《Markov 和灰色模型在土地利用预测中的应用》，《水土保持研究》2007 年第 2 期。

［321］赵小汎、陈文波、沈润平等：《土地利用/土地覆被变化可持续性研究》，《江西农业大学学报》（自然科学版）2005 年第 1 期。

［322］赵小汎、代力民、陈文波等：《耕地与建设用地变化驱动力比较

分析》,《地理科学》2008 年第 2 期。

[323] 赵小汎、代力民、王庆礼:《基于 RS 和 GIS 的县域土地利用变化特征分析》,《土壤》2007 年第 3 期。

[324] 赵小汎、代力民、吴明发:《辽东山区林业用地生态适宜性评价》,《辽宁林业科技》2009 年第 5 期。

[325] 赵小汎、代力民:《东北典型工矿城镇空间生态规划研究》,《城市发展研究》2009 年第 10 期。

[326] 赵小汎、韩英:《可持续生态社区研究进展述评》,《上海环境科学》2009 年第 4 期。

[327] 赵小汎、沈润平:《空间分析在土地利用/土地覆被变化机制研究中的应用》,《江西农业大学学报》(自然科学版)2004 年第 2 期。

[328] 赵小汎、佟鑫、王丹:《失地农民对农村社会保障的影响与对策》,《沈阳师范大学学报》(社会科学版)2010 年第 6 期。

[329] 赵小汎、佟鑫、王丹:《辽西北土地沙漠化难题如何化解》,《环境保护》2010 年第 20 期。

[330] 赵小汎、童鹏飞、韩英:《低碳型城市土地利用交通规划策略研究》,《未来与发展》2013 年第 3 期。

[331] 赵小汎、王丹、佟鑫等:《辽西北半干旱区沙漠化土地科学利用研究》,《沈阳师范大学学报》(自然科学版)2010 年第 4 期。

[332] 赵小汎、吴明发、代力民:《基于生态位模型乡域尺度耕地生态适宜性评价》,《安徽农业科学》2009 年第 15 期。

[333] 赵小汎、吴明发、代力民:《新建县土地利用变化机制分析》,《农业系统科学与综合研究》2007 年第 1 期。

[334] 赵小汎、徐佳:《土地征用制度存在的问题及其对策》,《沈阳师范大学学报》(社会科学版)2009 年第 5 期。

[335] 赵小汎:《区位熵模型在土地利用变化分析中的新运用》,《经济地理》2013 年第 2 期。

[336] 赵小汎:《土地利用生态服务价值指标体系评估结果比较研究》,《长江流域资源与环境》2016 年第 1 期。

[337] 赵兴国、潘玉君、赵庆由等:《科学发展视角下区域经济增长与资源环境压力的脱钩分析》,《经济地理》2011 年第 7 期。

[338] 赵一平、孙启宏、段宁等:《中国经济发展与能源消费响应关系

研究》,《科研管理》2006 年第 3 期。

[339] 郑度:《干旱区生态建设应遵循地带性规律》,《科学时报》2006 年 9 月 11 日。

[340] 郑海金:《中国土地利用/土地覆盖变化研究综述》,《首都师范大学学报》(自然科学版)2003 年第 3 期。

[341] 郑晓非、张志全、胡远满等:《辽宁省土地利用与生态环境协调发展研究》,《水土保持研究》2008 年第 4 期。

[342] 钟太洋、黄贤金、王柏源等:《经济增长与建设用地扩张的脱钩分析》,《自然资源学报》2010 年第 1 期。

[343] 周德成、赵淑清、朱超:《退耕还林还草工程对中国北方农牧交错区土地利用/覆被变化的影响——以科尔沁左翼后旗为例》,《地理科学》2012 年第 4 期。

[344] 周庆、张志明、欧晓昆等:《漫湾水电站库区土地利用变化社会经济因子的多变量分析》,《生态学报》2010 年第 1 期。

[345] 周生路:《土地评价学》,东南大学出版社 2006 年版。

[346] 周晓飞、雷国平、徐珊:《城市土地利用绩效评价及障碍度诊断——以哈尔滨市为例》,《水土保持研究》2012 年第 2 期。

[347] 周自翔、李晶、冯雪铭:《基于 GIS 的关中—天水经济区土地生态系统固碳释氧价值评价》,《生态学报》2013 年第 9 期。

[348] 朱会义、何书金、张明等:《土地利用变化研究中的 GIS 空间分析方法及其应用》,《地理科学进展》2001 年第 2 期。

[349] 朱会义、李秀彬、何书金等:《环渤海地区土地利用的时空变化分析》,《地理学报》2001 年第 3 期。

[350] 朱会义、李秀彬:《关于区域土地利用变化指数模型方法的讨论》,《地理学报》2003 年第 5 期。

[351] 朱留华:《21 世纪前 20 年土地利用趋势与对策研究》,中国大地出版社 2007 年版。

[352] 朱显成、刘则渊等:《基于 IPAT 方程的大连水资源效率研究》,《大连理工大学学报》(社会科学版)2006 年第 3 期。

[353] 左玉强、郭润红、朱德举:《太原市万柏林区城乡接合部的土地利用变化》,《中国土地科学》2003 年第 2 期。